파변창

파변창

破變創

내일이 두려운
사람을 위한
10가지 전략

스콧 스타인버그 지음
김병순 옮김

싱긋

K와 Z에게

—만능열쇠는 없다. 그저 문에 따라 맞는 열쇠를 찾아야 할 뿐이다.

C O N T E N T S

5장 파변창 전략 3: 걱정과 의심을 자각의 계기로 삼아라 _ 125

6장 파변창 전략 4: 실패를 성공으로 전환시켜라 _ 147

7장 파변창 전략 5: 임기응변에 능숙하라 _ 179

C O N T E N T S

서문

모든 것은 변한다

영국과 네덜란드 합작 다국적기업으로 에너지 시장을 선도하고 있는 로열더치셸은 해마다 수십 개 나라에 300만 배럴이 넘는 석유와 2,000만 톤이 넘는 천연가스를 공급한다. 그런 회사의 경영자들이 세상을 바꾸는 일에 나설 것이라고 기대하기는 어렵다. 더군다나 그들이 자진해서 그런 일을 벌이려고 할 리도 없다. 그렇다고 로열더치셸에서 임파워링 리더십empowering leadership(조직의 구성원에게 명확한 목표와 권한, 책임을 부여함으로써 주인의식을 가지고 맡은 임무를 수행할 수 있게 하는 리더의 역량—옮긴이) 훈련 프로그램을 지도하고 있는 만다 압테가 직접 전 세계에 긍정적 변화를 불러일으키는 일을 하는 것은 물론 아니다. 하지만 그는 그 프로그램을 통해 회사를 이끄는 고위 경영자들의 창의성과 혁신 능력을 일깨우는 특별한 책무를 맡고 있다.

임파워링 리더십 훈련 프로그램은 전통적인 기업 프로세스와 절차를 기반으로 하지 않는다. 대신에 한 가지 아주 단순한 원칙에 초점을 맞춘다. 기업이 성공하려면 점점 예측이 어려운 불확실한 환경에서 손놓고 가만히 앉아 있어서는 안 된다는 것이다. 다시 말해, 기업은 새로운 환경에 끊임없이 변화하고 적응하고 노력하면서 혁신의 불꽃을 살려야 한다.

그러나 늘 그렇듯 말을 행동으로 옮기는 일은 쉽지 않다.

실제로 압테가 이끄는 팀은 수백 명의 기업 임원이 미래의 도전에 대비할 수 있게 돕는 과정에서, 오늘날 직장인들이 직면하는 공통된 문제를 둘러싼 몇 가지 놀라운 사실을 발견했다. 그 문제는 시간이나 돈, 인력의 부족보다는 오히려 자원하기 어려운 두 가지 요소 때문에 발생한다. 하나는 위기에 맞서 견뎌내는 힘이 약하다는 것이고, 다른 하나는 새로운 변화에 저항하려 한다는 것이다.

압테는 임파워링 리더십 훈련 프로그램을 시작할 때, 누구나 혁신자가 될 수 있다고 가정한다. 그는 오늘날과 같이 매우 빠르게 변화하고 경쟁이 심한 세계에서는 모두가 끊임없이 새로운 환경에 적응해야 하고 또 적응할 수밖에 없다고 주장한다. 따라서 그는 수업을 시작할 때마다 이런 질문을 교육 참가자들에게 던진다. "혁신적인 생각과 행동을 가로막는 것은 무엇입니까?" 대개 그들의 가장 큰 고민거리는 균형감이라고 한다.

대면하는 어려운 문제들을 좀더 자세히 들여다보면, 예상치 못했던 장애물을 성공적으로 극복하지 못하게 하는 요소를 몇 가지 발견할 수 있다. 두려움, 걱정, 불안, 다른 사람들의 평가가 바로 그런 것들이다.

누구나 살아가면서 이런 장벽에 부딪혀본 적이 한두 번쯤은 반드시 있기 마련이다. 우리는 모두 스트레스는 줄이고, 생산성은 더 높이면서 자신의 조직과 고객에게는 더 도움이 되고 싶어한다. 그러나 그런 목표를 달성하려면 압테가 말한 바로 그 문제들, 우리가 일상적으로 추구하는 목표를 실현하지 못하게 막는 그 모든 것에 맞서야 한다.

개인적으로든 조직 내부에서든, 우리의 인식은 올바른 결정을 내리고, 위험에 기꺼이 맞서고, 마침내 최종 성과를 내는 데 영향을 미친다. 이 모든 요소는 우리가 성공을 거두는 데 결정적 역할을 한다.

셸의 임파워링 리더십 프로그램에서 가르치는 것처럼, 변화하는 시대에 효과적으로 적응해서 인생과 기업 경영에 있어 더 크게 성공할 수 있는 열쇠는 우리 모두의 손에 쥐어져 있다. 생각을 바꾸면 미래도 바꿀 수 있다. 이러한 변화 과정은 전통적인 문제 해결 방식처럼 시대와 추세의 흐름을 단순히 외부에서 바라보는 것이 아니라 내부로 더 깊숙이 파고들어 면밀히 살피는 것에서 시작된다.

*

우리 주위에 있는 모든 것은 변한다. 그것은 비밀이 아니다. 특히 오늘날 기업에서 일어나고 있는 변화의 범위와 폭, 속도는 한도 끝도 없는 것처럼 보인다. 이것은 당신의 삶과 기업의 성공은 물론이고 그것을 유지하기 위해서도 반드시 이루어야 할 변화의 범위와 폭, 속도 또한 무한대라는 것을 의미한다.

기업의 변화는 다음과 같은 형태를 띤다.

- 불안정한 경제 조건
- 예측할 수 없는 경영 환경
- 변화하는 경쟁 상황

- 변화하는 고객의 욕구와 기대
- 새로운 수단과 추세, 기법
- 새롭게 떠오르는 기술(특히, 정보통신기술)
- 새로운 통신 체계
- 최고의 기업 운영 방식의 진화
- 뜻밖의 기회와 도전

하지만 이는 몇 가지 동일한 현상을 다르게 부른 것뿐이다.

실제로 (정보기술과 개인용 통신기기들이 끊임없이 발전하면서) 갈수록 점점 빨라지는 변화의 속도는 우리가 직면하는 문제들을 매우 복잡하게 만들었다. 우리는 이제 엄청나게 많은 사람과 만나면서 발생하는 모든 행동의 결과로 수많은 상호작용과 교차반응을 경험한다. 그 결과, 기업 환경은 전례 없이 극단적으로 불확실한 상황에 빠졌다. 오늘은 점점 더 불안정해지고 내일은 더욱더 예측하기 어려워지고 있음을 누구나 금방 알 수 있다.

요컨대 기업의 세계에는 늘 위험이 도사리고 있다. 위험을 직시하고 물리치는 일은 만만치 않으며 때로는 위협적이기도 하다. 비록 그 일이 고정관념을 깨고 안주하고 있던 안전지대 밖으로 나가는 것을 의미한다 하더라도, 그것은 우리가 반드시 해야만 하는 일이다. 개인이든 조직이든, 끊임없이 성공하기 위해서는 그것이 유일한 방법이기 때문이다.

변화하기를 망설이는 사람이든 현명하게 위험을 감수하는 사람이든, 자신이 아무리 현실적으로 행동하는 사람이라고 주장해도, 우리는 대개 자기도 모르는 사이에 의도와 다른 행동을 하게 된다. 무엇인가를 결정할 때 두려움과 걱정이 앞서거나 의심 때문에 행동에 제약이 생기면, 손발이 묶인 채 스스로 도약하고 혁신할 수 있는 절호의 기회를 놓치기 십상이다.

다행히도 이 모든 족쇄는 우리 스스로 채운 것이기에 마음만 먹으면 언제든 풀 수 있다. 개인이든 기업이든, 마음속에서 그런 생각을 지우고 두려움을 던져버리는 순간, 우리는 미래를 향해 가장 강력한 첫발을 내딛으며 마침내 성공을 가로막는 장벽들을 무너뜨리기 시작할 것이다. 철저하게 계산된 의미 있는 행동으로 위험을 감수함으로써 변화를 수용할 때, 우리는 끊임없이 스스로 거듭나고—변화에 늘 잘 적응하고—모든 측면에서 긍정적이고 지속적인 영향력을 발휘할 수 있다.

그럼에도 불구하고 아직도 많은 기업과 직장인은 격변하는 시장에서 성공한 듯 보이는 다른 기업과 사람들을 보면서도 여전히 변화에 맞서기를 어려워한다. 곧 보게 되겠지만, 끊임없이 성공하는 리더들의 비결은 개인의 능력이나 기업 환경과 거의 관련이 없다. 오히려 그들이 지속적으로 성공하는 이유는 기꺼이 변화하고 성장하고 새로운 관점을 수용하려는 적극적 의지에 있다.

당신은 내일을 향해 과감하게 몸을 던지고, 끊임없이 변화의 불을 댕기고, 미래 경쟁력을 갖추기 위해 신속한 조치를 취하고 있는가?

뒤로 잠시 물러나 당신 앞에 놓인 도전과제들을 조용히 살펴보라. 그러고 나서 현명하게 행동하라. 당신이 어떤 결정을 내릴 때 마음속에 담아둔 걱정과 의심을 거둔다면, 그러한 장애물들을 제거하는 것이 얼마나 쉬운 일인지 깨닫고 깜짝 놀랄 것이다.

이 책은 개인의 삶과 경력, 기업 경영에서 성공하기 위한 새로운 방법을 알려준다. 여기서 제시하는 원칙들을 적용한다면, 아무리 빠르게 변화하고 예측할 수 없는 환경에 맞닥뜨렸다고 해도 그저 약간 생각을 바꾸는 것만으로도 늘 성공할 수 있다.

우리는 이 책을 통해 다음과 같은 사실을 명백하게 밝힐 것이다.

- 모든 사람은 혁신자다.
- 변화는 당신의 비밀 병기다.
- 파괴는 깨달음과 성장, 성공을 촉진한다.
- 적절성Relevancy은 재창조다.
- 유연성은 미래 경쟁력의 밑거름이다.

요컨대 혁신은 힘든 일이 아니다. 실제로 작은 변화(진화)는 어느 모로 보나 획기적인 거대한 변화(혁명)만큼이나 강력할 수 있다. 더 나아가, 오늘날 우리는 가장 명망 있는 전략적 혁신자들이 시장의 판도를 바꿀 획기적인 발전을 이루기 위해 사용하는 것과 동일한 전략 원칙들을 이용해 개인의 삶과 경력, 기업의 모든 면을 긍정적인 방향으로 바꿀 수 있다.

이 책에 등장하는 보통의 직장인들은 더이상 성공하기 어렵다는 것을 깨닫거나 생계를 유지하려고 안간힘을 쓸 때, 목표 달성을 더욱 재촉하기 위해 아주 단순하고 실용적인 조치들을 몇 번이고 되풀이했다.

그리고 아래 소개되는 기업들도 회사 규모에 상관없이 시장 환경이 매우 어려워지거나 경쟁이 치열해지면, 위와 동일한 방식을 취함으로써 선두 자리를 놓치지 않으려고 애썼다.

그 좋은 예가 바로 오스트레일리아의 대형할인점 타깃Target이다. 타

것은 이익 증대를 위해 더이상 새로운 대형 매장을 늘리지 않았다. 그 대신 급속하게 성장하고 있는 도심 시장에 중형 매장들을 신설하고 중형 종이수건 꾸러미와 지역 브랜드 제품을 팔기 시작했다.

덴마크 슈퍼마켓 수페르부르그센SuperBrugsen은 점점 시장 환경이 어려워지자 경쟁력을 유지할 수 있는 차별화 전략을 구사할 목적으로 고객들에게 어떤 지역 브랜드 식품을 매장에 들여놓기를 바라는지 물었다.

의료기기 제조업체인 메드트로닉Medtronic은 도약의 기회를 마련하기 위해 더 새로운 첨단 제세동기(심장 박동을 정상화하기 위해 전기 충격을 가하는 데 쓰는 의료 장비—옮긴이)를 맹목적으로 개발하려 들지 않고, 다수의 병원과 제휴를 맺어 현지의 실험실을 개방하고—거기서 얻은 신뢰를 바탕으로 해서—제휴 병원들에 정보기술과 각종 지원, 관리 서비스를 제공함으로써 훨씬 더 폭넓은 새로운 사업 기회를 잡았다.

이러한 혁신들 가운데 당신의 능력 밖에 있는 것은 없다. 이들 기업 가운데 쓸데없이 시간과 노력을 낭비한 곳은 없다. 자동차 성능을 높이기 위해 정기적으로 타이어 재조정을 하듯이, 그들은 의식적으로 조직과 사업 재편을 수행했다. 아주 작은 전략이나 관점의 변화가 종종 아주 큰 차이를 만들어낼 수 있다.

이 책 전반을 통해 당신은 왜 변화를 과감하게 수용하고 급변하는 환경에 적응하는 것이 매우 중요할 뿐 아니라, 개인(승진이 빠르든 늦든)과 기업(시장이 호황이든 불황이든)의 지속적 성공을 보장하는 유일한 방법인지를 깨닫게 될 것이다.

우리에게는 변화하고 성장하고 미래를 더욱 적극적으로 통제할 수 있는 능력이 있다. 조금만 용기를 내어 행동한다면 그렇게 할 수 있다. 이 모든 것은 어떤 결정을 앞에 두고 의심이 들거나 주저할 때 과감히 행동을 취할 수 있는 자각과 유연한 사고, 용기에서 비롯된다.

이 책에서 당신은 우리 인생의 몇 가지 작은 비밀을 배울 것이다.

- 변화는 생각만큼 어렵지 않다.
- 현상 유지는 이제 더이상 확실하지 않다.
- 영리함은 경쟁적 우위를 창조한다.
- 색다름은 단순히 좋은 것이 아니라, 필수적인 것이다.

그러나 무엇보다도 용기를 키우는 일은 본디 우리 손에 달린 것이라는 사실이 중요하다. 쓰면 쓸수록 더욱 커지는 것이 용기이며, 용기는 끊임없이 더 많이 변화하고 혁신할 수 있도록 우리를 돕는다.

수십 년 전, 밀폐된 수조나 물속에 잠긴 관에서 수십 차례 탈출을 감행함으로써 용기의 본질을 터득한 마술계의 거장 해리 후디니에 대해 먼저 살펴보자.

"내게 가장 중요한 과제는 두려움을 극복하는 것이었죠." 그는 이렇게 설명했다. "대중은 전율을 느끼게 하는 뛰어난 묘기만 볼 뿐이죠. 그 전에 내가 두려움을 극복하기 위해 얼마나 고통스러운 훈련을 했는지에 대해서는 생각하지 않아요…… 나 말고는 어느 누구도 날마다 물속에서 어떻게 훈련하는지 이해할 수 없어요. 내년에는 올해보다 더 훌륭하고 멋진 묘기를 보여야겠다고 늘 생각하며 살아요."[1]

혁신적이고 긍정적인 변화를 이루어낼 수 있는 용기를 발견한 당신이 난관을 헤쳐나가는 능력과 기회들이 다른 사람들에게는 마술사가 말했던 것과 다름없이 보일 것이다.

당신은 이 책을 통해 그런 능력을 발휘하는 것이 얼마나 쉬운 일인지 알게 될 것이다. 또한 이른바 무모하게 덤비는 사람과 독립적이고 반항적인 사람도 보통 사람들과 마찬가지로 위험을 무릅쓰기보다는 기피하기를 훨씬 더 원한다는 사실도 발견할 것이다.

불확실성이 점점 커지고 있어서 불안한가? 미래가 미덥지 않은가? 경쟁이 점점 더 치열해지고 있는 상황을 깊이 우려하는가? 이런 문제들은 이제 다 잊어버릴 준비를 하라.

지금부터 위험과 변화, 두려움에 맞선 용기가 무엇을 의미하는지 다시 생각해보고, 그 과정에서 당신 자신과 기업이 미래에 경쟁력을 갖기 위해 어떻게 해야 하는지를 보여주겠다.

파변창

1장

무엇이 당신의 발목을 잡는가?

두려움이란 무엇인가? | 두려움은 직장인에게 어떻게 영향을 끼치나? | 두려움은 일곱 가지 맛이 난다 | 행동 지침

破變創

미국 버몬트 주에 사는 스물여섯 살 멜리사 키르메이어 이머는 레스토랑에서 조개수프인 클램차우더를 나르는 일에 신물이 났다. 그녀는 전 남편과 공동 소유한 레스토랑에서 5년 동안 음식 나르는 일을 하고 난 뒤, 인생에서 더 큰 일을 하고 싶다는 생각이 들었다. 이머는 날마다 뭔가 더 좋아지길 간절히 바랐다. 하지만 날이 갈수록 삶은 점점 더 정체되는 것 같았다.

"레스토랑이 도전해볼 만한 매력적인 사업이라고 생각했던 적이 있지만, 마음은 그렇게 적극적이지 못했어요"라고 그녀는 말한다. "지칠 대로 지쳤죠. 뭔가 중요한 것을 놓친 것 같은 느낌이었어요."[1] 그녀는 지난날을 돌이켜보면서 자신에게 용기와 자신감이 없다는 것을 깨달았다.

그녀는 현재의 상황을 바꾸는 것이 두려웠다. 잘못하다 인생을 그르치면 어떡하지? 경력을 망치면 어쩌지? 그러다 경제적으로 어려워지면? 이머는 덫에 걸린 것 같았다. 새로운 진로를 찾기에는 넘어야 할 난관도 매우 많고 위험성도 높았다. 적절한 자리를 알아볼 데도 없고 다른 일을 해본 적도 없는 그녀가 어떻게 새로운 일자리를 구할 수 있단 말인가? 그러던 어느 날, 무기력하기만 하던 그녀는 지금이야말로 절호의 기회라고 혼자 중얼거렸다. 지금 무엇인가 해야만 한다고 생각했다. 그녀는 거울을 오랫동안 뚫어져라 바라보았다. 그러고는 스스로에게 물었다. "최악의 경우, 무슨 일이 일어날까? 새로운 길을 찾기 위해 오늘 나는 어떤 일을 할 수 있을까?" 곧바로 그녀는 일을 벌였다.

이머는 이전부터 출판업에 관심이 많았다. 그래서 그녀는 지역에 있는 출판사 몇 군데에 이력서를 보냈다. 하지만 어디에서도 답신이 없었다. 그녀는 굴하지 않고 여섯 달 동안 무보수로 일하겠다는 새로운 제안을 했다. 그러자 두 회사에서 입사를 허가한다는 연락이 왔다. 그녀는 그 중 마음에 드는 곳을 골라 들어갔다. 낮에는 레스토랑에서 일하고 밤에는 출판사에서 일하면서, 그녀는 처음부터 지나치게 욕심을 부리지 않기로 했다. "이 도전에 대해 지나치게 깊이 생각하면 힘들어서 견디기 어려웠을지도 몰라요"라고 그녀는 설명한다. "대신 앞으로 서서히 조금씩 나아가기로 했지요."

수습 과정이 끝나자마자 그녀는 뛰어난 사업 통찰력을 지닌 MBA 출신의 최고경영자와 함께 근무하는 정규직 직원으로 채용되었다. 그녀는 이를 계기로 두 가지 일에 더해 경영대학원 입학시험인 GMAT에 응시하기 위한 공부를 시작했고, 마침내 미시간 경영대학원에 합격했다. 그러나 문제가 하나 남아 있었다. MBA 취득 기회를 잡는다는 것은 레스토랑과 출판사, 남편 그리고 그녀가 아는 모든 것을 뒤로하고 떠나야 한다는 것을 의미했다.

보통 사람들이 두려워하는 변화, 불안정, 거부와 같은 문제들에 직면했을 때, 그녀가 골치를 앓는 것은 당연한 일이었다. ("정말 겁이 났어요. 여동생들이 짐 꾸리는 것을 도와주려고 집에 왔을 때…… '아이고, 내가 도대체 무슨 일을 저지른 거야?'라고 말했죠.") 그러나 앞으로 나아가는 것을 멈출 수는 없었다. 이머의 설명에 따르면, 그녀는 가까운 장래에 자신이 이룰 수 있는 기회—그녀의 뒤에 남겨진 것이 아니라, 앞에 놓인 것—에 정신을 집중하자 마음이 평온해지는 것을 느꼈다.

"이 작은 시련들을 모두 이겨내리라 마음먹었죠. 장애물들을 통과한다면, 다음 단계로 나아갈 수 있을 거라고 생각했어요. 그 과정에서 이보다 더 큰 문제가 닥쳐도 이겨낼 수 있다는 자신감을 갖게 되었죠."

그뒤로도 경영대학원을 졸업할 때까지 여러 차례 이머는 큰 변화와 위험을 초래하는 많은 문제와 맞부딪혔다. 그때마다 그녀는 두려움을 극복하고 더욱더 편안한 마음으로 즐겁게 그 문제들에 도전했다.

현재 그녀는 대형 온라인 쇼핑몰에서 소비자 관련 기술 자문을 하고 있다. 그간 몇몇 성공적인 프로그램을 총괄 지휘했으며, 고위 간부로 승진할 준비를 하고 있다. 이머는 자신이 신념을 갖고 이룩한 거대한 도약들을 설명하면서 "그것들이 모든 것을 바꾸었어요"라고 말한다.

*

당신의 삶과 기업에서 이와 같은 변화를 이루고자 한다면, 누구나 공통적으로 갖는 두려움의 원천과 당당히 대면하고, 불확실성을 기회로 바꾸고, 자신의 미래를 통제할 수 있어야 한다. 또한 크고 작은 조직을 이끌면서 그 조직에 끊임없이 긍정적 변화를 주고자 한다면, 조직 내의 다른 사람들이 그들의 성공을 가로막는 장벽들을 허물도록 도울 수 있는 방법들도 알아야 한다.

곧 살펴보겠지만, 성공이 위험에서 자유로워지는 것을 의미하지는 않는다. 오히려 성공은 위험을 회피하지 않는 것이다. 성공한 많은 기업과 개인이 다른 사람들과 공유하지 않는 은밀한 비밀은, 어떤 일이 맞는지 안 맞는지를 가리는 적합성은 끊임없는 재창조 과정에서 발견된다는 사실이다. 성공하기 위해서는 성패를 건 도박을 피할 수 없으며, 오히려 끊임없이 그것을 감수해야 한다. 그러나 아무리 성공률이 높은 도박 전략이 있다고 해도 종종 부딪히는 뜻밖의 상황을 감안할 때, 쉽사리 게임을 해서는 이길 수가 없다. 어디에 승부를 거는지에 대해 면밀히 살펴보고 방법들을 고민해야 한다.

변화에 개방적일수록 직면한 문제들을 더 잘 파악할 수 있다. 그리고 그 문제들에 끊임없이 실용적으로 접근하면 할수록 성공에 더 가까이 다가갈 수 있다. 변화와 혁신에 스스로를 던져라. 자기 자신을 더 자주 흔들어 무너뜨려라. 그리고 자신의 행동이 초래한 결과들에 지속적으로 관심을 가지고 반응하라. 그러면 더욱 강력한 영향력을 끼치며 성공할 가능성이 훨씬 더 커질 것이다. 이는 모든 차원에서 긍정적 변화를 창조하고자 하는 모든 직장인과 기업에게 적용될 수 있는 원칙이다.

스타벅스를 예로 들어보자. 세계 최대의 커피전문점 체인인 스타벅스는 '사람들에게 커피를 파는 회사가 아니라, 커피를 매개로 사람들을 이어주는 회사'로 유명하다. 고객 서비스가 우선이라는 말이다. 그러나 스타벅스는 끊임없이 신메뉴와 전략들을 대중에게 선보임으로써 기존의 커피 메뉴를 기꺼이 위험에 노출시킨다. 기존 메뉴에 아무 문제도 없고 수명이 다한 것도 아닌데 말이다.

왜냐하면 신상품 출시가 완벽한 기존 상품보다 우선이고, 기회를 잃는 것보다 실수하는 것이 더 중요하고, 경쟁업체에 앞서 시장의 교두보를 마련하지 못하는 것보다 실패하는 것이 오히려 더 낫다고 생각하기 때문이다. 스타벅스는 신개념 매장과 신메뉴 개발에서 모바일 결제와 다양한 온라인 앱에 이르기까지, 성공을 향한 새로운 방법을 끊임없이 찾아 나선다. 또, 고객들이 혁신적인 제안을 내놓을 수 있는 마이스타벅스아이디어닷컴MyStarbucksIdea.com과 같은 온라인 플랫폼을 통해서도 비용을 절감하고 위험을 제거해 브랜드를 재창조하는 데 고객들이 직접 참여할 수 있는 방법을 지속적으로 마련하고 있다.

개인이든 조직이든 상관없이 스타벅스가 우리에게 주는 교훈은 아주 단순하다. 아무리 성공했다 해도 매우 급변하는 기업 환경에서 당신은 날마다 여전히 중요한 두 가지 선택에 직면한다. 미래를 생각하며 앞날을 계획하고 변화의 파도를 헤쳐나가기 위해 스스로 준비할 수도 있고, 아니면 변화의 파도가 들이닥치지 않으리라 생각하고 조류에 따라 하릴없이 이리저리 떠다니며 파도가 엄습할 때까지 발헤엄이나 치고 놀 수도 있다.

곧 보겠지만, 성공하고 그 성공을 오랫동안 유지하는 최선의 방법은 어떤 어려움에도 살아남는 법을 배우는 것이다.

*

주위를 둘러보라. 변화는 어디에나 있다. 불확실성은 점점 커지고 있다. 모든 것이 다 위험하다. 이머와 스타벅스처럼 성공하고 싶다면, 계속해서 앞으로 밀고 나가면서 발전하기 위한 용기를 찾아야 한다. 그러나 변화는 한 번으로 완성되는 것이 아니다. 변화하는 세계에 늘 성공적으로 적응하기 위해서는 아침마다 조깅을 하는 것처럼 변화의 리듬에 익숙하고 편안해질 때까지 적극적으로 행동하고 시종일관 꾸준하게 변화해 나가야 한다.

변화 자체는 문제가 아니다. 그것은 오히려 기회이자 축복이다. 변화하는 환경과 그것에 거는 기대는 새로운 기회를 낳는다. 우리는 변화할 때마다 새로운 것을 배운다. 그리고 새로운 것을 배울 때마다 더욱 효과적으로 성공할 수 있는 새로운 방법들을 발견하면서 조금씩 성장한다.

'혁신'은 오늘날 사람들의 입에 가장 많이 오르내리는 기업 용어 가운데 하나다. 그러나 생각보다 널리 알려져 있지 않은 그 용어의 정의를 보면 깜짝 놀랄지도 모른다. "새로운 것의 도입." 근본적으로 혁신은 변화이고 변화는 혁신이다. 혁신이든 변화든 하나를 이루면 다른 하나도 이루어진다. 최근에 세운 계획이나 우선순위를 꼼꼼히 점검하지 못했다면, 지금 모든 것을 제쳐놓고 그것부터 하라. 그러면 당신은 이미 날마다 성공적으로 변화하고 혁신하고 있는 거나 마찬가지다.

우리가 실은 근본적으로 혁신자들이고 작고 단순한 일상의 변화들을 통해 성공을 이룰 수 있다면, 도대체 무엇이 우리의 발목을 잡는 것일까? 바로 우리 마음속에 있는 두려움과 오해다. 그러나 이런 문제들이 쉽게 발견된다고 해서 그것들을 처리하기 위해 필요한 용기를 발견하는 것도 쉬울 거라고 생각하면 오산이다. 개인이든 조직이든 진실은 대개 정반대인 경우가 많다.

따라서 우리의 성공을 가로막고 있는 장벽들을 무너뜨리기 위한 핵심 전략들을 설명하기 전에 먼저 두려움과 걱정에 대해 좀더 자세하게 살펴보자. 그리고 두려움과 걱정에 용기 있게 꾸준히 맞서는 과정에서 우리가 어떻게 자기 자신과 기업을 성공적으로 변화, 적응시켜 미래 경쟁력을 갖추게 할 수 있는지도 함께 검토해보자.

두려움이란 무엇인가?

두려움을 엄밀히 정의하자면, (인간을 포함한) 동물이 위험에 빠졌을 때 느끼는 부정적인 마음 상태—동요와 긴장감, 경계심이 고조된 상태—를 말한다. 여기서 말하는 위험이 반드시 신체적 상해에 대한 두려움으로 한정되지는 않는다. 그 위험은 실수나 실직에 대한 두려움일 수도 있다. 또한 직장의 고위 간부에게 '어리석은' 질문을 해서 창피를 당하거나 신제품이 고객을 만족시키지 못할지 모른다는 두려움일 수도 있다.

두려움을 어떻게 정의하든, 이러한 감정은 당신 자신이나 기업에 이익을 안겨주는 행동을 하지 못하게 방해할 수 있다. 그러나 다음에서 보는 바와 같이, 두려움을 극복할 용기를 찾으면 성공을 가로막는 장애물을 제거할 수 있을 것이다.

두려움은 직장인들에게 어떻게 영향을 끼치나?

대부분의 직장에서 직원들이 신체적 위험에 직접적으로 노출되는 경우는 드물다. 그렇다고 직장 내 부서들이나 직원들 대다수가 두려움을 느끼지 않는 것은 아니다. 오히려 대부분이 두려움을 아주 뼈저리게 느낀다.

더 나아가, 직장에서 많은 사람이 공통으로 느끼고 경험하는 또다른 종류의 두려움이 있는데, 걱정이 바로 그것이다. 걱정은 당장의 신체적 위협은 없지만 앞으로 위험이 예상되거나 예견되는 부정적인 마음 상태를 말한다.[2] 두려움과 마찬가지로 겁에 질린 반응으로 나타나지만, 현재 존재하지 않거나 상상 속 위험을 대상으로 한 상태가 걱정이다.

직장인들은 다음과 같은 상황이 직장에서 발생하면 두려워하거나 걱정을 하게 된다.

- 잘 모르거나 어려운 업무가 떨어졌을 때
- 새로운 역할이나 책임을 부여받았을 때
- 잠재고객들에게 제품을 선전할 때
- 많은 사람 앞에서 말할 때
- 상사나 고객, 동료와 갈등이 있을 때

조직도 특히 끊임없이 변화하는 시장과 고객 요구, 경쟁 환경들에 직면했을 때 이와 비슷한 차원의 불안을 느낀다. 이러한 두려움은 추세가 바뀌고 혁신이 진행될 때 특히 격렬해질 수 있다. 기업이 골치를 앓으며 걱정하는 상황을 예를 들면 다음과 같다.

- 새로운 영역의 사업이나 새로운 사업 방식을 추진할 때
- 강력하거나 새로운 경쟁업체가 나타날 때

- 변화하고 있는 추세와 시장에 대응할 때
- 매출이나 시장점유율 하락을 지켜볼 때
- 언론이나 대중의 철저한 감시를 받고 있을 때

유감스럽게도 우리가 직장에서 겪는 두려움과 걱정은 오랫동안 지속되는 부정적 영향을 초래할 수 있다.

가장 기본적인 차원에서 두려움과 걱정은 직장과 관련된 스트레스와 불안의 직접적인 원인일 수 있는데, 전략적 사고를 방해하고 소통능력을 저지하며 전반적인 성과를 떨어뜨린다. 최악의 경우에는 판단력을 흐리게 하고 성장을 억제하고 개발을 가로막는다. 심지어 발전을 위한 잠재적 기회들을 간과하거나 무시하게 만들 수도 있다.

두려움과 걱정이 우리를 지배할 때, 우리는 다양한 방식으로 부정적 영향을 받는다.

- **어렵거나 불편한 상황들을 피한다.** 그러나 이러한 문제들에 맞서서 이겨내지 못한다면, 앞으로 나아갈 수 없다.
- **우리를 둘러싼 세계가 변화해도 자신을 바꾸려고 하지 않는다.** 그러나 미리미리 변화에 대응하지 않는다면 대개 불의의 기습을 당할 수 있다.
- **학습과 성장을 억제한다.** 그러나 이 두 가지는 모두 발전과 진보에 필수적이다.
- **익숙한 선택과 패턴에 의지한다.** 그러나 변화하는 세계에서, 오늘 작용한 것이 내일도 작용하리라는 보장은 없다.
- **찬찬히 살피지 않고 조건반사적으로 반응한다.** 그러나 객관적인 분석과

행동은 문제 해결을 위한 가장 확실한 방법이다.

- **자기 자신도 바꾸지 못하면서 세상을 바꾸려고 한다.** 그러나 우리가 통제할 수 있는 것은 다른 사람들의 행동이 아니라 바로 우리 자신의 행동이다.
- **과거에 집착한다.** 그러나 우리가 바꾸거나 영향을 미칠 수 있는 것은 과거가 아니라 현재와 미래다.

두려움은 지속적으로 영향을 끼치는 실존하는 위협이다. 그렇다면, 두려움은 왜 그렇게 계속해서 존재하는가?

두려움은 일곱 가지 맛이 난다

두려움은 극도로 복잡한 감정이다. 인간도 조직처럼 극도로 복잡한 실체라는 점을 감안할 때 그것은 놀라운 사실이 아니다.

그러나 직장에서 느끼는 두려움은 대체로 여러 그림자를 드리운다는 점에서 흥미롭다. 그 두려움들은 겉보기에 동일한 감정처럼 보이지만, 대개는 다양한 불안의 감정이 자신감 상실과 복합적으로 뒤섞이면서 점점 더 강력한 두려움의 칵테일로 바뀐다.

업계의 한 콘퍼런스에서 발표할 연구 논문을 준비하고 있는 직장인의 경우, 제대로 발표를 못 하거나 말실수를 해서 당황할까봐 걱정이 이만저만이 아닐지 모른다. 실수를 저지른 그는 통제력을 잃고 허둥지둥하다 청중들로부터 퇴짜를 맞거나 외면당할 수도 있다. 애초에 불안한 심정 밑바닥에는 바로 이런 이유들이 있다.

나는 최고 전문가들과의 수십 차례 인터뷰와 연구를 통해 직장 생활의 성공을 강력하게 가로막는 일곱 가지 두려움을 찾아냈다. 그것들은 서로 뒤섞이고 어울리기 일쑤다. 하나씩 자세히 살펴보자.

1. 실패의 두려움. 목표를 성공적으로 달성할 수 없거나 스스로 또는 다른 사람이 부여한 과제를 끝까지 수행할 수 없을지도 모른다는 생각.

리무진 차문이 열리고 카메라들이 일제히 플래시를 터뜨리기 시작한다. 키 크고 말쑥하게 차려입은 청년 한 명이 차에서 내려 회사로 성큼성큼 걸어들어간다. 그는 옆에 도열해 있는 사람들에게 미소를 띠고 동료들에게 고개를 끄덕여 인사하면서 다소 침울한 목소리로 이렇게 말한다. "지금까지 경기를 하면서 실투로 날린 점수가 9,000점이 넘습니다. 그리고 거의 300경기를 졌어요. 내가 골을 넣기만 하면 이길 수 있었던 경기를 진 경우도 26번이나 됩니다. 나는 살면서 이렇게 실패를 되풀이했어요. 하지만 그것이 바로 내가 성공할 수 있었던 이유입니다."[3]

전설적인 농구 선수 마이클 조던은 몇 초 안 되는 나이키 광고에서 가장 중요한 인생의 교훈을 압축해서 설명했다. 실패 같은 것은 없다. 다만 배우기 위한 대가가 있을 뿐이다. 실수는 가장 중요한 배움의 수단이다. 현재 성공하지 못했다면, 어쩌면 충분히 실패하지 않았기 때문일 것이다.

그러나 실수는 오늘날 직장인들이 가장 공통적으로 겪는 두려움이다. 고도로 압박이 심한 기업 환경에서 실패를 더욱 조장하는 것은 무엇일까? 한 번의 실수가 우리를 깊은 구렁텅이에 처박히게 할 수도 있고, 그동안 쌓은 경력과 성취, 명성을 순식간에 허물어뜨릴 수 있다는 것은 잘 알려진 사실 아닌가?

따라서 당신(과 당신의 기업)은 자신의 경력 쌓기에 지나치게 몰두하거나, 새로운 것을 배우고 익혀서 자신의 능력과 시야를 넓히려다 위험에 빠지는 일을 피하려고 하기 때문에 모든 일에 전심전력을 다하지 않는다. 실패의 두려움은 어떤 일이든 위험을 무릅쓰고자 하는 의지를 억누른다. 따라서 당신은 늘 움츠리고 조심스레 행동한다.

하지만 자기 분야에서 성공하고자 하는 사람은 이렇게 하면 안 된다. 시장에서 경쟁적 우위를 차지하려는 기업은 이렇게 하면 안 된다. 게다가 두려움은 대개 주변 세상이 바뀌고 있는데도—가장 위태로운 시기에도—가만히 있는 것이 현명한 행동이라고 생각하게 만들고 우리의 눈을 가린다.

점점 더 불확실해지는 상황 속에서 매우 복잡한 결정들을 전보다 더 빨리 내려야 하는 경우가 많아지고 있는 현실을 감안할 때, 실수는 피할 수 없는 것임을 인정해야 한다. 실패는 일을 하기 위해 어쩔 수 없이 치러야 할 대가다. 실제로 내가 인터뷰한 수십 명의 뛰어난 권위자들이 직장인들에게 그런 다짐을 마음에 새기라는 충고를 가장 많이 했다.

다음 장에서 곧 보겠지만, 성공한 개인과 조직들은 일부러 실패를 회피하지 않는다. 대체로 그들은 실패를 두려워하지 않고, 오히려 전략적으로 실패를 거듭하기까지 한다.

2. 낭패의 두려움. 기대에 부응하거나 사회적으로 인정을 받지 못해서 모멸감을 느낄 때 받는 수치심과 강박적 자의식.

17억 달러 규모의 가정용 가구 기업 레깃앤플랫L&P, Leggett & Platt의 마케팅 부사장으로 새로 선임된 매트리스 산업계의 경영자 마크 퀸은 '퍼니처 투데이'라는 침대 관련 회의에 참석해 일정을 매우 깔끔하게 소화하고 있었다. 그는 자랑스러운 기색으로 회사가 주관하는 칵테일파티의 의기양양한 분위기를 즐겼다.

L&P는 레드카펫 행사에서 퀸이 새롭게 제작한 온라인 비디오 시리즈 「더 버진 매트리스The Virgin Mattress」의 첫 회분을 공개해서 호평을 받았다. 가상의 커플들이 전에 함께 살았던 연인과 함께 썼던—그래서 더럽고 구질구질하게 얼룩진—매트리스를 바꾸는 데 들이는 노력을 흥미롭게 보여주는 이 단편극은 단순히 고객들에게 낡은 침대 매트리스를 바꾸도록 유도하려고 기획된 것이 아니었다. 130년 전통의 유서 깊은 침대 틀과 방석, 코일 제조업체인 L&P 입장에서 그 캠페인은 회사의 고리타분한 이미지를 현대적인 모습으로 재창조하기 위한 야심 찬 시도이기도 했다.

그 비디오 시리즈는 광범위한 광고와 소셜미디어 판촉 활동의 지원을 받아 침대 산업계 내부에서 긍정적인 평가를 받았다. L&P는 내친김에 그 비디오가 입소문을 타고 널리 퍼지기를 바랐다. 퀸은 첫 회분 비디오를 회사 직원 1만 9,000명에게 이메일로 발송하고 모두가 함께 보도록 격려할 정도로 열성적이었다. 결국 많은 화제를 불러일으키기는 했지만, 그가 의도했던 대로는 아니었다.

행사장에 있던 퀸의 전화통에 불이 나기 시작한 것이다. 퀸의 비디오가 위태롭게 함축하고 있는 내용은 회사 동료 임원들의 도덕관과 맞지 않았다. 미주리 주의 카시지에 살고 있는 동료들은 집으로 돌아가서 마구 화를 내며 회사의 최고경영자에게 항의 전화를 걸어 퀸을 징계하라고 강력하게 요구했다.

그러나 퀸은 자신의 타고난 마케팅 재능을 믿었다. 지금 필요한 것은 회사의 이미지를 근본적으로 바꾸는 것이라고 생각했다. 다만 문제가 있다면 그가 매우 보수적인 L&P의 기업 문화에 적절하게 순응하지 못했다는 점이었다. 그래서 퀸은 회사의 임원진들과 대립했을 때, 그들에게 비굴하게 머리를 숙이기보다는 자신이 믿는 바를 더욱 강력하게 내세웠다. 퀸은 자기 직위를 걸고 동료 임원들에 맞섰다. 자신을 내쫓으려면 그렇게 해보라고 했다.

퀸은 경영진에게 자신을 해고하지 말아 달라고 사정하지 않았고, 오히려 그 일에 대해 책임을 질 테니 한번 더 기회를 달라고 요구했다. 그리고 실제로 달콤한 말로 그들을 설득해 10만 달러를 추가로 더 지원받았다. 그는 그 돈으로 '세컨드시티'라는 즉흥 코미디 극단을 섭외해서 「더 버진 매트리스」 시리즈를 과감하지만 덜 선정적인 홍보용 랩 비디오로 다시 제작해 L&P의 새로운 '하이브리드(쿠션 성능을 더 좋게 하기 위해 메모리폼이라는 스펀지와 스프링을 결합한)' 매트리스를 홍보했다.

결국 이 캠페인은 매트리스 매출을 35퍼센트 증대시켰을 뿐 아니라, 침대 산업에 하이브리드라는 용어를 처음으로 소개했다.

퀸은 자신과 비슷한 상황에 놓였던—낙심하고 고립되고 심지어 덫에 걸린 것처럼 답답한 심정을 겪었던—사람들에게 자기 의견을 굽히지 않은 결과로 주변의 공격을 받는 것을 두려워하지 말라고 조언한다. 낭패의 두려움과 자신감 부족은 우리가 중요한 결정을 내리거나 위험을 무릅쓸 필요가 있을 때, 기꺼이 행동에 나서지 못하게 막는다. 그럴 때 뒤로 물러서지 말고 용기를 내서 당당하게 말하라. 자신을 의심하지 말고 믿어라. 다른 사람들이 믿지 않거나 걱정하는 것들을 과감하게 시도하라.

L&P는 자칫 스스로 위축되어 아무도 알아주지 않는, 서서히 쇠락하는 제조업체가 될 수도 있었다. 퀸은 굴욕을 당한 채 자신이 맡은 프로젝트에서 손을 뗄 수도 있었다. 그의 노력은 잘못된 마케팅의 숱한 사례 가운데 하나로 남을 수도 있었다. 그러나 L&P와 퀸은 자신들의 실수에서 많은 것을 배워 더 지혜롭고 강력한 모습으로 되살아났다. 그로부터 몇 년이 지나 이 글을 쓰고 있는 지금, L&P의 사업과 퀸의 경력은 여전히 성공 가도를 달리고 있다.

3. **통제력 상실의 두려움.** 통제하거나 적응할 수 없을 정도로 여러 상황과 여건이 점점 악화되고 있다고 믿는 것.

바로 이거야. 기다리던 순간이 마침내 왔어. 카일 스미틀리는 그동안 정성들여 모은 화려한 패션 사진집들을 응시하면서 얼굴에 번지는 미소를 억누를 수 없었다. 낮에는 창업하기 위한 돈을 모으면서 밤에는 법학대학원에 다니느라 잠도 설치며 1년을 보낸 스물세 살의 명랑한 여성 스미틀리는 마침내 최신 유행하는 패션의 세계로 진입할 준비를 마쳤다. 그녀는 최신 유행의 고급 여성의류를 취급하는 미국 전역의 500곳이 넘는 상점에 우송할 홍보물을 만들면서, 자신이 개발한 아동용 유기농 의류 브랜드인 발리앤버치Barley&Birch를 바로 그 첨단 유행 패션의 세계에 진입시키려는 꿈이 부풀었다. "이제 여기저기서 문을 두드릴 거야"라고 그녀는 생각했다. "성공이 바로 눈앞에 있어."[4]

그러나 그녀가 최선의 노력을 다했음에도 불구하고 구매자들의 반응은 묵묵부답이었다. 스미틀리는 며칠이 지나도 구매와 관련해 전화나 이메일을 한 통도 받지 못하자 초조해지기 시작했다. 한 달 동안 구매 주문은 딱 두 건밖에 없었다. 그녀는 최선을 다해 짠 계획이 통제 불능의 상태에 빠지자 식은땀이 나기 시작했다. 이제 무엇을 해야 할지 전혀 확신이 서지 않았다. 학생으로서 그리고 소상인으로서 이중생활을 하느라 점점 스트레스가 가중되는 상황에 파산 지경에까지 몰려 좌절한 그녀는 자신이 제정신으로 유일하게 할 수 있는 일을 선택했다. 수업시간에 교수의 강의는 무시한 채, 블로그 인맥, 온라인 저널리스트들에게 무료 샘플을 동봉한 이메일을 수백 통 보낸 것이다.

그로부터 6개월이 채 지나지 않아 언론에서 호의적인 기사들이 쏟아져나오면서 전국의 수백 개 상점에서 발리앤버치 제품을 주문하는 전화가 쇄도하기 시작했다. 게다가 워런 버핏을 비롯해 셰릴 크로, 제시카 알바에 이르기까지 많은 유명 인사가 줄지어 격려의 말을 전해왔다. 이 모든 것은 스미틀리가 파산 위기에 빠진 사업을 구해내고 성공에서 멀어지지 않으려고 단순히 전략을 바꾸고 관점을 수정한 결과에 지나지 않았다. 다시 말해서, 그녀가 선택한 행동들은 모두 그녀의 능력 안에서 할 수 있는 일들이었다.

당신이 하는 일이 스스로의 통제 범위를 벗어나 있기 때문에, 이를 되돌리는 데 할 수 있는 일이 전혀 없는 것처럼 느껴진 적이 있는가?

원료를 납품하는 업체가 당신의 회사에서 가장 잘 팔리는 제품을 생산하는 데 꼭 필요한 화학 물질의 재고가 바닥나서 2주 동안 원료를 공급할 수 없다고 전화로 통보하는 바람에, 회사의 구매부서가 다른 공급처를 급히 찾느라 긴급히 움직여야 할지도 모른다. 어쩌면 상사가 금요일에 당신을 불러 당신이 한 주 내내 공들여 작업한 설명회 자료를 폐기하고, 그것과 완전히 다른 자료를 작성해 다음주 월요일 이사회에서 발표할 준비를 하라고 갑자기 지시 내릴 수도 있다. 또는 매우 중요한 영업 계약을 맺기 위해 5,000킬로미터 떨어진 곳에서 출장중일 때 갑자기 당신의 아들이 자동차 사고를 당했다는 연락을 받고 곧바로 병원에 가야 할 상황이 발생할 수도 있다. 이 모든 경우에 발생한 사건을 통제할 수 없다는 두려움은 우리를 매우 당혹스럽게 만들 것이다.

우리는 때때로 자신의 일과 경력, 생활에서 스스로 통제할 수 없는 상황에 부닥치곤 한다. 그러한 두려움을 경험할 때, 부지불식간에 돌부리에 걸려 넘어질 수도 있고, 공포에 질려 아무것도 할 수 없다는 매우 불안한 위기감을 느끼게 마련이다. 이때 우리는 적극적으로 행동하기보다는 일어난 상황에 몸을 움츠리며 소극적으로 반응하기 일쑤다. 치밀하게 계산된 조치를 취하기보다는 아무 일도 안 하고 얼어붙은 듯 가만히 있기 십상이라는 말이다.

그 결과, 대체로 모든 일에 소극적으로 대처하고 혹시라도 통제할 수 없을지 모를 상황은 되도록 피하려고 한다. 그러나 오히려 그런 상황에서는 조건반사적인 반응을 멈추고 더욱 현실적이고 융통성 있는 행동을 취해야 한다. 모든 상황을 완벽하게 통제할 수는 없지만, 그러한 상황을 생산적인 결과를 가져오는 쪽으로 이끌 수는 있기 때문이다.

모두가 알다시피, 일상생활에서나 기업을 운영하다보면 우리의 영향력이나 통제를 벗어나는 원인 때문에 발생하는 가슴을 쓸어내릴 만한 일이 한두 가지가 아니며, 심지어 낭패를 보는 일도 많다. 그럴 때마다 매우 불안한 마음을 가누지 못한다. 아무리 크고 좋은 배라도 앞을 가늠할 수 없는 거대한 폭풍이 몰아치면 통솔하기가 쉽지 않다. 배를 재빨리 돌릴 수 없다면, 자신감과 자의식은 급속하게 위축될 것이다. 이런 폭풍우를 뚫고 항해한 경험이 있는 사람이라면 누구나 그 기억을 잊을 수 없을 것이며, 그런 상황을 다시 겪고 있다는 생각은 일상의 생산성과 성과에 악영향을 끼치는 강력한 장벽이 될 수 있다.

생산성을 높이려면 다음과 같은 사실을 간과해서는 안 된다. 모든 것을 통제할 수 있는 사람은 없기 때문에 혼돈에 빠지는 날이 있을 수도 있으며, 그것을 막기 위해 당신이 할 수 있는 일이 아무것도 없을 수도 있다는 사실 말이다. 그럼에도 불구하고 역경을 극복하기 위해 해야 할 일은 늘 있게 마련이다. 그런 날이 오면 먼저 뒤로 잠시 물러나 숨을 깊게 들이쉬고 자신이 통제할 수 있는 것들에 노력을 집중해야 한다. 결정적 조치들을 취하고 좀더 신중하게 대응할 때 비로소 당신 자신이 키를 쥐고 있는 배가 항로를 이탈하지 않도록 서서히, 하지만 단호한 조치를 취할 수 있다.

4. 거부의 두려움. 당신과 당신 회사, 당신이 제공하는 제품이나 서비스가 다른 사람들에게 거부되고 외면당하고 기피될 때.

열여덟 살 때 나는 비디오게임 업계에서 일하고 싶은 마음 말고는 아무것도 바라지 않았다. 하지만 유감스럽게도 비디오게임 업계는 나를 원하지 않았다. 당시에 나는 대기업을 비롯해 창고에서 창업한 벤처기업에 이르기까지 수백 군데 게임 업체에 입사지원서를 냈지만 기껏 그들이 만든 소프트웨어를 무료로 시험해보는 것으로 만족해야 했다. 그뒤로 몇 년 동안 응답이 온 몇 안 되는 업체들 가운데 세 군데에 입사할 수 있었는데, 그마저도 어렴풋하게나마 이름이 기억나는 곳은 단 한 군데였다.(인포그램이라는 프랑스 게임업체로, 「어둠 속에 홀로 3탄」를 출시했다. 당연히 해당 게임 시리즈 가운데 최악의 작품이었다.) 그러나 내가 그 길을 포기하지 않고 계속해서 가는 데는 그것만으로도 충분했다.

1998년, 나는 하계 인턴십에 참여할 곳을 열심히 찾으면서 여러 회사에 전화를 걸었다. 봉급은 안 줘도 되니 내 능력을 입증할 기회만 달라고 요청했다. 유감스럽게도 동부 지역 사람이 캘리포니아 기업들이 지배하고 있는 분야에 지원하는 것은 큰 약점이 아닐 수 없었다. 시간 당 5달러에 그 일을 하려고 기를 쓰고 달려드는 그 지역의 10대들도 많은데, 아무리 돈 안 받고 일하겠다고 하더라도 다른 지역 사람을 데려다 쓸 기업은 없었다.

하지만 운좋게도 그해 여름, 내가 사는 도시에서 국제게임전시회Electronic Entertainment Expo('E3'로 알려져 있다)라는 산업박람회가 열렸다. 나는 그곳에 가서 가장 작은 전시장 안 깊숙한 곳에 자리한 프랑스의 소규모 컴퓨터 게임 업체를 발견했다. 그 업체는 초등학교 때 친구들이 불법적으로 다운로드해서 게임하던 소프트웨어인 마이크로이드를 개발한 회사였다.

몇 분간의 면담 뒤, 그 업체에서 처음으로 인턴 생활을 시작했다. 동시에 프랑스 파리 외곽에 있는 본사에서 석 달 동안 무료로 체류하는 기회도 얻었다. 일을 시작한 지 3주 만에 나는 그 회사의 해외 홍보 책임자가 되었다. 그해 가을에 학교로 돌아올 즈음에는 제품 구매 담당 부사장이었다. 당시 무명 개발업체(모노리스 프로덕션Monolith Productions)로부터 인기 상품 3종을 사들였고, 이후 워너브라더스에 수백만 달러를 받고 팔았다.

여기서 얻은 교훈: 기업에서 의미 없는 것은 없다. 다만 '지금이 아닐'

수 있을지는 모르지만 말이다. 문제가 발생했을 때 해답을 찾으려고 하지 않거나 침묵으로 일관한다면, 자신을 과소평가하는 것이다.

승진 요구가 받아들여지지 않으면, 자연스럽게 자신의 능력을 의심하게 된다. 고객들이 우리 회사 제품을 사지 않을 때, 우리는 돌연 그 제품의 가치를 다시 생각하기 시작한다. 그러나 이 같은 거부 상황이 발생한 이유를 곰곰이 따져보면, 간혹 처음에 생각했던 것과는 전혀 무관한 요소(승진에 따른 더 높은 임금을 지불할 여력이 회사에 없는 경우)나 심지어 외부 환경(비슷한 제품이 많아서 우리 회사에서 출시한 앱의 강력한 성능을 알아보는 사람이 아직까지 없는 경우) 때문일 수 있다.

타인의 거부 때문에 자신감을 잃지 마라. 오히려 인생을 살면서 '노'보다는 '예스'를 들을 기회가 훨씬 더 많다는 사실을 기억하라. 따라서 당신은 ①차라리 '노'라는 말을 듣는 것에 익숙해지고 ②'노'라는 말을 많이 들을수록 '예스'라는 말을 들을 기회가 확률상 더 높아진다고 이해하는 편이 낫다.

5. 대립의 두려움. 남들에게 부정당하는 사건을 경험하거나, 개인적으로 또는 업무상 그들과 적대 관계를 맺는 것.

기업은 아주 다양한 방식으로 외부와 대립 관계에 설 수밖에 없다. 지금 당신은 동료, 상사, 경쟁자, 피곤한 업무 프로세스, 해묵은 사업 방식 등과 대립하고 있을 것이다. 그러나 대립에 대한 두려움은 사람을 나약하게 만들 수 있다. 새로운 아이디어와 혁신을 억누를 가능성도 있다. 다른 사람들과 맞서기 위해서는 용기가 필요하다. 그러나 어떤 조직이든 앞으로 나아가고 발전하기 위해서는 외부와 대립할 수밖에 없다.

그 적절한 예를 하나 소개한다. 아이들이 좋아하는 파스타 소스로 유명한 유니레버의 라구는 어린이들에게 특별한 브랜드였다. 그러나 매출이 더이상 오르지 않고 경쟁 상품인 프레고가 여러 차례의 미각 시험에서 더 뛰어나다는 평가를 받기 시작하자, 한 광고회사의 간부는 용기를 내어 유니레버가 소비자들의 마음을 사로잡을 수 있는 새로운 마케팅 전략을 조속히 수립해야 한다고 주장했다.

소스를 맵게 하자는 게리 그라프의 아이디어는 확실히 독특했다. 즉 어린 시절의 가슴 따뜻한 추억이 아니라, 아프고 시린 느낌을 떠올리게 해서 라구를 어린 시절에 누구나 먹었던 향수 어린 음식으로 기억하게 하도록 브랜드 이미지를 바꾸자는 것이었다. 브랜드 이미지를 바꾸기 위한 그의 광고 계획 또한 평범하지 않았다. 그는 아이들이 집에서 기르던 반려동물의 죽음을 함께하거나 부부관계 중인 부모의 방에 우연히 들어갔다가 나온 뒤에 그 소스를 먹으며 마음을 달래는 내용의 텔레비전 광고를 하자고 주장했다.

그라프는 시청자들이 거부감을 일으킬지도 모른다고 주저하는 유니레버의 임원들과 끝까지 논쟁을 벌였다. 그는 유니레버의 브랜드를 오늘날 가장 까다로운 시청자인 부모와 연결시키자고 주장했다. 마침내 그는 자신과 회사의 명성을 위험에 빠뜨릴지도 모르는, 아무도 그 결과를 예측하고 싶어하지 않는 전례 없는 광고 계획을 밀어붙였다.

놀랍게도 유니레버는 그의 주장을 받아들였다. 유니레버는 텔레비전 광고 여덟 편을 제작하기로 결정하고, 소셜미디어를 통해 뒷받침하면서 올림픽 기간 동안 집중적으로 방송하기로 계약을 맺었다. '힘들었던 어린 시절의 기억'이라는 제목의 이 광고는 이후 많은 상을 받았고, 실제로 광고가 나가고 30분 만에 트위터에서 올림픽과 나사NASA의 화성 착륙과 함께 주목받는 최신 뉴스 가운데 하나가 되었다.

그라프의 사례가 보여주는 것처럼, 직장에서 공통적으로 맞부딪히는 장애물은 대립에 대한 두려움이다. 이는 당신이 자신과 자신의 업무, 자신의 결정에 불만을 품은 사람들을 다루거나 그들의 저항을 극복해야 한다는 것을 인지할 때 느끼는 심란한 감정이다. 또한 자신을 위협하는 경쟁자와 맞서고 있음을 확인할 때 느끼는 불안의 원천이기도 하다.

여하튼 일과 관련해 빚어지는 다른 사람과의 대립에 대한 두려움은 신념을 고수하기보다는 쉽게 포기하게 만들거나, 현재 우리를 위협하는 상황이나 개인들에 대한 불안을 유발할 수 있다. 대립의 두려움은 최악의 경우에 몸을 움츠리게 하여 당당히 맞서는 것을 피하게 하거나, (오히려 정반대로) 아무 생각 없이 맹렬하게 공격하는 상황을 낳을 수 있다. 모두 직장에서 발전된 생각이나 긍정적인 의사결정, 좋은 성과를 촉진하는 데 도움이 되지 않는다.

이러한 장애물을 극복하고 싶다면, 그것들에 맞서야 한다. 대립을 피하고 반대를 멀리하거나 생각 없이 덤비기보다는 뒤로 물러서서 마음을 안정시키고 어떻게 그 문제를 가장 잘 풀어나갈지 공정하게 생각하는 편이 훨씬 현명한 전략이다. 시한폭탄이 돌아가고 있다면, 재빨리 신관을 제거하거나, 아니면 그것이 터질 때를 대비해야 한다.

6. 소외의 두려움. 자기 혼자라고 생각하거나 다른 사람들의 도움 없이 혼자 남아 살아야 한다는 느낌.

전 세계에 33만 명이 넘는 종업원이 있고, 그 자체로 하나의 산업을 이루는 427억 달러 규모의 특급배송서비스 페덱스의 개혁 책임자인 미셸 프록터는 틀에 박힌 현재의 상태에 문제를 제기하는 일을 한다. 그녀가 지휘하는 부서의 임무는 상황을 바꾸는 결정적 기회들을 발견하고 개발하는 일이다. 그녀가 날마다 스스로에게 던지는 질문은 "어떻게 하면 사람들이 아무리 큰 위험이 닥쳐도 그것을 감수하고 회사를 새로운 방식으로 생각할 수 있게 할까?"[5]다.

"기업들이 편안함을 추구하거나 안주해도 된다고 말하고 싶지 않아요"라고 그녀는 말한다. "그러나 혁신과 기업가 정신이 살아 있는 문화에서도 (중략) 당신이 일에 접근하는 방식을 다르게 생각하게 하기 위해서 때로는 기존의 시스템에 충격을 줄 필요가 있어요."

그녀가 리더로서 풀어야 할 가장 큰 문제는 사람들이 비난이나 보복을 두려워하지 않고 자기 생각을 당당히 말하고 행동하게 하는 것이다. 그러기 위해서는 종업원들이 실패를 두려워하지 않고 당당히 자기 의견을 말하고 위험을 무릅써 독창적인 아이디어를 찾아낼 권한이 있다고 느낄 수 있는 안전한 환경을 만들어주어야 한다.

"날마다 하는 일이 있고, 게다가 그 일을 아주 잘하고 있다면, 굳이 위험을 무릅쓰고 기존에 하던 일에 변화를 주는 것을 불편하게 생각할 수도 있어요. 왜냐하면 우리는 모두 습관에 사로잡혀 있기 때문입니다"라고 프록터는 설명한다. "회사에 위험을 무릅쓰는 일을 전담하는 부서가 있고, 그런 일에 보상이 뒤따를 것이며, 그렇게 위험을 무릅쓰면 대가가 뒤따른다는 사실을 보여주는 것은 매우 중요합니다. 우리는 단순히 서비스의 품질 개선만을 추구하지 않아요. 모든 [종업원의] 아이디어를 듣고자 합니다. 그 아이디어가 아무리 이상하다 해도 상관없습니다. 계속해서 고객들을 만족시키고 우리 브랜드가 약속한 것을 이행할 수 있다면 어떤 방식도 좋아요."

그녀가 이끄는 40명의 강력한 조직은 개인의 혁신적 생각을 차단하거나 고립시키지 않은 채 회사 내부로 결합하는 일을 한다. 그들은 또한 당당하게 미래를 향해 나아가는 큰 꿈을 가진 종업원들의 수가 점점 더 늘어나도록 날마다 애쓴다.

왜냐하면 그녀와 동료들이 발견한 것처럼, 여섯번째 두려움의 원천이 소외이기 때문이다. 어떤 선택이나 외양, 행동의 결과로 동료들로부터 무시당하거나 외면당할 때 느끼는 감정이 바로 그것이다.

회사와 부서들이 제 기능을 하며 잘 돌아가고 소속 직원들 모두가 적절한 지원을 받을 때, 우리는 모두 더 용감하고 효과적으로 행동한다. 어째서 그럴까? 어려울 때 누군가가 지원해주고, 약해질 때 든든한 버팀목이 되어줄 것을 알기 때문이다.

그러나 도와달라는 요구를 상대방이 거부하거나 금방 거부할 것처럼 보일 때, 소외의 두려움은 사람들을 더욱 소심하게 만들어 과감하게 생산적인 행동을 하지 못하게 할 수 있다. 그 결과, 위험을 무릅쓰면서까지 자신의 선택에 대해 책임지겠다는 생각은 사람들 마음속에서 사라지고 만다.

다행히도 오늘날 많은 경영자는 다양성, 독창성, 자기 방향성이 뚜렷한 사람들을 중요하게 생각해서, 예전이라면 단순히 외면당하거나 기피되었을 이들을 기꺼이 받아들이고 있다.

페덱스와 그 회사 직원들처럼 소외의 두려움을 뛰어넘어 남들과 다른 독창적 아이디어에 도전하라. 그러면 당신 자신과 조직은 창조와 혁신,

성공의 발전소로 바뀔 것이다.

7. **변화와 불확실성의 두려움.** 전과 다르게 행동하거나 반응하는 과정. 그리고 이러한 변화나 그에 따른 위험과 불확실성이 수반하는 불안.

시애틀에 있는 비디오게임 개발업체 밸브Valve의 직원들에게 하루하루는 그야말로 모험의 연속이다.

새로 입사한 직원이 어떤 일을, 누구와, 어떻게 시작할지 아무것도 모르는 상태에서 회사에 왔다고 상상해보라. 그에게는 업무를 보고할 상사도 없고, 함께 일할 팀도 없고, 즉시 달성해야 할 목표도 없다.

공상과학소설의 고전 『은하수를 여행하는 히치하이커를 위한 안내서』를 읽어본 적이 있다면, "당황하지 마라"는 구절을 기억할 것이다. 밸브의 직원도 "당신에게 지시하는 사람 없이 무엇을 할지 알아가는 두려움을 모르는 모험"이라는 문구가 찍힌 직원 안내서를 통해 그와 매우 비슷한 조언을 받는다. 안내서에는 당황하지 않고 일하는 방법—충분히 그럴 만한 이유들—에 대한 설명이 있다.

그 회사의 조직에는 서열이 없다. 다시 말해서, 완벽하게 수평적인 조직 체계다. 밸브에는 관리자도 없고, 공식 직책도 없고, 정해진 업무도 없다. 누구든 프로젝트를 계획해서 시작하고 진행할 수 있다. 프로젝트를 수행할 팀은 단순히 각자의 책상을 연결하여 만든다. 개발자들은 오직 상사 한 명, 다시 말해 고객에게만 보고하면 된다.

밸브에서는 직원들이 자기 시간을 100퍼센트 자율적으로 활용한다. 실수를 했다고 해서 해고되는 경우는 절대로 없다. 그 결과는 완전한 혼돈이다. 하지만 그 회사의 제품들은 하프라이프, 카운터스트라이크, 포털과 같은 베스트셀러 소프트웨어를 포함해 새로 출시할 때마다 성공한다. 6,500만 명이라는 엄청나게 많은 게임광이 게임 산업계의 아이튠스라고 할 수 있는 스팀온라인Steam online을 깊이 신뢰한다.

비록 극단적인 예라 하더라도, 밸브는 여기서 말하고자 하는 요점을 잘 보여준다. 우리 대다수는 더 평온하고 앞날을 더 잘 예측할 수 있는 삶을 살고 싶어 한다. 그러나 스스로를 끊임없이 재창조할 때, 성공할 가능성은 더욱더 커진다.

대개 변화 자체는 문제가 아니다. 오히려 문제는 변화 때문에 발생하는 불확실성이다. 당신이 모든 것을 이해했다고 생각하는 바로 그 순간! 모든 것이 바뀌고 당신이나 당신의 조직은 또다시 그 사실을 이해해야 한다.

변화는 장기적으로 볼 때, 특히 겪고 싶지 않은 불편한 경험일 수 있지만, 거꾸로 보면 커다란 기회이기도 하다. 아무것도 모른다는 사실이 무조건 부정적이지만은 않다. 변화가 일어날 때, 많은 기회가 무르익기 마련이다. 경쟁 구도와 고객들의 기대가 바뀌면서, 시장에는 새로운 욕구와 빈틈이 생겨난다. 하지만 당신은 그 틈새를 모두 쉽게 메울 수 있다.

따라서 변화와 불확실성의 두려움 때문에 무력해지지 마라. 성공은 유연성과 적응력을 요구한다. 오늘날 가장 성공한 조직의 리더는 변화를 피하지 않는다. 그들은 오히려 새로운 기회나 관심사를 찾고 토론하고 미래를 위한 전략을 짜는 데 직원들이 적극 참여해 자기 의견을 밝히고 실천하고 위험을 무릅쓰도록 격려함으로써, 직원들이 모든 차원에서 변화하고 적응하고 앞장서도록 그들에게 권한을 위임한다.

한 개인이 성공적으로 변화를 맞이하기 위해서는 끊임없이 자기 개발과 전문적 지식 배양에 힘쓰고, 새로운 기술을 습득하며, 여러 가지 일을 실제로 체험하고, 자신의 재능 개발과 사회적 네트워크 구축을 게을리 하지 않아야 한다.

반면에 한 조직이 다양한 변화의 도전에 직면(하거나 예상)했을 때, 성공적으로 헤쳐나가기 위해서는 조직 구성원들 사이에 아이디어를 공유하고 전파하며 서로 협업하고, 조직 내의 자원들을 현명한 방식으로 실험하면서 효과적으로 집중할 수 있는 플랫폼과 프로세스, 시스템을 구축해야 한다. 고객은 혁신을 위한 최고의 원천이다. 위대한 아이디어는 어디서든 나올 수 있다. 특히, 고객과 가장 가까이 있는 직원을 주목하라.

변화는 시장에서 경쟁적 우위를 차지하기 위한 궁극적 원천일 수 있다.

도미노피자, 스냅온툴스Snap-on tools, 트리플에이AAA 생명보험사와 같은 일류 기업들의 소프트웨어를 개발하는 멘로 이노베이션Menlo Innovations의 창업자 리처드 셰리든은 날마다 직원들에게 변화의 열정을 불어넣는다. 직원들은 두 명씩 짝을 지어 사무실에 있는 모든 컴퓨터를 공유한다. 파트너와 프로젝트는 매주 바뀐다. 대개 중견 직원과 수습사원이 짝을 이루는데, 이러한 직원 교환 제도는 대부분의 고위 경영진을 포함해 모든 직원이 첨단의 사업 방식과 예리한 통찰력을 습득하도록 하기 위해 고안된 것이다. 직원들은 이 제도를 통해 다양한 직무를 직접 체험하고 선배 사원의 지도를 받음으로써 직원들 사이의 공감대를 넓히며 업무 지식을 쌓아 결국 회사를 효과적으로 키워나간다.

이러한 혁신적 직원 교환 제도는 회사를 번창시키고 개인의 능력을 회사 내부로 끊임없이 유통시키는 효과 외에도, 톰슨 로이터와 도요타 같은 일류 기업들의 수많은 임원이 그 제도를 배우기 위해 회사를 방문하는 계기를 마련했다.

행동 지침

모든 사람은 때때로 두려움을 느낀다. 과거에 경험한 것과 현재 상황은 모두 우리의 변화와 위험 감수 의지뿐 아니라 미래에 대한 태도에도 영향을 끼친다. 다음 장에서 우리는 그 이유가 무엇이고, 어떻게 해야 변화를 향해 마음을 활짝 열고 두려움을 극복하고 담대하게 혁신하는 방법을 익혀서, 미래 경쟁력을 갖출 수 있는지 살펴볼 것이다. 한편, 당신의 발목을 잡고 당신의 행동과 결정에 부정적 영향을 끼치는 두려움을 타파하기 위해서는 다음과 같은 행동이 필요하다는 것을 마음에 새겨두기 바란다.

- **실패를 두려워하지 마라.** 스스로 실패에 익숙해져라. 전략적으로 실패할 수도 있다. 모든 실패는 성공과 승리의 대가를 위한 주춧돌이다.
- **낭패에 대한 면역력을 키워라.** 당신 자신과 조직이 고정관념을 깨고 그동안 안주하고 있던 안전지대에서 점점 더 멀리 벗어나는 연습을 시작하라.
- **통제력을 잃을까봐 걱정하지 마라.** 늘 모든 것을 통제할 수는 없다는 사실을 인정하라. 뒤로 물러서서 마음을 가다듬고 당신이 지금 통제할 수 있는 것과 없는 것이 무엇인지 주목하라.
- **거부의 충격에서 벗어나라.** 가능한 한 빨리 '노'의 충격에서 벗어나라. 그러면 '예스'에 더 빨리 도달할 수 있다.

- **대립 관계를 잘 조절하라.** 대립을 피하기보다는 슬기롭게 대처하라.
- **소외의 두려움을 거두어라.** 스스로 전략을 짜서 동료들과 긴밀한 업무 관계를 구축하고 다양한 신뢰의 다리를 놓아라. 자신을 잃지 않되, 팀의 일원이 되어라.
- **변화와 불확실성을 제어하라.** 앞날을 예측하려고 애쓰지 마라. 오히려 당신이 만들어나가고 적응하고 있는 주변 환경을 면밀히 살펴라. 아주 작은 단위에서도 끊임없이 의사결정과 행동이 달라질 수 있도록 업무 방식을 설계하라. 새로운 정보가 추가되면 그에 따라 업무 방식도 수정한다. 환경이 바뀌면 그것을 재평가하고 그에 따른 행동과 반응도 재조정하라.

파변창

2장

용기와 성공을 발견하는 방법

두려움에 대한 과학적 분석 | 두려움의 형태 | 우리는 두려움을 어떻게 배울까 |
두려움은 어떻게 스스로를 드러낼까 | 피어 모형 | 피어 모형을 현실에 적용하기 |
피어 방식을 적용하기 위해 확인해야 할 사항 | 행동 지침

破變創

『포춘』은 AOL의 전 편집이사 팀 스티븐스를 "기술계의 팔방미인"이자 가장 영향력 있는 사람 가운데 한 명이라고 부른다. 그러나 그가 한때 극도의 신경과민증 환자였다는 사실은 잘 알려져 있지 않다. 그는 질병을 이겨내고 긍정적으로 변화할 수 있는 용기를 발견함으로써, 자신의 경력 개발과 인생의 방향, 성공 가능성을 완전히 바꾸었다.

스티븐스는 2011년 이전까지만 해도 언어장애가 심한 소심하고 수줍음 많은 프로그래머에 불과했지만, 아침마다 유명 블로그에 글을 올리는 프리랜서 기고가로 활동했다. 그는 자신이 글을 올리던 인기 있는 기술 전문 블로그인 '엔가젯Engadget'의 편집장 채용 공고가 났을 때, 지원할 생각은 꿈도 꾸지 않았다. 스티븐스는 (말을 더듬는 문제가 있는) 자신이 자격이 없다고 생각했고 그 일을 수행할 자신감도 없었기 때문에, 미디어계에서 자신의 경력을 개발하는 것은 애당초 꿈도 꾸지 않았다. 그러나 해당 블로그의 최고 편집자의 강력한 권유에 못 이겨 이력서를 제출했다. 그리고 곧바로 그 일을 맡게 되었다.

유감스럽게도 스티븐스는 그 자리에 앉자마자 전보다 훨씬 더 심리적으로 강한 압박을 받게 되고 그로인해 난처한 처지가 되었다. 자신의 입장을 매우 명확하게 밝혀야 하는, 많은 사람의 주목을 받는 자리였기 때문이다. 스티븐스를 더 직접적으로 압박하는 두려움은 그가 곧바로 인기 팟캐스트와 온라인 비디오 시리즈 서비스를 진행하게 될 거라는 통보에서 비롯되었다.

대화를 나눌 때 말을 더듬고 즉석에서 대답을 못하기 일쑤인 스티븐스가 맨 먼저 해야 할 일은 그를 구해줄 사람을 누구라도 찾는 것이었다. 그러나 이전의 진행자가 급박하게 그만둔 탓에 스티븐스에게는 다른 대안이 없었다. 카메라가 돌자 그는 마이크를 들어야 했다. 다행히도 팟캐스트의 진행을 맡기로 마음먹자 마침내 우려는 잦아들었다.

엔가젯이라는 브랜드에서 이름을 알리기로 결심한 스티븐스는 온라인에 모습을 드러내는 것이 사람들의 이목을 크게 집중시키는 기회라는 것을 깨닫고 용기를 내어 무대 위에 섰다. 모든 신데렐라 이야기가 그러하듯이, 사람들은 이에 열광적으로 반응했다. 하지만 유감스럽게도, 그들의 반응은 하나같이 부정적이었다.

그가 진행한 팟캐스트에 대한 반응[1]은 "매우 지루했다"에서 "지하철에서 방송을 듣다가 깜빡 잠이 들었다"까지 다양했다. 한 청취자는 스티븐스의 방송 진행을 "엔가젯의 종말의 시작"이라고까지 묘사했다. 치욕적인 평가를 받은 스티븐스는 자신감이 급격히 저하되었다. 하지만 그는 그러한 경험을 통해 더 많은 것을 배우기로 결심했다.

스티븐스는 청취자들에게 부정적인 인상을 남기지 않기 위해 그들이 남긴 댓글을 아무리 냉혹한 비판이라도 면밀하게 분석해 의미 있는 피드백을 얻으려고 애썼다. 나중에 그는 그때의 경험을 "가장 최악의 방식으로 배워나가는 과정"이었다고 회고했다.

그러나 그는 자신이 변화하지 않고는 다른 방법이 없다는 것을 알고 있었다. 자신을 대체할 사람이 아무도 없는 상황에서, 그는 수치심 속에서 그 일을 당장 그만둘 수도 있었고, 아니면 계속해서 시청자들의 뭇매를 맞는 인간 샌드백이 될 수도 있었다. 그래서 스티븐스는 아무리 그 일이 자신에게 잘 어울리지 않더라도 매주 카메라 앞에 서서 실수를 통해 배우는 수밖에 없다고 결론을 내렸다. 수십 번의 다양한 에피소드와 통렬한 비판이 담긴 수백 건의 시청자 댓글을 겪으면서 웬만한 비판에는 낯빛 하나 바뀌지 않는 두둑한 배짱을 지니게 된 그의 생방송 진행은 날로 세련된 모습으로 발전했다. 오늘날 그는 미국 전역을 대상으로 하는 수십 개의 텔레비전과 라디오 방송에 출연하는 침착하고 자신감 넘치는 달변의 유명 인사가 되었다.

스티븐스는 어쩌면 두려움에 짓눌려 자신의 성공을 가로막는 장벽들을 무너뜨리지 못할 수도 있었다. 다시 말해서, 그때 가장 쉬운 다른 방법을 찾을 수도 있었다. 하지만 그는 자신의 경력에서 목표로 하는 것을 달성하려면 자신의 생각을 바꾸고 두려움에 맞서서 오히려 공격적으로 계획을 짜고 각오를 새롭게 다져야 한다는 사실을 깨달았고, 바로 행동으로 옮겼다.

스티븐스가 성공하고 두려움 없이 변화와 혁신을 일구어낼 용기를 발견한 바로 그 방식을 당신도 당장 실행할 수 있다. 그러나 당신의 삶과 경력, 기업에서 그와 같은 결과를 얻기 위해 스티븐스처럼 지나칠 정도로 가혹하게 스스로를 채찍질할 필요는 없다.

두려움에 대한 과학적 분석

앞서 본 것처럼, 변화는 개인의 삶과 직장 생활의 모든 순간에 스며든다. 그러나 변화는 우리를 귀찮게 하거나 위협하기보다는 오히려 어떻게 대응하느냐에 따라 우리를 열광시키고 활력을 줄 수도 있다. 스스로의 미래를 어떻게 생각하느냐에 따라, 변화가 우리에게 긍정적 영향을 줄지, 아니면 부정적 영향을 줄지가 결정된다. 앞에서도 본 것처럼, 두려움은 밝게 빛나는 기회의 땅에 달갑지 않은 암울한 회색의 그림자를 드리우며 우리의 인식에 큰 영향을 끼칠 수 있다.

하지만 냉장고 디스펜서가 수도꼭지에서 나오는 불순물을 거를 수 있는 것처럼, 우리의 생각에 깃든 의심이나 오해, 두려움을 걸러낼 수 있는 방법이 있다. 걱정과 두려움이 언제 당신의 생각에 해독을 끼치는지 인지할 수 있는 능력을 스스로 훈련하라. 그러면 걱정과 두려움이 당신의 생각에 끼치는 영향력을 차단할 수 있다. 그러한 장애물에 대한 경계를 게을리 하지 않고 철저히 할수록, 장애물 사이의 인과관계를 더욱 잘 조율하게 되고, 그 해악을 더 효과적으로 차단하게 될 것이다. 요컨대 당신이 용기를 낼수록 변화를 잘 받아들여 성공할 가능성은 더욱 커진다.

이러한 과정의 실천은 당연히 말처럼 쉽지 않다. 우리의 몸과 마음은 오랜 생존 본능에 따라 눈앞에 닥친 위협에 즉각적으로 반응하도록 타고났다. 이러한 무의식적 반응은 굶주린 회색 곰을 피하려고 할 때처럼 일차원적 문제에 직면했을 때 매우 효과적이다. 하지만 빠르게 변화하며 경쟁이 치열한 시장 환경에서 살아남기 위한 최선의 방법을 결정하는 경우처럼 뒤따르는 영향이 크고 복잡한 문제를 다룰 때는 그러한 반응이 오히려 자멸하는 결과를 초래할 수도 있다.

두려움은 매우 실재적이다. 오늘 회사에 지각하게 된 원인을 제공한 자동차 사고와 달리, 두려움은 우연한 사고 때문에 생기는 것이 아니다. 우리가 두려움이라는 감정을 느끼는 것은 인간이 수천 년 동안 진화 과정을 거치면서 조심스럽게 처리된 일련의 생화학적 사건들이 초래한 자연스러운 결과물이다. 이는 유기적 조직체들과 같은 복잡한 유기체를 포함해 모든 의식 있는 유기체들에게 매우 유용하다. 두려움은 정신적으로나 육체적으로 각종 위험 상황을 미리 대비하도록 만들기 때문이다.

이어서 두려움이 어떻게 작용하는지, 두려움을 어떻게 아는지, 어떻게 해야 두려움이 끼치는 부정적 영향을 상쇄할 수 있는지에 대해서 살펴볼 것이다.

두려움의 형태

다른 모든 감정처럼, 두려움도 단계마다 느끼는 강도가 다르다. 가장 약한 형태에서는 두려움을 거의 인지하지 못할 수도 있다. 당신이 1년 동안 일한 업무 평가를 받거나 잠재고객을 만나려고 할 때 두근거리는 마음이 바로 그런 경우다. 반면에 아주 극심한 형태의 두려움은 자리에서 한 발짝도 움직이지 못하게 하거나 불안의 근원이 되는 것을 적극적으로 피하게 하는 극단적 행동을 유발할 수 있다. 물론 두려움은 당신이 인식하는 위협이 얼마나 실재적이고 심각하고 즉각적인가에 따라 느끼는 정도가 달라진다.

두려움에 대한 반응으로 가장 널리 알려진 것은 투쟁-도피 반응fight-or-flight response이다.(일부 연구자들은 제3의 반응으로 꼼짝 못하고 얼어붙는 freeze 반응을 추가하기도 한다.) 두뇌의 시상하부(간뇌의 일부로 뇌하수체와 연결된 자율신경계의 중추—옮긴이)가 이러한 반응을 일으킨다고 알려져 있다. 그러한 반응 과정에서 (신경전달경로를 경유해 작용하는) 교감신경계와 (혈관을 통해 작용하는) 부신피질계가 활성화된다. 따라서 우리는 인지된 위협의 원인이 무엇이든 상관없이, 그것이 실재적이든 상상한 것이든 이런 방식으로 반응하도록 프로그램되어 있다.

진화가 남긴 유물로서 이러한 과정은 여러 가지 실용적인 기능을 수행한다. 무엇보다도 그 과정은 위험이 임박했을 때 경계를 강화해 주의를 기울여 행동하게 함으로써, 위험을 인지한 사람이 신속하게 주위를 살피고 인식하고 반응하게 한다.

시상하부가 활성화될 때, 교감신경계는 심장박동을 늘리고 에너지를 방출하고 혈류속도를 높여서 신체 능력을 최대화한다. 동시에 부신피질계는 인체의 경계와 반응속도를 높여서 육체와 정신 상태에 변화를 일으켜 싸울지, 도망갈지 결정하게 한다.

그러나 두려움에 대한 육체적 반응은 대개 날 때부터 타고난 반면, 심리적 반응은 환경이나 교육에 따라 다른 경우가 많다.

우리는 두려움을 어떻게 배울까

인간은 선천적으로 두 가지 두려움을 지니고 태어난다고 널리 알려져 있다. 그중 하나가 큰 소리에 대한 두려움이고, 또다른 하나가 추락에 대한 두려움이다. 그 밖의 다른 두려움은 태어나서 얼마 안 된 시점부터 살아가는 과정에서 배우게 된다. 예를 들어 갓난아기는 개가 짖는 것을 보고 무섭다고 생각하지 않을지도 모른다. 그 개에게 물려서 난 상처가 아프다는 것을 느끼기 전까지는 말이다.

나이를 먹어가면서 우리는 온갖 종류의 두려움을 배우며 잘 알게 된다. 실제로, 여섯 살에서 열두 살에 이르는 아이의 40퍼센트는 어려운 상황에 빠졌을 때 일곱 가지 이상의 두려움을 느낀다고 한다.

그러다 어떤 두려움은 성인이 되면서 사라지지만, 마음에 남기는 흔적은 매우 깊을 수 있다. 따라서 나중에 그 두려움에 대해 그저 생각만 해도 심각한 반응을 유발할 가능성이 있다.

놀랍게도 어린이와 사춘기 청소년의 10퍼센트에서 20퍼센트가 불안장애 진단을 받았다. 불안장애는 어린이와 십대들에게 가장 흔한 정신질환으로 알려져 있다. 초등학교에 들어갈 나이의 아이들 가운데 거의 3분의 1이 스스로를 쓸모없다고 생각하고, 20퍼센트는 여러 사람 앞에서 말하거나 새로운 상황에 닥쳤을 때 입을 닫는 경향이 있었다. 이러한 문제는 사춘기와 복잡하게 얽혀서 나중에 직장생활에까지 연장된다.

우리는 직장생활을 하면서 두려움의 또다른 원천을 발견한다. 이를테면, 거리낌 없이 자기 의견을 주장하다가 질책을 당하거나, 새로운 접근방식을 취하여 기득권에 도전하다가 처벌을 받을 때가 바로 그런 경우다. 동료들이 하지 말아야 할 말을 해서 해고되거나 새로 시작한 사업이 시행되지 못해서 폐지되는 경우가 있다. 따라서 우리는 새로운 것을 실험하거나 혁신하거나 쓸데없이 풍파를 일으키는 일을 해서는 안 된다고 생각한다. 자신의 경험과 다른 사람들의 경험이 모두 우리의 생각을 규정한다.

개에게 물린 갓난아기처럼, 우리는 대개 위험을 인지했을 때 예측 가능한 방식으로 행동한다. 자라 보고 놀란 가슴 솥뚜껑 보고 놀라는 격이다. 일상적으로 회사 생활을 하면서 경쟁업체 때문에 예기치 않게 회사가 망하거나 갑자기 해고당하는 것에 대해 전혀 걱정하지 않고 지낼 수도 있다. 그러나 예상치 못한 경쟁업체들이 시장에서 갑자기 돌풍을 일으키거나 동료들이 갑자기 쫓겨날 때, 이러한 사건들에 대해 끊임없는 두려움을 느끼기도 한다.

우리는 일상생활과 직장에서 아래와 같이 다양한 방식으로 두려움을 배운다.

- 직접적인 체험
- 관찰
- 미디어
- 동료 직원들과의 토론
- 학교나 직장 교육

두려움을 어떻게 배우든, 한 번 머릿속에 각인된 두려움은 우리의 행동에 강력한 영향력을 발휘한다. 행동에 나서도록 박차를 가하기도 하고, 위협을 느꼈을 때 조심하거나 꼼짝 못하거나 도망치게 만들기도 한다. 인간의 두뇌가 잘하는 것이 있다면, 바로 학습이다. 우리의 두뇌는 주변 세계를 끊임없이 주시하고 매 순간 수많은 결정을 내리면서, 일정하게 반복되는 어떤 패턴을 인지할 줄 아는 매우 정교한 기계다.

두뇌의 정속주행장치cruise-control system(운전자가 설정한 주행속도를 유지하도록 제어하는 장치—옮긴이)는 (깨끗하고 깔끔하게 정돈된 사무실 같은) 익숙한 환경이나 자극을 만나면, 저절로 우리의 몸을 효율적으로 움직이게 한다. 그러나 두뇌가 비정상적인 어떤 상황을 탐지하면—상사가 책상 앞에서 기다리고 있거나, 수신함에 장외거래정보지가 들어 있을 때(회사가 상장 폐지가 되었음, 즉 망했음을 의미—옮긴이)—그에 따라 행동이 달라진다. 투쟁-도피 반응은 대개 무의식적 반응을 유발하면서 작동하기 시작한다. 그때 우리의 마음은 어떤 행동을 취하는 게 좋을지 정하기 위해 이전의 경험과 현재 상황을 비교하기 시작한다.

유감스럽게도 이러한 현상은 우리의 정신을 자극하는 것이 무엇을 의미하느냐에 따라 우리를 부정적 결론으로 이끌 수 있다.(어쩌면, 상사가 더 열심히 일할 것을 주문할 수도 있고, 직장 동료가 그간 고마웠다는 내용의 메모를 남길 수도 있다.) 더 나쁜 경우에는 그것이 우리의 본능적 행동을 유발시켜 상황과 동떨어진 방향으로 이끌 수도 있다.

두려움은 어떻게 스스로를 드러낼까

사람이나 조직이 두려움에 반응하는 방식은 매우 다양하게 나타난다. 그 방식은 주어진 상황이 얼마나 위협적인지에 따라, 우리의 타고난 신체적, 정신적 조건과 두려움에 대한 과거의 경험에 따라 달라진다. 가장 미약한 차원에서 두려움에 대한 반응은 토론과 논쟁을 피하거나, 발전의 기회를 거부하거나, 모든 일을 우유부단하게 처리하는 모습으로 나타난다. 그러나 두려움이 유발하는 가장 강력한 차원의 반응은 극히 중대한 성장 기회들을 적극적으로 추구하지 못하게 가로막고, 어설픈 결정을 내리게 하고, 당당히 맞서야 할 긴급한 과제들을 회피하게 만들 수 있다. 스스로 최선을 다하기보다는 오히려 뒤로 물러선다.

두려움의 영향력에 맞서려면 감정이 아니라 이성, 본능이 아니라 통찰로 반응해야 한다. 용기를 내라는 말은 더 정확히 말하자면, 지금 작동하고 있는 현실을 정확히 이해하고 그것에 적응하라는 뜻이다. 커리어를 잘 쌓거나 사업에 성공하기 위해 특별히 더 용감하고 박식하고 유능해질 필요는 없다. 다만, 실용적이고 융통성 있고 탄력적일 필요는 있다. 그리고 그러한 자질들을 일상적으로 발휘할 줄 알아야 한다.

용기를 내라는 말이 의미하는 것이 바로 이것이다. 직면한 상황을 공정하게 평가하고, 주변의 기회들을 면밀히 살펴보고, 끊임없이 앞으로 나아가고, 주어진 정보를 바탕으로 가장 지혜로운 결정을 내릴 줄 아는 것이 바로 용기다.

피어FEAR 모형

두려움은 우리의 인생과 직장에서 끝없이 문제를 일으킬 수 있기 때문에, 신속하게 두려움이 주는 부정적 영향을 억제하고 용기를 내어 긍정적 조치를 취할 수 있는 방법을 마련할 필요가 있다. 마찬가지로 현재의 불확실하고 위험한 기업 환경을 고려할 때, 전에 볼 수 없던 새로운 절박한 과제들—감정을 집요하게 자극하고 압박하는 문제들—을 다루기 위한 분석틀 또한 필요하다.

피어 모형은 더 나은 결정을 내리고, 최적의 생산성을 보장하고, 어떤 상황에도 효과적으로 반응하기 위한 문제 해결 방식이다.

- 집중Focus: 당신의 길을 가로막는 걱정이나 문제가 나타나면, 그것을 매우 면밀하게 집중해 살펴보라. 그 문제를 객관적으로 보고 있다고 자신할 때까지 자세히 검토하라. 문제가 무엇일까? 언제 엄습할까? 그 파괴력을 알리는 외부 신호는 무엇인가? 그것이 당신과 당신 조직에 어떤 영향을 끼칠 수 있다고 생각하는가? 그 영향력은 얼마나 강력할까? 요컨대 그러한 문제의 강점과 약점을 평가하고, 그 정보를 이용해 문제에 효과적으로 대비하라. 고객 가운데 한 사람이 온라인 인터뷰에서 현재 거래하는 업체들에 불만이 많아서 곧 새로운 업체를 물색할 거라고 말한다고 치자. 이러한 변화는 당신 회사에 골치 아픈 문제가 될 가능성이 크다. 이러한 외부 신호에 대응해 당신이 할 수 있는 것이 무엇인지 파악하고 신속하게 대비하라. 고객이 생각하는 문제를 해결할 더 좋은 방법을 찾거나 조만간 발생할 손실을 벌충할 새로운 대안을 찾아야 한다.
- 참여Engage: 가만히 앉아 있지 마라. 문제가 생겼을 때 해결책을 제시하며 이성적으로 대응하라. 문제가 무엇인지 정확하게 파악하고 행동 계획을 세운 뒤, 행동에 나서라. 미디어를 통해 당신 회사의 서비스에 불만을 표시하는 고객이 발생하는 경우는 당신과 당신 회사에 빨간불이 켜졌다는 것을 의미한다. 어떻게든 대처하지 않을 수 없는 상황이다. 곧바로 문제 파악에 나서서 고객이 우려하는 문제를 풀 해결책을 제시하고, 다시는 그

러한 문제가 발생하지 않을 것임을 확신시켜야 한다. 다른 데서는 결코 제공할 수 없는 혁신적인 새로운 방법이나 기술을 도입해 기존 고객이 다른 곳으로 눈을 돌리지 못하게 할 수 있을 것이다. 아니면, 보다 적극적으로 새로운 고객층을 발굴해 여러 다른 방식으로 그들의 욕구를 만족시킬 방법을 찾을 수도 있다.

- **평가**Assess: 걱정거리를 해결하기 위한 조치를 취할 때, 당신의 대응 방법을 면밀히 살펴라. 당신이 선택한 방법이 어떤 결과를 초래했는가? 올바른 선택이었나? 그렇다면, 계속하라. 그렇지 않다면, 당신의 행동이 초래한 결과를 검토해서 어떻게 해야 앞으로 나아가기 위한 더 나은 결정을 내릴 수 있는지 신중하게 생각해보라. 예를 들어, 고객의 불만 사항을 적극적으로 검토해서 그 해결책이라고 생각하는 것을 제공했다면, 그다음에 반드시 바라던 결과로 이어졌는지를 확인하라. 아니라면, 불만을 제기한 고객을 직접 만나 원인을 찾아라. 제시한 해결책에 고객이 만족하고 다른 업체로 눈을 돌리지 않는다면, 아주 훌륭하다. 당신은 문제를 아주 잘 해결했다. 그러나 여전히 고객이 만족하지 못한다면, 다시 처음으로 돌아가 새로운 전략과 접근방법을 강구하라. 또한 당신이 다른 산업 분야에서 유사한 서비스를 제공하는 새로운 협력업체를 찾고 있었다면, 그들이 이러한 해법을 채택했는지, 계획한 대로 회사가 잘 굴러가고 있는지를 살펴보라. 만일 그렇지 않다면, 지금이 그 해법이나 고객에 대해 또는 당신과 회사의 브랜드 위상에 대해 다시 생각할 때인지도 모른다.
- **반응**React: 경험을 통해 배운 것이 있다면, 그 경험에 비추어 당신의 방법을 적용하라. 이 과정은 전술을 일부 수정하는 것에서 완전히 새로운 전략 대체에 이르기까지 모든 단계에 적용할 수 있다. 문제에 직면해서 당신의

행동이 초래한 결과를 확인한 뒤, 거기서 배운 것을 바탕으로 다음에는 더 나은 행동한다. 그렇게 이 과정을 반복한다. 우리의 사례를 이용해서 이전에 당신이 개발한 새로운 전략과 접근방법을 완성하라. 고객의 불만 사항을 해결하거나 새로운 고객층을 확보할 때까지 그 과정을 계속해서 반복하라. 모든 문제와 기회가 고객의 만족으로 녹아들 때까지 그 과정을 멈추지 마라.

누구나 알다시피, 문제를 해결하는 데 반드시 창자가 뒤틀리거나 감정이 고갈되는 고통이 뒤따라야 할 이유는 없다. 실제로 그 과정은 생각보다 훨씬 더 단순하다. 매우 힘들고 불확실한 상황이 닥친 경우에도 마찬가지다.

잡지 『오너Owner』를 창간한 크리스 브로건이 지적하는 것처럼, 끊임없이 변화하는 환경에서 성공하는 최고의 방법은 오늘날 기업, 법률, 군사 관련 전략가들이 가장 선호하는 'OODA 고리'을 반복하는 것이다. 그 기본 원리는 관찰Observe, 확인Orient, 결정Decide, 행동Act을 계속해서 되풀이하는 것이다. 브로건의 말에 따르면, "기존의 전략을 고수한다는 것은 아직도 어디선가 (이미 한물간) 팩스를 엄청나게 많이 파는 판매업자가 있다는 것을 의미합니다…… 하지만 지금 도대체 누가 그걸 사고 있다는 거죠?"[2]

직장에서 불확실성을 다루는 것이든 두려움을 처리하는 것이든, 새로운 문제들이 언제 발생할지 모르기 때문에 그런 일이 일어날 때 바로 맞설 수 있도록 늘 눈에 불을 켜고 경계를 게을리하지 말아야 한다. 문제를 어떻게 처리하고 대응하는가에 성공할 수 있느냐 없느냐가 달려 있다. 주위 환경을 늘 인식하고 문제와 맞부딪치는 것을 두려워 마라. 그러면 용기와 성공 그리고 당신 자신과 회사를 다시 정상궤도로 올리는 방법을 더욱 손쉽게 발견할 수 있다.

피어 모형을 현실에 적용하기

당신의 개인적 삶의 방식이든 회사의 사업 전략이나 사업 모델이든, 그것을 재창조하거나 재편하거나 재고할 때, 피어 모형을 적용하면 매우 유용할 것이다.

당신에게 닥친 상황이 어떻든 간에 피어 모형은 당면 과제를 극복하고 새로운 해법을 발견하기 위한 매우 효과적이고 손쉬운 방법을 제공한다. 이러한 전략의 장점은 단순하고 쉽게 적용할 수 있다는 것이 아니라, 융통성이 매우 크다는 것이다. 자신이 속한 기업이 어떤 분야이든 경험의 차이가 얼마나 나든, 긍정적 변화에 대한 열망이 얼마나 크든 상관없이 매우 효과적으로 혁신을 이룰 방법을 제공하기 때문이다.

피어 모형을 적용하는 데 특별한 용기가 필요한 것은 아니다. 체계적이고 논리적으로 접근하기만 하면 된다. 피어 모형은 미래의 어느 시점에서든 기업이나 브랜드, 경력의 경쟁적 우위를 갖추기 위해 누구나 활용할 수 있는 과정이다. 나중에 보겠지만, 피어 모형은 평범한 직장인이든, 세계를 이끄는 전략적 혁신가이든, 누구나 획기적인 성공을 이루기 위해 적용할 수 있는 단순한 방법이다. 또한 현재의 목표가 무엇이고 현재 상황이 어떻든 간에, 오늘날 모든 차원에서 끊임없이 성공하고 긍정적 변화를 이루기 위해 적용할 수 있는 전략이기도 하다.

그럼 이제 이 원칙이 실제로 어떻게 작동하는지 자세히 살펴보자.

1990년대 중반, 통자물쇠를 개발한 80년 연륜의 기업연구소 마스터록Master Lock은 회사 브랜드 제품들을 고급품에서 값싼 정가제 공산품으로 바꾸려고 하는 외국 경쟁업체들의 위협에 직면했다. 당시 사장이었던 존 헤프너는 동료들의 충고를 무시하고 이러한 위협에 맞서 회사의 앞날을 근본적으로 재설계하기로 결심하고 매우 세심한 접근방법을 통해 문제에 집중했다. 즉, 회사가 처한 상황을 깊이 파고들어가 조치를 취하고 그 결과를 평가하고 피드백을 게을리하지 않았다.

그의 계획은 두 부분으로 진행되었다. 첫번째는 마스터록의 전략을 가격경쟁이 아닌 디자인 경쟁으로 바꾸는 것이었다.[3] 두번째는 회사의 이미지를 일반 하드웨어 제조업체에서 자동차와 스포츠용품, 소매할인점에서 판매하는 고급 보안장치 생산업체로 탈바꿈시키는 것이었다.

헤프너는 회사 조직을 새로운 틈새시장을 찾는 데 집중하는 팀들로 재편하면서 마스터록의 미래를 기존에 생각지 않았던 새로운 시장에 두었다. 그에 따른 위험은 매우 다양했다. 새로 진입하려는 시장의 기존 업체들로부터 배척당하는 것은 물론이고, 지금까지 거래해온 판매업체들과 관계가 멀어지고, 기존 고객들로부터 외면당할 뿐 아니라 브랜드 가치가 떨어질 위험도 컸다. 그러나 그는 이렇게 혁신적인 제품들(운전대 잠금장치 같은 새로운 보안장치)이 대개 초기에는 시장에서 '실패를 거듭'하더라도 나중에는 마침내 성공한다는 것을 알기에 새로운 계획을 중단하지 않았다.

헤프너는 뒤로 물러서기보다는 오히려 상황을 정확하게 평가하고 전략을 재점검하면서 자신의 계획에서 중대한 오점을 찾아냈다. 그것은 바로 이 새로운 시장에 있던 기존의 경쟁업체들을 정면으로 공격하기로 한 결정이었다. 따라서 마스터록은 경쟁을 최소화하면서 틈새시장을 찾는 동시에 회사 브랜드의 이점을 활용할 수 있는 곳으로 초점을 좁혀 들어가기 시작했고, 트레일러와 견인차량을 위한 보안장치를 제조하는 업체로 자리매김하는 쪽으로 회사의 방향을 재정립했다. 그 분야는 당시에 새롭게 떠오르며 분화되고 있는 시장이었다.

헤프너는 "우리는 아주 쉽게 [성공]할 수 있다는 것을 분명히 알았죠…… 트레일러 잠금장치가 우리를 떠난 기존 고객의 빈자리를 채울 거라고 예상했기 때문입니다"라고 말했다. "우리는 고객의 신뢰를 얻자마자, 혁신적인 운전대 잠금장치를 가지고 자동차 부문 시장에 더욱 손쉽게 재진입해 그 분야에서 확고한 브랜드를 유지하고 있는 기존 경쟁업체들을 따라잡을 수 있었어요."[4]

2년도 안 되어서, 사업은 대부분의 주요 자동차 관련 판매업체들로 확대되었고 두 자릿수 성장을 이룩했다. 이것은 피어 방식이 얼마나 강력하게 작동할 수 있는지를 보여주는 아주 완벽한 사례다.

또다른 사례로 고어앤어소시에이츠W. L. Gore & Associates—방수·방풍 옷감인 고어텍스 제조업체—의 직원 두 사람이 기존의 기타줄과 완전히 다른 새로운 제품을 발명하고 상품화한 것을 들 수 있다. 고어텍스 기술의 중심에는 테프론과 아주 밀접한 관련이 있는 멤브레인ePTFE이라는 화학물질이 있다.

그 회사의 의무실에서 근무하던 데이브 마이어스는 이 멤브레인이 기타를 더욱 편하게 연주할 수 있게 하는 기타줄 코팅 소재로 아주 적합할 거라고 생각했다. 마이어스는 시장조사를 위해 고어텍스 동료인 존 스펜서를 팀원으로 보강했다. 그러나 스펜서는 1만 5,000명이 넘는 기타리스트들을 대상으로 광범위한 현장조사를 수행한 뒤, 멤브레인으로 코팅된 기타줄의 장점이 연주를 편하게 하는 것이 아님을 발견했다. 코팅된 기타줄의 실제 장점은 일반 기타 줄보다 처음 구입했을 때의 음색을 더 오랫동안 유지시켜주는 것이었다. 이 새로운 기타줄—고어는 곧바로 이 제품을 엘릭시르ELIXIR라고 명명하고 시장 전략을 다시 짰다—은 순식간에 어쿠스틱 기타줄 시장에서 최고의 자리를 차지했다.[5]

마이어스는 자신의 프로젝트를 믿고, 그것이 결실을 맺을 수 있도록 다양한 선택을 하고, 자신이 하고자 하는 일을 잘 수행할 사람들을 모으고, 여러 가지 가능한 방법을 시도하고 실험했다. 그는 또한 자신의 다양한 선택을 끝까지 열어두고 어디에 어떻게 역량을 쏟아부을 것인지 심사숙고하기를 두려워하지 않았다. 그는 피어 모형을 예기치 못한 환경에 적용함으로써 고품질의 제품을 개발하고 상품화하려던 초기의 시도가 예상과 달랐음에도, 시장 전략을 수정해 마침내 상업화에 성공했다.

이제 당신도 알겠지만, 피어 모형은 상황을 보다 객관적으로 보고, 더 나은 결정을 내리고, 예상치 못한 운명의 우여곡절에 잘 적응할 수 있는 능력을 우리에게 준다. 이 모형은 점점 더 예측하기 어렵고 불확실한 환경을 헤쳐나갈 소중한 도구를 제공한다. 물론 모형을 사용하기 위해서는 현재나 미래의 어떤 상황에 그것을 기꺼이 투영하고, 그것이 보내는 신호들에 적극 반응해야 한다. 끊임없이 변화하는 환경 속에서 이 도구를 사용하려면 필연적으로 변화의 문을 활짝 열 수밖에 없으며, 따라서 앞 장에서 우리가 만난 많은 두려움에 대해서도 개방적인 자세를 취해야 할 것이다.

당신 자신과 조직이 미래에 경쟁력을 갖추고 성공하기를 원한다면, 피어 모형이 당신의 행동 계획에 도움을 줄 수 있다. 끊임없는 변화에 직면해 그것에 적응할 수 있는 용기를 발견하는 일은 생각보다 그다지 어렵지 않다. 다음 장에서는 용기에 대한 정의를 새롭게 정립하는 것에서 시작할 것이다. 그리고 이어지는 장들에서는 당신이 그 원칙들을 이용해 어떻게(새로운 습관과 성공 기술들을 갈고닦음으로써) 당신의 인생과 기업, 능력을 전환시켜, 마침내 어떤 상황이 닥쳐도 성공할 수 있는지에 대해 살펴볼 것이다.

피어 방식을 적용하기 위해 확인해야 할 사항

1982년 5월 6일 아침은 브룩 앨런의 인생에 커다란 전환점이었다. 그는 직장을 잃고 한동안 실직 상태에 있는데다 얼마 전 여자친구와도 헤어지면서 깊은 우울증에 빠져들기 시작했다. 미국 역사상 최악의 경기 침체가 맹위를 떨치던 시기였다.

그러나 그날, 그는 당시에 생소한 직업이었지만 장차 사회적으로 중요한 역할을 할 것이라고 믿었던 독립 컴퓨터컨설턴트들이 모이는 한 회의에 참석했다. 연설이 시작된 지 채 몇 분 지나지 않아, 첫번째 연사의 이야기는 브룩 앨런이 그동안 알지 못했던 세계에 대해 생각해왔던 방식을 완전히 바꾸어놓았다. 뜻밖에도 그것은 끊임없이 바뀌는 직업의 세계에도 마찬가지로 적용될 수 있었다.

"우리에게 할 일이 많다고 하더라고요." 앨런은 당시에 그 연사가 했던 말을 떠올렸다. "돈이 없을 때, 오히려 할 일이 쌓여요. 모든 것은 관점에 따라 달라집니다." 그 연사가 앨런에게 설명했던 것처럼, 당신은 취업은커녕 하루하루 근근이 입에 풀칠하며 살고 있을지도 모른다. 그러나 세상에는 늘 누군가 하기를 기다리고 있는 일이 있기 마련이다. 상황이 불확실하고 예산이 빠듯하고 앞날에 대한 예측이 깜깜할 때 특히 더 그렇다.

앨런을 비롯해 그 회의에 참석한 사람들이 금방 알아챈 것처럼, 진짜 문제는 전망이 불투명한 기존 사업에 더이상 안이하게 매달리지 말고 새로운 일을 찾으려는 의지가 당신에게 정말 있느냐 없느냐 하는 것이다. 물론 그에 따른 기회비용의 문제가 있다. 다시 말해서, 어떤 일에 들어가는 시간에 비해 비용이 적게 들어야 한다는 문제가 있지만, 그럴 때에도 반드시 그 일이 가져다줄 결과를 감안해야 한다.

앨런은 우리 앞에 닥친 미래가 불확실하더라도 기회는 언제나 우리를 정면으로 응시하고 있다는 사실을 금세 깨달았다. 미지의 불확실한 상황을 대면했을 때—이를테면 한 치 앞도 내다볼 수 없는 가장 급변하는 시장 가운데 하나인 고용 시장—문제는 한 발 앞으로 나아갈 기회가 존재하느냐 안 하느냐가 아니다. 찾고 있는 것을 적극적으로 모색하고, 끊임없이 탐색하다가 어느 순간 그 기회들이 나타날 때 그것을 확실하게 붙잡을 의지가 있느냐 없느냐가 진짜 중요하다는 말이다.

실직자의 경우, 누군가 손대기를 기다리고 있는 또다른 일이나 과제는 늘 우리 주변에 있다. 당신이 적극적으로 그러한 기회들을 찾아내 그 일을 하느냐 마느냐는 유용성의 문제가 아니다. 당신이 기꺼이 그 일을 하는 데 그만큼의 시간을 쓸 용의가 있느냐의 문제다.(그리고 어떤 일을 하는 데 들어가는 비용은 그 형태가 현금이든 만남이든 성장 기회이든 늘 다양한 모습으로 제공된다.) 앨런이 깨달은 것처럼, 미래는 우리 모두에게 열려 있다. 스스로 그것을 잡기만 하면 된다. 기꺼이 손을 뻗어 그것을 잡으려고 해야 한다.

그래서 그는 자신의 상황을 호전시킬 수 있는, 머릿속에 떠오른 최상의 가장 논리적인 조치를 재빠르게 취했다. 아는 모든 사람에게 구직 편지를 쓰기 시작한 것이다.

얼마 후 투자금융 회사 모건스탠리에서 연락이 왔다. 회사는 소프트웨어 프로그램을 해독하고 이용자 매뉴얼을 작성할 줄 아는 사람이 필요했다. 그런데 문제가 하나 있었다. 앨런은 글재주가 없었다. 그 일을 하기 위해 필요한 기간의 4분의 1만이 주어졌지만, 그는 그 제안을 수락했다. 임시직이지만 자신의 글쓰기 기술을 향상시키고 나중에 새로운 계약과 기회로 이끌 수도 있다고 생각했기 때문이다.

아니나 다를까, 매뉴얼을 완성해 회사로 보낸 지 2주가 지나 앨런에게 반송된 매뉴얼에는 온통 빨간 줄이 그어져 있었다. 모건스탠리의 담당자는 그의 글을 알아볼 수 없다고 했다. 그러나 한 가지 분명한 것은 그가 뛰어난 프로그래머라는 것을 그들이 알아차렸다는 사실이다. 그래서 그들은 앨런에게 월스트리트에서 유익한 경력을 시작할 수 있도록 일자리를 소개해주었다.

앨런이 일자리를 찾는 구직자들에게 조언을 할 때 늘 강조하는 말이 있다. 미지의 세계는 기회로 가득하다. 만일 당신이 그것을 찾아다닌다면 말이다. 그는 "구상은 매우 중요한 일입니다"라고 말한다. "먼저 당신이 자립하기 위해 할 수 있는 모든 일을 열거해보세요. 그리고 다른 사람들이 당신을 도와줄 수 있는 일이 무엇인지도요…… 그리고 나서 차분하게 일을 시작하세요." 피어 모형을 당신의 삶과 경력, 기업에 적용할 때, 앨런처럼—직면한 문제에 집중하고, 그 문제에 뛰어들어 평가하고 자신의 태도와 접근방식들을 재조명하면서—아래에서 말하는 몇 가지 짚고 넘어갈 것들이 있다.

집중

- 현재 위협하고 있는 특정 문제가 당신 자신과 조직에 어떤 영향을 끼치고 있는가? 언제, 얼마나 그런 영향을 끼치는가?
- 그 문제는 새로운 것인가, 기존에 알던 것인가? 어째서 그런가?
- 이 문제를 좀더 세밀하게 다양한 관점으로 살펴봄으로써 무엇을 배울 수 있는가?
- 다른 사람들도 비슷한 문제에 직면한 적이 있는가? 그들은 그 문제를 다루는 데 성공했는가, 실패했는가? 이 선례로부터 당신은 무엇을 배울 수 있는가?
- 이 문제에 대응하고, 관련된 문제의 원인들을 제거할 수 있는 가장 좋은 방법은 무엇인가?

참여

- 이 문제를 처리할 수 있는 가장 빠르고 효율적이며 효과적인 방법은 무엇인가? 어떻게 그 일을 시작할 수 있는가?
- 이 문제를 처리하기 위해 사용할 수 있는 자원은 무엇이 있는가? 그리고

그것들을 언제, 어디서, 어떻게 가장 효과적으로 배치할 수 있는가?
- 이러한 노력을 도와주고 지원하고 조언해줄 사람이 있는가?
- 단기적으로 당신의 노력과 에너지를 가장 많이 쏟아부을 곳은 어디인가? 장기적으로는 어딘가?
- 여러 문제를 분리해 처리하거나 각종 목표를 접근하기 쉬운 과제와 일정으로 나누었는가?

평가

- 당신의 행동이 어떤 결과를 낳았는가?
- 부정적 반응으로부터 무엇을 배웠는가?
- 당신이 지금 하고 있는 일들과 사용하고 있는 전술이 여전히 당면한 문제와 그 근저에 있는 더 커다란 일들을 해결하는 데 가장 유익하고 적용 가능한 방법인가?
- 전략적 전망을 명확히 하고 다른 사람들과 소통했는가? 현재도 그렇게 하고 있는가?
- 그 문제를 다시 처리해야 한다면, 그때는 무엇을 다르게 할 것인가?

반응

- 더욱 성공적인 과업 완수를 위해 지금의 전략과 접근방식을 어떻게 바꿀 수 있는가?
- 당신은 이러한 변화를 어디에서, 어떻게, 얼마나 시작할 것인가?
- 변화를 적극적으로 주도하고 있는 사람은 누구인가? 당신은 그에게 그 일에 적합한 시간과 도구, 자원을 할당했는가?

- 만일의 사태를 대비한 비상 계획이나 보완 계획이 있는가? (있다면) 그것을 재편성하거나 재배치할 필요는 없는가?
- 언제, 어떻게, 어떤 맥락에서 위의 변화들을 배치하는 것이 적절한가?

보다시피, 훨씬 더 쉽게 변화와 혁신에 성공하기 위해서는 이 간단한 4단계 모형을 적용하면 된다. 다음 장들에서는 다양한 산업과 개인의 삶, 환경에서 작동하는 그 모형의 핵심 원리들을 살펴볼 것이다. 또한 그 핵심 원리들을 이용해 언제나 변화하고 혁신하고 성공하기 위해 반드시 필요한 10가지 새로운 습관을 발견할 것이다.

행동 지침

두려움은 우리 모두가 해결해야 하는 중요한 문제다. 그러나 우리는 피어 모형을 현실에 적용해 우리를 무력하게 만드는 의심과 걱정을 제거하고 목표 달성을 향해 용기 있게 변화하고 혁신하며 앞으로 나아갈 수 있다. 그 원칙들을 작동시키기 위해 당신이 취할 수 있는 행동을 몇 가지 나열한다.

- **두려워하는 것들을 인정하라.** 긍정적이고 유연하게 행동하라.
- **당면한 문제에 집중하라.** 문제와 관련된 시점, 중대성, 잠재 효과, 그 문제를 다양한 각도에서 바라봄으로써 배울 수 있는 것이 무엇인지 확인하라.
- **참여하라.** 먼저 행동하라. 문제가 저절로 사라지거나 해결될 때까지 기다

리지 마라.

- **상황을 평가하라.** 당신의 행동이 바람직한 효과를 내고 있는지 확인하라. 아니라면, 새로운 전략을 개발하라.
- **반응하라.** 문제가 풀릴 때까지 계속해서 행동하라.
- **완벽하려고 하지 마라.** 어느 정도 근접한 것으로 충분하다. 쏠 때마다 과녁을 명중시키는 것보다 자연스럽게 배우려는 태도가 더 중요하다.
- **모든 사람이 당신을 좋아하거나 당신의 말에 동의하는 것이 아니라는 사실을 이해하고 받아들여라.** 어쨌든 일은 돌아간다.
- **기업에서 일어나는 변화와 싸우지 마라.** 오히려 끊임없이 피어 모형을 이용해 용기의 원칙들을 적용하고, 변화하는 상황과 환경에 맞춰 슬기롭게 행동하면서 변화를 주도하라.

파변창

3장

파변창 전략 1: 용감하라

용감해져라 | 용기에 대한 새로운 생각 |
건강하고 용기 있는 경력, 개인, 조직이란 어떤 모습일까 | 행동 지침

破變創

『미친 세상에서 용감하게 살아가기The Courage Quotient』의 저자 로버트 비스워스 디너는 인간의 본성을 연구하기 위해 전 세계를 여행한 그의 경험으로 인해 '긍정심리학계의 인디애나 존스'라는 별명을 얻었다.[1] 그는 자신이 발견한 가장 놀라운 것에 관해 이렇게 말한다. "용기는 학습될 수 있어요. 당신이 행동할 때 느끼는 두려움의 총량과 의지의 총량은 서로 독립적입니다. 그것은 널뛰기와 같지 않아요. 사람들은 흔히 두려움을 밀어내면 [용감해질] 거라고 생각합니다. (중략) 그러나 실제로 행동하기 위해서는 당신의 의지를 끌어올려야 하죠."[2]

"두려움은 매우 유용하고 편리합니다." 그는 계속해서 말을 이어간다. "두려움은 주변 상황에 대해 당신에게 신호를 보내 늘 깨어 있게 하는 구실을 합니다. 그러려면 당신은 먼저 두려움을 중요한 의미를 전달하는 메신저로 인정해야 합니다. 두려움이 주는 편익을 인정하고 고통을 이겨내면 당신은 그것을 통제하는 법을 배울 수 있습니다." 그가 많은 조직과 임원에게 좀더 효율적으로 행동하도록 조언할 때 가장 즐겨

쓰는 훈련 기법은 무엇일까? 임기응변이다.

오늘날처럼 끊임없이 변화하는 환경을 고려할 때, 현실을 움직이는 규칙은 딱 두 가지라고 그는 주장한다. 하나는 계획이 없으면 절대 안 된다는 것이고, 다른 하나는 절대 계획에 의존해서는 안 된다는 것이다.

7장에서 당신 자신과 기업이 미래 경쟁력을 갖추기 위해 얼마나 능숙하게 임기응변의 기지를 발휘해야 하는지 자세하게 살펴볼 것이다. 여기서는 다만 오늘날 같은 혼란스러운 세상에서 성공하기 위해 반드시 길러야 할 가장 중요한 새로운 습관이 무엇인지에 초점을 맞출 것이다. 그 습관이란 위기를 피하는 법을 배우는 것이 아니라, 끊임없이 미지의 땅을 향해 과감히 나아가고 미래의 예상치 못한 도전에 늘 앞장서서 맞서는 용기를 발견하는 것이다.

비스워스 디너는 계획 수립과 꾸준한 연구가 우리에게 앞으로 걸어갈 대강의 방향을 제시한다고 말한다. 그러나 일단 그 여정을 시작하면, 계획한 대로 길을 계속 갈 것인지, 아니면 다른 길을 찾아야 할지 판단하는 용기를 발견하기 위해 자각과 유연한 사고가 필요하다. 그는 고도의 적응력과 주의력은 그냥 지니고 있다고 해서 유용한 자질이 되는 것이 아니라고 주장한다. 그러한 능력은 용기를 내서 끝까지 밀고 나가 마침내 성공에 이르기 위해 반드시 행동으로 옮겨야 하는 요소다.

쿠퍼 우다드와 신시아 퓨리 교수는 공동 연구논문「용기의 구성The Construct of Courage」에서 용기를 "중요한 성과나 목표를 달성하기 위해 위협에 맞서 (다양한 차원에서 두려움이 있든 없든) 단호히 행동하는 자발적 의지"[3]라고 새롭게 정의 내린다. 다시 말해서, 성공하기 위해 반드시 두려움을 제거해야 하는 것은 아니라는 의미다. 이는 매우 현실적인 지적이다. 오늘날 직장인들이 모두 인정할 수 있는 정의다.

비스워스 디너도 이 개념에 동의하면서, 기업 경영자들이 실제로 응급요원이나 경찰관, 학사장교 들보다 훨씬 더 용감한 사람이라는 사실을 입증하는 연구 결과를 추가로 보여준다.

그는 이렇게 말한다. "그것은 그들이 두려워하지 않는다는 말이 아니라, 그들의 행동의지가 하늘을 치솟을 듯이 높다는 말입니다. 기업의 최고경영자는 매 순간 의사결정을 내려야 하기 때문에 의지가 반드시 필요합니다. 나는 그들의 결정이 100퍼센트 모두 불확실한 조건 아래 내려진다고 감히 주장합니다."

용감해져라

변화, 위기, 두려움은 본디 부정적인 것이 아니다. 실제로 그 감정들은 피드백과 끊임없는 자기 개발을 자극하는 지극히 중요한 원천이다. 두려움이 전하는 중요한 의미들을 면밀히 재검토하고 일하면서 불안해할 수 있는 여러 의심과 걱정을 이겨낼 수 있을 정도로 용감해진다면 누구든 다음과 같이 다양한 방식으로 동기를 부여받고 성공할 수 있다.

- 당면한 문제가 무엇이고 그것을 극복하기 위해 어떻게 해야 할지 더 잘 이해할 수 있게 한다.
- 위기를 슬기롭게 대처할 수 있게 기운을 북돋운다.
- 전략을 바꿀 필요가 있을 때 올바른 방향으로 나아가게 한다.

- 오래된 문제들을 새로운 해결책으로 풀어나가게 자극한다.
- 미래의 과제들에 대처하게 하고 그것을 뒷받침하는 계획을 마련하게 한다.

두려움을 역이용해 자각과 행동을 유발하면서 용기 있게 행동하고, 이 책에서 제시된 수단과 기법들을 적용한다면, 다음과 같이 스스로 목표를 달성하는 동시에 긍정적이고 지속적인 변화를 창조하는 사람이 될 것이다.

- 불확실하고 변동이 큰 시대를 앞서서 헤쳐나간다.
- 수박 겉핥기식의 변화가 아니라 근본적인 전환을 이룬다.
- 개인이나 기업이 성공에 지나치게 집착하거나 너무 조급하게 성공을 향해 질주하고 있을 때 필요한 자극을 준다.
- 더 슬기롭게 일한다.
- 힘을 덜 들이고도 더 빠르고 더 확실하게 목표를 달성한다.

더욱 용감해져라. 그러면, 두려움 뒤에 감춰진 진실에 대해 더 많이 알게 될 것이다. 두려움이 우리를 지배하는 까닭은 오로지 우리가 두려움이 전달하는 신호를 잘 살펴보지 않거나 제대로 해석하지 못함으로써 두려움에 강력한 힘을 실어주기 때문이다.

그러나 두려움과 걱정이 우리를 늘 깨어 있게 하고 변화가 필요할 때 변화를 촉진하는 긍정적 감정일 수 있다 하더라도 아무리 좋은 것도 도가 지나치면 독이 될 수 있다. 하지만 이제 당신은 두려움을 통제하는 비법이 무엇인지 알 것이다. 용기 있게 미래를 바라보고 눈을 크게 뜨고 당면한 문제들을 적극적으로 수용하고 연구한다면, 그에 따른 충격을 무력화하고 그 문제들을 처리하기 위해 필요한 변화를 일구어낼 수 있다.

인생과 기업 경영에서 성공하기 위해서는 용기를 가지고 열린 마음으로 늘 혁신하고 앞으로 나아가려는 의지가 반드시 필요하다. 용감하다는 의미는 사람마다 뜻하는 바가 다를 수 있다. 그것은 단순히 대담하게 행동하는 것을 의미하지 않는다. 앞서 본 것처럼, 용기는 실제로 역경을 만나서도 앞으로 나아가려는 의지이며 끊임없이 조화를 추구하는 행동을 말한다. 용기는 학습과 통찰, 반응이 서로 만나는 접점 어딘가에 자리한다.

- **학습**: 당신은 끊임없이 새로운 기술과 정보를 배우고, 걱정거리를 처리하기 위해 새로운 방법을 배우고, 당면한 문제들에 대해 배우고 있기 때문이다. 그것들을 올바른 시각으로 볼 수만 있다면 해결책은 늘 있다.
- **통찰**: 당신이 당면한 상황의 실체, 당신이 계획한 행동이 초래할 결과 그리고 이러한 요소들을 통제할 수 있는 능력을 더 잘 알면 알수록 결정을 내리고 그것을 끝까지 추구할 때 더욱더 과감하고 용감해질 수 있기 때문이다.
- **반응**: 당신이 선택한 것의 결과를 늘 측정해서 더 효과적이고 좋은 미래를 위해 당신의 행동과 접근방식을 재평가하고 재조정할 수 있기 때문이다. 그러한 행동을 통해 자신감을 회복하고 용기를 축적할 수 있다.

이제 용기에 대해 좀더 면밀하게 살펴보자. 용기가 무엇이고, 어디에서 나오고, 우리의 삶에 어떻게 영향을 끼치는지를 말이다. 더불어 우리의 내면과 기업 안에서 용기를 어떻게 발견하고 형성할 수 있는지 찾아볼 것이다. 그런 다음, 용기 있는 직장인, 개인, 기업이란 어떤 모습인지 직접 확인하고, 우리 자신의 삶과 기업에서 용기를 쌓기 위한 행동 지침들을 검토할 것이다.

용기에 대한 새로운 생각

용기는 두려움과 걱정을 해결할 수 있는 수단이다. 용기는 우리(와 우리가 몸담고 있는 조직)가 최상의 목표와 미래를 달성할 수 있게 한다. 두려움을 물리치는 것이 아니라, 두려움 앞에서 물러서지 않고 행동하게 한다. 용기는 효과적으로 변화하고 혁신하고 적합성을 유지하게 하는 유일한 방법이다. 이제 용기가 무엇인지 깊이 파고들어가서 그 배후에 숨어 있는 비밀을 살펴보자.

용기의 전통적 의미

『옥스퍼드 영어사전』을 펼치면, 용기라는 단어에 대한 아주 단순하고 직접적이며 전통적으로 정의된 개념을 만날 수 있다. 그 정의에 따르면, 용기는 "사람을 놀라게 하는 어떤 일을 할 수 있는 능력"이다.

1장에서 두려움을 불러일으키는 일곱 가지 주요 원인을 살펴보았다. 그것들은 직장 생활을 하면서 가장 흔하게 마주치는 불안의 원천이며, 불편한 감정을 야기하는 가장 큰 원인이기도 하다. 다시 말하지만, 두려움을 일으키는 일곱 가지 원인은 실패, 낭패, 통제력 상실, 거부, 대립, 소외, 변화와 불확실성이다.

두려움에는 위의 원인들을 이해하고 대응하려는 긍정적인 행동을 취하지 못하게 하는 힘이 내재되어 있다. 오히려 그러한 두려운 감정을 피하고 무시하고 외면하려고 한다. 심한 경우에는 다음과 같이 자멸적인 반응을 포함한 다양한 부정적 행동에 몰두한다.

- 걱정
- 불안
- 의심
- 오해
- 주저
- 회피
- 무기력
- 압박감
- 방어
- 내향성
- 변화와 성장, 또는 새로운 시도의 거부

이러한 부정적 행동들 가운데 어느 하나라도 겉으로 드러난다면, 개인의 성공적 업무 수행이나 조직의 목표 달성은 어려울 것이다. 만약 둘 이상이 드러난다면—특히, 거대 그룹이나 팀 안에서—광범위한 기능 장애는 예외가 아니라 일반적인 상황이 된다. 이는 이론이 아니라 현실이다. 미국불안우울협회의 통계자료에 따르면, 전체 미국인의 40퍼센트가 일상생활에서 지속적인 불안과 스트레스에 시달린다고 한다. 그들 가운데 무려 72퍼센트는 그 때문에 정상적인 삶이 방해받는다. 이러한 부정적 효과는 직무 성과(56퍼센트), 동료와의 관계(51퍼센트), 상사와의 관계(43퍼센트), 작업 품질(50퍼센트)에 영향을 끼친다.[4]

요컨대 두려움은 우리가 기업을 경영하고 사업 실적을 관리하는 방식에 영향을 줄 수 있다. 그러나 두려움과의 싸움에 전통적 의미의 용기—"사람을 놀라게 하는 어떤 일을 할 수 있는 능력"—를 적용한다면, 회사의 목표 달성이나 가장 효율적인 운영을 가로막는 의심과 장애물들을 물리치기 위해 우리가 기댈 수 있는 최후의 보루가 용기라는 것을 쉽게 알 수 있다. 이러한 이해는 확실히 직관적 차원에서 이루어진다. 실제 조사 결과는 무엇을 보여줄까? 그 진상을 파악해보자.

용기에 대한 과학적 분석

용기가 직장에서 두려움(변화와 혁신을 가로막는 가장 큰 장애물)을 해결하는 수단이 될 수 있다는 것은 이제 비밀이 아니다. 실제로 수많은 연구가 이 사실을 주제로 진행되고 있다.

많은 이가 직관적으로 느끼는 것이 연구를 통해 확인되고 있어 다행이다. 특히, 용감해지는 것이 두려움—어디서든 변화와 위험 감수를 수반하는 두려움을 포함해서—을 이겨내는 가장 좋은 방법이라는 사실이 밝혀진 것은 좋은 일이다. 더 나아가 여러 연구 결과는 일관되게 용기 있는 조치들을 행할 때, 두려움 때문에 발생하는 많은 만성적인 문제가 해결될 수 있다는 점을 보여준다. 비록 위압적인 상황 때문에 정신적 중압감을 느끼고 자신감을 잃는다고 해도, 시간이 가면서 차츰 확고하게 용감해지면 그러한 강박 증상을 완화시킬 수 있다.

그러나 오해하지 말 것. 용감해지라는 주문이 용감한 행동에 따르는 위험 요소가 전혀 없다는 것을 의미하지는 않는다. 실제로, 오랫동안 영향을 끼치는 중대한 위기는 아직까지 겉으로 드러나지 않은 채 숨어 있을 수 있다. 진정한 용기는 우리가 직면할 수 있는 많은 위험과 위기를 이해하고 서서히 앞으로 나아가는 데 있다.

관련 분야의 여러 상을 받은 조직심리학자 모니카 월린은 용기와 관련해, 두려움이 어떻게 개인과 조직에 영향을 끼치는지 상당히 많은 연구를 수행했다. 월린은 다른 전문가들의 통찰과 연결지어 볼 때, 직장에서 용감한 성향이 보여주는 몇 가지 흥미로운 사실을 발견했다.

- 용감하게 행동하는 사람들은 대개 스스로 그렇다고 생각하지 않는다.
- 조직 내에서 용감한 행동은 틀에 박힌 일상을 깨트리거나 예상을 뛰어넘기 때문에 강력한 영향력을 발휘한다.
- 사람마다 다른 시점에 다른 상황 속에서 다른 정도의 용기를 보인다.
- 비록 위기를 직관적으로 판단하는 우리의 능력이 미심쩍다고 해도, 위기의식은 우리가 용기를 내는 데 큰 영향을 끼친다.
- 용감한 행동은 성공 가능성을 믿을 때, 또는 용감하게 행동하지 않은 대가가 용감하게 행동해서 당할 위험보다 더 크다고 생각할 때, 더 자주 일어나는 경향이 있다.
- 용기는 사람들을 자극하여 흥분시키는 특성이 있으며 당연히 그들의 주

의를 끈다.

- 용기는 또한 대립의 날카로운 모서리를 품고 있다.
- 자신의 결정이 다른 사람들에게 영향을 끼칠 수 있다는 것을 이해하는 사람들은 용감하게 행동할 가능성이 더 크다.

게다가 용기는 전염성이 있다. 월린은 첨단기술 회사들의 직원들이 근무 중에 용감하게 행동한 사례를 600건 넘게 분석했다. 그 결과에 따르면, 자신들에게 도전하는 부하직원들에게 적극적으로 맞선 관리자들의 경우, 심지어 가장 과묵한 직원도 자기 의사를 더 정확하게 표현하는 등 근무중에 더 많은 용기를 보여주었다. "그런 종류의 [용감한] 행동을 하는 사람과 함께 있으면 그런 행동을 옆에서 보는 사람의 생각도 그렇게 바뀌죠." 월린은 말한다. "시간이 흐르면서, 그 관찰자도 그와 비슷한 행동을 할 가능성이 점점 커집니다."[5]

조직에서는 조직 구성원들에게 용기와 용감한 행동과 같은 가치를 불어넣고 촉진시키는 일에 적극 나서야 한다. 이러한 가치들은 단순한 블록이 아니라 성공이라는 건물을 쌓기 위해 반드시 필요한 주춧돌이기 때문이다. 리더들은 모든 차원에서 이러한 가치들이 동료들에게 스며들게 하는 동시에 스스로 본보기가 되어야 한다. 하지만 그냥 말만 하고 끝나서는 안 된다. 우리는 이러한 행동규범을 적극적으로 실천하면서 용기 있는 행동들을 옹호하고 널리 알려야 한다.

두려움은 늘 우리 주변에서 우리 자신과 조직에 부정적인 영향을 끼친다. 그러나 우리를 끈질기게 괴롭히는 의심과 걱정을 해결할 수 있는 방법 또한 늘 우리 곁에 있다. 그 해법은 바로 용기다. 직장의 안팎에서 그저 용기를 받아들이고 일상에서 용감하게 행동하기만 하면 된다.

용기 진작

끊임없이 변화하고 앞장서서 혁신하고 싶다면, 사전적 정의를 뛰어넘어 용기를 새롭게 정의해야 한다. 앞서 지적한 것처럼, 용기는 두려움이 제거된 상태를 의미하지 않는다. 용기는 두려움이 무엇인지, 두려운 때가 언제인지, 두려움이 얼마나 큰지, 무엇보다도 두려움을 완화시키기 위해, 또는 두려움을 더욱 생산적으로 활용하기 위해 무엇을 해야 하는지 아는 것을 말한다.

우리는 환경의 변화에 따라 선택과 행동을 끊임없이 조정함으로써 더욱 실용적이고 현실적으로 처신하고자 한다. 그리고 실용적이고 현실적으로 행동하면 할수록, 더욱 슬기롭게 선택하고 영리하게 행동할 가능성이 커진다. 그러려면 용기를 낼 줄 알아야 한다. 하지만 용기는 모든 자산과 마찬가지로 쌓여서 커질 수도 있고 고갈될 수도 있다.

이 점은 또다른 중요한 사실을 보여준다. 용기의 중요한 요소가 회복력이라는 점이다. 오뚝이처럼 역경을 딛고 일어서고 실수에서 교훈을 얻을 줄 아는 능력 말이다. 직장을 잃거나, 아주 중요한 영업 설명회에서 말을 더듬거나, 새로 시작한 벤처사업이 주저앉는 것을 지켜본 뒤, 다시 힘을 내서 다음번에 성공하기 위해서는 용기가 필요하다. 미국심리학회는 이러한 능력은 타고나는 것이 아니라고 지적한다. 오히려 회복력은 시간이 흐르면 누구나 선택해서 배우고 개발할 수 있는 일련의 행동이나 행위들이 서서히 꾸준하게 축적되면서 형성된다.

회복력은 '보통의, 평범한' 재능이다. 전문가들은 회복력 있는 개인들도 그 밖의 다른 사람들과 마찬가지로 두려움, 중압감, 곤란, 괴로움을 느낀다고 말한다.[6] 그러나 자신감, 자기 통제, 현실적으로 계획을 짜고 문제 해결 전략을 수행할 줄 아는 능력은 회복력을 지닌 사람의 성과를 폭발적으로 향상시킨다. 정신이 인체의 근육과 같다는 것을 보여주는 연구논문도 있다. 정신도 규칙적으로 꾸준히 사용하면 점점 더 강해질 수 있다는 것이다. 따라서 인간은 누구나 자신의 정신력을 사용한 학습과 경험을 통해 용감해질 수 있다.

오늘날처럼 매우 가혹한 환경에서 일하고 있는 직장인들을 보면 이러한 원리들이 어떻게 작동하는지를 잘 알 수 있다. 해마다 수천 명의 육군과 해병대 장교들이 군대에서 육체뿐 아니라 정신도 강하게 단련하기 위해 포괄적 군인 건강CSF, Comprehensive Soldier Fitness이라는 훈련 프로그램에 참여하고 있다.[7] 이 프로그램은 군사 훈련과 리더십 교육인데, 동시에 군무원들이 현역을 마치고 집으로 돌아갈 때 일상생활과 직장에서의 스트레스와 불안을 극복할 수 있도록 도와주기도 한다.

회복력 훈련 과정은 상황을 긍정적으로 재구성하는 것을 비롯해 목표 설정과 역동적 문제 해결에 이르기까지 심리적 기법을 기반으로 신병들이 혹독한 전투에 철저하게 대비할 수 있도록 훈련시킨다. 아울러 사회생활에 꼭 필요한 매우 중요한 기술들을 가르친다. 병사들은 교실 강의와 온라인 강좌, 첨단기술 모의실험을 통해 다양한 신체적 압박 아래서도 슬기롭게 반응하도록 훈련받을 뿐 아니라, 두려움과 걱정으로 인한 심리적 압박에도 효과적으로 대응할 수 있게 된다.

이 프로그램의 가장 중요한 가르침은 어처구니없을 정도로 매우 단순하다. 낙천주의자처럼 생각하되, 응급처치요원처럼 움직여라. 미래에 어떤 일이 일어나도 슬기롭고 간결하게, 주저하지 말고 대처하라. 우리 앞에 닥친 문제를 반드시 해결할 수 있으며, 그 과정에서 발생하는 실패나 좌절은 곧 이겨낼 수 있는 일시적 상태라고 되뇌는 훈련을 충실히 할 때, 우리는 더욱 용감해질 수 있다.

심리학과 교수 마틴 셀리그먼은『하버드 비즈니스 리뷰』에 기고한 논문에서 더글러스와 월터라는 상반된 성격의 두 인물이 직장을 잃었을 때 어떻게 다르게 반응하는지 비교하면서, 그 개념을 아주 단순한 용어로 설명한다.[8] 더글러스는 그 상황을 일시적으로 돌부리에 걸려 넘어진 것으로 보고, 용기를 내 지인들을 만나 도움을 요청함으로써 곧바로 새 일자리를 얻는다. 반면에 월터는 자신의 능력 부족을 자책하면서 점점 더 의기소침해진다. 셀리그먼의 주장에 따르면, 더글러스처럼 세상을 보는 사람들은 성공할 가능성이 훨씬 더 크다. 하지만 여기서 더 중요한 것은 월터 같은 사람도 자기에게 닥친 문제를 더욱 긍정적 시각으로 볼 수 있도록 재훈련시킨다면, 재기에 성공할 가능성이 높아진다는 사실이다.

마찬가지로 리더들도 부하직원들이 긍정적이고 선제적으로 생각하도록 격려함으로써 직장에서 용기를 북돋우는 법을 배울 수 있다.

심리학자 폴 레스터와 동료학자 마이클 매슈스, 패트릭 스위니는『위험한 상황에서의 리더십Leadership in Dangerous Situations』이라는 책에서 용감한 행동을 한 사람들을 대상으로 한 최근의 연구 결과를 인용한다. 그들이 당시에 내린 결정이 왜 용기 있다고 생각하는지 그 이유를 물었을 때, 대다수가 공통적으로 응답한 내용은 그들이 그렇게 행동하기로 선택했기 때문이라는 것이었다.

그 연구 결과에 따르면, 용기는 위기의 상황에서도 중요한 목표를 추구할 수 있게 하는 능력이다. 그 연구는 또한 복잡하고 불확실한 상황이 오히려 용기 있게 행동할 수 있는 기회를 자주 제공한다는 사실을 보여준다. 다만, 리더들이 그러한 기회를 포착하기 위해 적극적으로 나서야 한다는 전제 조건이 붙는다.

레스터와 동료들은 리더가 조직 내 구성원의 용기를 진작시켜 기회가 오면 곧바로 잡도록 훈련시키는 방법 세 가지를 제시한다.

- **역할 모델로서 본보기를 보여라.** 스스로 본보기가 되어 조직 구성원들이 보고 배울 수 있도록 용감하게 행동하라.
- **용감해지는 연습을 하라.** 용기는 반드시 실천되어야 하며 그에 따른 피드백을 제공하는 학습, 훈련, 모의실험 환경을 마련하라.
- **영감과 동기부여를 제공하라.** 조직 구성원과 협력업체들과 강력한 유대와 긍정적 관계를 형성하라. 그들의 선택이 서로에게 영향을 끼칠 수 있음을 인식하고 행동하도록 유도한다.

『편안함의 배신Your Survival Instinct Is Killing You』의 저자 마크 쉔은 이런 종류의 준비와 훈련이 우리가 사는 동안 무의식적으로 여러 두려움에 사로잡힐 때 용기를 북돋우기 위해 꼭 필요한 요소라고 주장한다. 우리는 과거에 특정한 사건이나 행동들과 관련해 놀라는 경험을 하게 되면, 무의식적으로 정신적 자극을 받는다고 한다. 깜짝 놀라는 상황과 맞닥뜨릴 때 받는 자극은 무의식적 행동을 유발시킨다. 그 반응이 매우 빨라서, 대개 논리적으로 생각할 겨를이 없기 때문이다.

"두려움은 직장에서 가장 많이 간과되는 문제"[9]라고 쉔은 말한다. "직장에서 두려움에 직면하면 두려움을 의식한 결정을 내린다. 자신이 피해를 입지 않기 위해 신경쓰게 된다. 우리는 긍정적 관점보다 부정적 관점에서 결과를 생각한다."

이를 해결하는 단초가 되는 것은 양면성이라는 개념—맞닥뜨리는 상황에서 긍정적 요소를 발견하는 것, 다시 말해 부정적 반응을 부추기는 외부의 자극을 기꺼이 받아들이는 것—이다. 쉔은 다른 사람들이 자신을 곤란하게 만드는 바로 그것을 천천히 신중하게 자발적으로 경험하고 거기서 긍정적 요소들을 발견하도록 도와줌으로써, 용기를 북돋을 수 있게 훈련시킨다. 상황을 재구성하고 용기 있는 작은 행위들을 꾸준히 실천하며 인내심을 기를 때 우리는 용기를 얻을 수 있다.

따라서 용기가 감정보다는 문제 해결 과정에 더 가깝고, 타고난 능력보다 단련을 통해 강해질 수 있는 근육에 더 가까운 것이라면, 우리는 그것을 어떻게 알고 발견할까? 이어서 용기가 현실에서 어떤 모습으로 나타나며 어떻게 단련될 수 있는지 살펴보자.

건강하고 용기 있는 경력, 개인, 조직이란 어떤 모습일까

두려움을 맞서고 이겨내는 일—그리고 그것을 자신과 조직에 유리하게 이용하는 것—은 용기의 본질이다. 이제 직장인, 개인의 삶, 기업, 마음가짐, 기업 문화에서 용기는 어떤 모습으로 나타나고, 용기 있는 행동을 하는 것이 왜 그렇게 중요한 일인지 면밀히 검토할 것이다.

직무와 경력 계획

주변을 둘러보면 직장에서 운이 좋아 보이는 사람이 한 명쯤은 있기 마련이다. 그는 누구나 하고 싶어하는 일을 맡고 있다. 동료들에게는 없는 책임이 주어지며, 누구보다 먼저 승진한다. 하지만 그런 일들이 우연히 벌어지는 것은 아니다. 행운은 만반의 준비를 하고 있는 사람이 기회를 잡았을 때 만들어진다. 대개의 경우, 직장에서 운이 좋아 보이는 사람은 실제로 업무가 순조롭게 진행되는 데 매우 중요한 역할을 한다. 그리고 그가 그런 역할을 할 수 있는 중요한 원인 가운데 하나가 바로 용기 있는 행동이다.

직장에서 용기 있게 일 처리를 하고자 한다면, 아래와 같이 규칙적으로, 필요하다면 끊임없이 행동하라.

- **기회가 올 때를 기다리지 말고 찾아 나서라.** 누구보다 먼저 조직 내에서 기회를 찾아라. 안에서 기회를 발견할 수 없다면 밖에서 찾아라.(기회가 올 때까지 기다리고 있다면, 용기가 없는 것이다.)
- **고용주에게 적극적으로 요구해 새로운 직무와 책임을 부여받아라.** 새로운 직무와 책임을 부여받으면, 당신의 재능을 발휘해서 배우고 성장하고 자신의 능력을 확대할 수 있는 모든 일을 하라.(배우고 성장할 수 있는 기회를 찾고 있지 않다면, 용기가 없는 것이다.)
- **자신을 숨기지 마라.** 당신이 어떤 역할을 하고 어떤 지위에 있는지, 당신이 최고의 실무자라는 것을 모든 사람이 알 수 있게 하라. 겸손하되, 주저하지는 마라.(자꾸 자신을 숨기려고 한다면, 용기가 없는 것이다.)
- **경력이 정체되어 있다고 생각한다면, 성공의 길로 되돌리기 위해 즉각적**

이고 신중한 조치를 취하라. 당신의 경력이 계획대로 향상되고 있지 않다는 것을 다른 사람들이 알아줄(또는 보살펴줄) 리가 없다.(스스로 운전대 앞에 앉아 있지 않다면, 용기가 없는 것이다.)

- **당신이 그럴 만한 준비가 되어 있고 가치가 있는 사람이라고 생각한다면, 지체 없이 상사에게 현재의 직위보다 한두 계단 위로 승진시켜 달라고 요구하거나 그런 직무에 망설이지 말고 지원하라.** 남들이 당신이 승진할 준비가 되어 있다는 것을 인정할 때까지 기다리지 마라. 행동을 통해 당신의 재능을 보여줌으로써 당신이 준비된 인물임을 입증하라.(아직까지도 이런 행동을 하지 않았다면, 용기가 없는 것이다.)
- **경력과 경력 개발을 위한 계획이 있는지 확인하라.** 그런 계획이 있다면, 시간을 내서 적극적으로 추진하라.(목표를 향해 적극적으로 노력하고 있지 않다면, 용기가 없는 것이다.)
- **현재의 직무에 만족하고 있지 않거나 다른 일을 하고 싶다면, 현재의 상태를 바꾸기 위한 조치를 취하라.** 무엇을 바라는지 찾아 그것을 추구하라.(긍정적 변화를 위해 애쓰고 있지 않다면, 용기가 없는 것이다.)

건강하고 용기 있는 경력이란 당신이 정말로 하고 싶고 열정을 품고 있는 종류의 일을 적극적으로 하는 것이다. 당신은 또한 어디서 성공하고 싶은지 알고 있으며, 거기에 도달하기 위한 계획도 있다. 그리고 당신의 지식과 기술, 경험을 더 성장시키거나 더 큰 책임과 임무를 맡을 기회를 회피하지 않는다. 오히려 당신은 그런 기회를 스스로 찾아 나선다. 승진이나 승급의 기회가 오면 적극적으로 요구한다. 문제를 발견하면 그것에 대해 주의를 환기시키거나 오류를 수정한다. 각종 문제가 모습을 드러내면? 스스로 문제의 대상이 아니라 문제 해결의 주체가 된다.

개인

성공하기 위해서는 개인적 삶에도 용기가 스며들어야 한다. 용기는 우리가 경쟁자보다 나은 점이 무엇인지 알려주고 자신과 타인, 조직을 위해 세운 목표를 달성할 수 있도록 도와준다.

당신은 하루하루의 삶을 용기 있게 사는가? 그렇다면, 당신은 이렇게 살고 있을 것이다.

- **기꺼이 위험을 무릅쓰고 슬기롭게 문제를 해결하려고 한다.** 이것은 지나치게 한도를 넘는 행동을 하지 않으며 한 번의 결정에 모든 것을 걸지 않는다는 것을 의미한다. 작은 도전들을 꾸준히 시도하여 마침내 당신의 삶에서 큰 목표를 달성하려는 의지를 놓지 마라. 예를 들어, 어린이책을 써서 출판하려고 결심할 수도 있고, 값싼 부동산을 투자 목적으로 매입할 수도 있다.
- **고정관념에서 벗어나는 것을 두려워하지 않는다.** 현재 상태에 지나치게 안주하게 되면, 새로운 즐거움의 원천을 포함해 완전히 새로운 길을 활짝 열 수 있는 경험이나 기회를 놓친다. 시의회 회의에 참석해 당신이 관심을 가지는 문제에 대해 목소리를 높이거나, 당신이 열중하는 대의를 옹호하는 지역 내 비영리단체의 설립을 도와라.
- **늘 새로운 것을 배우고 행동하고 시도하려고 한다.** 사고와 행동을 유연하게 해주고, 적응력을 높여줄 것이다. 심지어 늘 하고 싶었지만 감히 생각조

차 하지 못했던 무엇이 실제로 가능하다는 것을 발견할 수 있을지도 모른다. 지역 대학의 공개강좌에 참여하거나 부수적 프로젝트로 새로운 사업을 시작하지 못할 이유가 있는가?

- **현재의 능력을 새롭게 이용할 방법들을 꾸준하게 찾고 있다.** 세상을 깜짝 놀라게 하기 위해 늘 새로운 것을 배워야만 하는 것은 아니다. 당신이 이미 보유하고 활용하고 있는 지식을 새로운 방향에서 재접근할 수 있기 때문이다. 그래픽디자인 기술이 뛰어나다면, 회사 홍보용 블로그를 설계할 수도 있고, 개인적으로 웹사이트 구축 사업을 시작할 수도 있을 것이다.
- **언제나 새로운 사람들과 만나고 인맥을 만들 기회를 찾고 있다.** 능력을 향상시키기 위해, 서로 협력하고 모두의 성공 역량을 높이기 위해 함께 일할 방법을 찾는다. 인생은 여러 관계를 구축하고 다른 사람들과 인맥을 형성하는 과정이다. 마음을 열어 새로운 사람들과 만날 기회를 놓치지 말고, 당신의 생각을 확장해 개인적으로, 직업적으로 인맥을 넓혀라. 공립학교에 다니는 자녀가 있다면, 학부모교사협의회에 가입하거나, 로터리클럽이나 상공회의소 사교모임에 참석하는 것도 좋다.
- **늘 새롭고 신선한 의견과 관점을 찾아다닌다.** 의견과 관점이 당신과 일치하는 사람을 주변에서 찾기는 쉽다. 그러나 당신이 모르는 새로운 의견과 관점을 찾아 나선다면 새로운 가능성과 기회를 향해 당신의 마음을 열 수 있고, 당신이 현재 보유한 기술이나 안목, 능력에서 부족한 부분을 보강할 수 있다. 직장 동료들이나 동종업계 행사에서 만난 관련 종사자들과 상의하라. 그리고 외부의 새로운 사람들과 만나 그들이 어떤 생각을 하는지 물어보라.
- **성급하게 결론을 내리거나 두려움 때문에 왜곡된 결과를 내놓지 않는다.**

성급한 결론은 당신과 당신이 결론 내린 대상 사이에 장벽을 쌓는다. 그러면 상황에 대한 오해, 실수, 어리석은 판단으로 이어질 수 있다. 마찬가지로 두려움 때문에 어떤 대상에 대한 당신의 생각이 왜곡될 경우, 쓸데없는 장벽과 시공의 제약을 초래할 것이다.

- **변화하는 미지의 세계를 기꺼이 받아들이려 한다.** 기업이든 개인의 삶이든, 변화를 회피하거나 인정하지 않으려고 하기보다는 환영하고 받아들이는 편이 가장 좋다. 오늘 모르는 것을 내일 알게 될 수도 있음을 알아야 한다. 앞날의 상황을 예상할 수 있든 없든 그것에 대한 계획을 세우고 대비하라.
- **문제에 집착하지 말고 해결책에 주목한다.** 앞날에 대해 낙관적 마음을 가져라. 문제 대신에 기회, 수수께끼보다는 해법, 나쁜 측면보다는 좋은 측면을 살펴라. 각종 문제와 실험에 대안을 가지고 슬기롭고 결단력 있게 접근하라. 그러면서 배운다. 유연하고 실용적일수록, 당면한 문제들을 더 빨리 해결할 수 있다.

건강하고 용기 있는 삶이란, 긍정적인 마음가짐과 단호한 의사결정 그리고 변화나 미지의 세계를 우려의 근원에서 기회의 원천으로 바꾸려는 의지로 충만한 삶을 말한다. 그것이 겉으로 드러날 때 리더십, 주인의식, 책임감으로 나타난다. 편집증의 건강한 의미를 인정하라. 장기적 이득을 단기적 편익보다 우선으로 생각하라.

조직

건강하고 용기 있는 조직은 그렇지 않은 조직과 매우 다른 모습을 보인다. 그 조직의 구성원들은 매우 적극적이고 책임감이 있으며 의욕적이기 때문에 혁신을 매우 효과적으로 수행한다. 건강하고 용기 있는 조직은 다음과 같은 특징이 있다.

- **상황이 좋을 때 미래에 닥칠지 모를 어려운 상황을 미리 대비한다.** 무엇이 나빠질지 심사숙고하지는 않지만, 무엇인가 나빠질 경우에 어떻게 할지 계획은 짜놓는다. 앞으로 닥칠지 모를 폭풍우가 아무리 거세더라도 이겨낼 수 있을 정도로 충분한 자원을 축적하고 강력한 회복력을 구축한다. 또한 혁신하고 재창조하며 조직의 지식과 능력을 확대하는 방법을 끊임없이 모색한다.
- **직원들이 용기 있게 자기 의견을 주저 없이 말하고 슬기롭게 위험을 감수하도록 격려한다.** 직원들은 대개 자기 의견을 거리낌없이 말하거나 쓸데없이 풍파를 일으키는 것에 조심스러워 한다. 잘못해서 상사를 화나게 하거나 실수를 저지를 경우, 그 대가로 징계를 받거나 해고당할 수도 있음을 우려하기 때문이다. 이런 상황에 처한 조직에서는 내부 문제를 가장 많이 아는 사람을 포함해 다수의 구성원이 문제 해결을 위한 정보와 좋은 아이디어를 내놓지 않기 마련하고, 회사는 경쟁에서 불리한 위치에 서게 된다. 직원들이 스스럼없이 자기 의견을 밝히고 위험을 슬기롭게 대처하도록 격려할 때 비로소 그들의 통찰력과 재능이 주는 이익을 얻을 수 있고, 그들이 리더와 관리자, 기업의 일원으로서 최선을 다하는 모습을 볼 것이다.
- **슬기롭게 대처할 수 있고 비용 효과만 좋다면, 어떠한 실패와 실험도 기꺼**

이 수용한다. 용기 있는 조직은 직원들이 목표 달성에 실패했거나 실험적 일을 벌였다고 탓하기는커녕, 회사에 이익을 가져다줄 가능성이 있는 위험들을 큰 피해를 입히지 않으면서 지혜롭게 생산적인 방향으로 대응하여 처리하도록 격려한다. 그다음에 그러한 노력의 결과와 통찰을 바탕으로 미래에 대비한다. 실험적인 일을 많이 하도록 격려하면 할수록, 직원들이 느끼는 두려움은 점점 줄어들고 위험을 슬기롭게 대처하는 능력은 점점 더 커질 것이다.

- **혁신과 새로운 잠재 성장의 길을 끈질기고 일관되게 추구한다.** 가능한 한 창조적이고 혁신적인 직원을 원한다면, 그들이 거침없이 의견을 개진하고 아이디어를 공유할 때 그 대가로 확실한 보상을 제공해야 한다. 그들이 새로운 의견과 통찰, 전략을 제시하도록 격려하라. 유용한 아이디어를 제안하는 직원들을 표창하는 제도를 만들어, 그들을 공개적으로 칭찬하고 널리 알려라.
- **조직 전반에 걸쳐 아이디어와 자원의 공유를 촉진한다.** 조직 안에서 최고의 효율성과 정보, 아이디어, 자원을 가지고 움직이기 위해서는 모든 내부 조직이 자유롭게 서로 교류해야 한다. 오늘날의 최신 통신기술과 정보 공유 플랫폼을 유용하게 활용하고 내부 조직 간의 정보, 자금, 인력의 이동을 가로막는 장벽을 무너뜨려라.
- **능력의 격차 또는 부족한 부분을 채우기 위해 제휴하고 동맹을 맺고 협력한다.** 조직마다 강점과 단점이 있다는 것을 이해하라. 적절한 시점에 적절한 인재를 알맞은 자리에 배치할 때—부족한 부분을 채우기 위해 외부의 파트너나 협력자와 제휴할 때—비로소 회사의 효율성은 극대화한다.
- **주인의식, 리더십, 책임감의 문화를 모든 차원에서 높이 평가한다.** 직원들

에게 주인의식을 심어주는 문화를 만드는 동시에 리더십의 기회를 제공하고 기업가적 사고를 촉진하면서 그들을 소중하게 대우한다면, 그들은 그에 상응해 최선을 다해 일하는 것으로 보답할 것이다.

- **불완전한 정보에도 불구하고 단호하게 의사결정을 내린다.** 궁극적으로 조직은 목표를 달성하기 위한 리더의 의사결정에 의존한다. 오늘날처럼 빠르게 변화하는 세상에서는 의사결정을 위한 충분한 시간이나 완벽한 정보가 보장되지 않는다. 따라서 당신의 선택을 뒷받침하기에 충분한 정도의 정보를 확보했다면, 가능한 한 곧바로 단호하게 결정을 내려라. 그런 다음, 더 많은 정보를 확보하고 계속해서 일을 진행하면서 그 결과를 바탕으로 전략을 수정하고 보완하라.

건강하고 용기 있는 조직이란, 직원들이 주인의식을 가지고 기업가처럼 생각하는 문화를 포함해 긍정적인 마음가짐을 갖춘 조직이다. 또한 모른다는 것이 잠재적 기회와 동일시되고 장기적인 목표와 보상이 당장의 이익보다 더 우선으로 생각되는 조직이다. 회사 내의 분위기가 직원들의 용기를 더욱 북돋울수록, 조직이 성공적으로 변화하고 혁신하고 미래의 경쟁력을 갖출 가능성은 점점 더 커진다.

행동 지침

용기 있는 행동을 한다고 두려움이 사라지는 것은 아니지만, 어쨌든 우리는 그런 행동을 통해 중요한 것을 이룰 수 있다. 두려움에 맞서기 위해서는 필요한 정보를 구하고 그것을 이용해 전략을 개선한 뒤 그에 상응하는 행동을 취해야 한다. 성장을 이루고 기회를 잡기 위해 장애물을 뛰어넘어 앞으로 나아가라. 두려움과 의심, 걱정을 겉으로 환히 드러낼수록 그 감정들의 치명적 약점을 조기에 발견해 제거할 수 있다.

이제 필요한 것은 다음과 같이 행동하면서 미지의 세계를 회피하지 않은 채 위험을 감수하고 변화를 기꺼이 받아들이는 자세다.

- **용감해져라.** 당신 자신과 조직이 미래 경쟁력을 갖추기 위해서는 어떤 형태의 두려움에도 불구하고 당신 개인, 경력, 조직의 목표 달성을 포기해서는 안 된다.
- **스스로 용기에 대한 정의를 새롭게 내려라.** 이 책을 통해 이미 당신은 오늘날 가장 성공한 개인과 조직에게 용기가 어떤 모습으로 나타나는지 보았다. 이제부터라도 당신 자신에게 용기란 무엇인지 새롭게 정의하라. 먼저 당신이 지금 회피하고 있거나 하고 싶지 않은 일이 무엇인지 확인하고, 바로 그 일을 정면으로 대면하거나 기꺼이 행동에 옮겨라. 두려움을 느끼더라도, 자신감과 용기를 가지고 그 어려움을 뚫고 나아가라. 그렇게 할 때 비로소 당신이 정의한 용기가 당신 자신의 것으로 작용하면서 오늘날 거둔 성과가 미래까지 이어질 것이다.
- **두려움과 불확실성 없이 살 수는 없음을 인정하고, 스스로 한계를 정할 수밖에 없게 만드는 걱정과 불안에 의식적으로 맞서는 법을 배워라.** 의심과 불확실성은 대열의 선두에 서서 이끌어가는 개인이나 기업들에게 늘 존재한다. 하지만 우리는 그 영향력을 억누르고 약화시켜서 행동을 가로막는 역할을 못하게 할 수 있다. 용감한 행동은 당신이 고정관념에서 벗어

날 때 치르는 대가가 제자리에 남아 있을 때 드는 비용보다 적을 때 나온다. 용기 있게 행동하라. 그러면 두려움을 떨쳐낼 수 있다.

- **불안을 긍정적 행동으로 전환시켜라.** 두려움은 제품, 브랜드, 기업, 경력 심지어 시장 전체를 파괴하는 원인이다. 두려움은 변화가 필요할 때 아무런 행동도 안 하고 가만히 앉아 있게 만들기 때문이다. 주변 모든 것이 끊임없이 바뀌는 상황에 대한 불안감을 거꾸로 이용해 참여와 실험의 문화를 장려하라. 현재의 상태에 도전하고, 문제를 새로운 방향에서 다시 생각하고, 새로운 아이디어와 전략, 관점을 생각해내라. 성공하는 리더는 팀과 직원, 조직이 앞으로 나아가고, 최선을 다하고, 실패하고, 다르게 행동하는 것을 두려워하지 않도록 격려한다.

파변창

4장
파변창 전략 2: 두려움과 친하라

두려움과 친해져라 | 두려움이 끼치는 영향은 그것에 어떻게 대응하느냐에 달렸다 | 두려움에 대응하는 좋은 방법 | 현존하는 위협들에 맞서기 | 미지의, 불확실한 환경에서의 경영 | 다른 사람들과의 대립 | 행동 지침

破變創

대다수 공연예술가와 마찬가지로 데미안 쿨래시 또한 다음에는 어디서 돈을 벌지 불확실한 상황에 불안해하며 매일 아침 잠에서 깬다. 레코드가 60만 장 넘게 팔렸고,[1] 유투브 조회 수도 1억 5,000만 회가 넘는[2] 등 그가 리드싱어로 활동하는 밴드인 '오케이고'는 다른 수많은 동료 뮤지션과 달리 대중의 호응을 얻었다.(러닝머신 위에서 춤추는 남성들을 기억하는가? 그 가운데 빨간 바지를 입은 사람이 쿨래시다.) 그는 아찔할 정도로 거대한 성공을 거두었음에도 불구하고, 아직도 자신이 하는 일과 관련해 아슬아슬한 줄타기를 한다.

"지금까지 음악을 연주한 대가를 생각하며 살아오지 않았어요. 안정된 기성 밴드도 라디오에서 어떤 노래를 틀어줄지 알지 못하거든요"라고 쿨래시는 현실을 인정한다.(그는 그 증거로서 뒤죽박죽으로 입금된 자신의 통장을 꺼내 보인다.) 그의 밴드 공연이 미국 전역에서 흥행에 대성공하고 언론의 주목을 받은 뒤에도, 그들이 31개월 동안 연달아 공연 여행을 계속한 이유가 바로 여기에 있다. "지금 우리에게 기회가 왔는데, 자칫 잘

못하다가는 기회를 놓칠지도 모른다는 두려움이 너무 강해서 (중략) 2년 반 동안 쉬지 않고 공연을 다녔어요."[3]

그러나 쿨래시는 두려움 때문에 모험에 뛰어들지 않을 수는 없다고 말한다. "집세를 어떻게 낼지 걱정하지 않는다는 말이 아니에요"라고 그는 설명한다. "[아티스트들에게 적대적인] 기존의 시스템 안에서 안주하든지, 아니면 그것을 자기 것으로 만들든지, 둘 중 하나예요."온갖 명성과 성공 이후에도 두려움은 밴드에게 끊임없는 성장과 동기부여의 원천으로 남아 있다. 쿨래시의 밴드는 인디 음반사를 성공적으로 운영하는 등 수많은 성취를 거두었음에도 불구하고, 앱 개발, 광고 작업, 비디오 제작에 이르기까지 사업을 다각화하기 시작했다. 그는 "우리는 늘 진로를 수정해야 해요"라고 고백한다. "특정한 사업 모델이 없기 때문에 (중략) 절벽에서 뛰어내리는 만화영화의 로드러너일 수밖에 없어요."

그는 오케이고를 음악 산업에만 종사하는 존재로 보는 것을 거부한다. 그는 오케이고의 활동이 창조 산업에 속한다고 생각한다. 따라서 활동 영역을 점점 더 넓혀나가고 혁신하고 잠재적 기회들을 성장시킬 수 있는 방법을 끊임없이 모색한다.

"두려움은 당신의 편이면서 동시에 적입니다"라고 그는 지적한다. "자신을 비판할 줄 알아야 해요. [그러나 또한] 그릇된 선택을 두려워할 줄도 알아야 합니다." 두려움 때문에 변화하는 환경에 적응하지 못해서는 안 된다. 당신도 쿨래시의 밴드가 한 것처럼 두려움을 더욱 신중하고 지혜롭게 꼼꼼히 살펴보고, 그것이 보내는 경계 신호를 용기 있는 행동을 유발하는 통찰과 동기의 원천으로 활용할 수 있다.

그는 "모든 것이 가능한 것은 아닙니다"라고 말한다. "더 좋은 결과를 얻기 위해 두려움을 이용하세요. 그러나 두려움이 당신을 주저앉게 한다면 두려움은 당신의 친구가 아닙니다."

두려움과 친해져라

기업, 브랜드, 개인, 기업가, 연구자, 자신의 경력에서 인생의 제2막을 찾고 있는 사람들이 스스로 한계를 설정할 때, 그들이 새롭게 변화할 가능성은 급속하게 줄어들기 마련이다. 하지만 두려움과 의심이 야기하는 장벽은, 당신이 그 존재를 깨닫고 허물어뜨리거나 우회하기로 결심하는 순간 금방 극복될 수 있다. 더 나아가 당신은 그것을 오히려 전략의 지침이나 성장을 위한 밑거름 또는 끊임없이 적응하기 위한 학습도구로 활용할 수도 있다.

당신이 걱정과 의심을 던져버리고, 단호하게 마음을 먹고, 슬기롭게 위기를 받아들였다면 (다시 말해서, **변화**와 **혁신**을 과감하게 수용했다면) 이루었을지도 모를 것이 무엇이었는지 생각해보라. 다행스러운 것은 그렇게 하기 위해 당신의 마음에서 완전히 두려움을 제거할 필요는 없다는 사실이다. 오히려 당신은 두려움에 슬기롭게 대응함으로써—지속적인 성공의 기반을 마련하기 위해 꼭 필요한 습관—두려움과 친해질 수 있다.

마음속에 있는 두려움을 차분하게 들여다보고 무엇이 문제인지 깨달아 자신의 관점을 새롭게 재구성할 때, 그 두려움이 만들어낸 장애물은 쉽게 극복된다. 걱정을 변화할 수 있는 피드백을 주는 원천으로 생각하고, 걱정이 만들어낸 문제를 누군가가 언젠가 풀 수 있는 수수께끼로 보

라. 어떻게 두려움이 생겼고 왜 그런지 좀더 자세하게 살펴본다면, 본능이 아니라 이성을 통해 문제를 풀어나갈 수 있다. 두려움을 개인의 보안장치가 아니라 레이더 추적 장치로 생각하라. 그러면 계기판에 반짝거리며 경종이 울리는 표시를 보고 문제를 인식할 수 있다. 우리는 막상 두려움을 대면하면 본능적으로 도망가거나 몸을 움츠리거나 무작정 대들려고 한다. 하지만 두려움으로부터 배우고 또 배우는 습관을 들여야 한다. 그렇게 함으로써 두려움이 야기하는 열띤 흥분과 에너지, 고도의 통찰을 이용해 더욱 침착하고 실용적으로 기존의 전략과 접근방식을 바꾸고 새롭게 적응할 수 있다.

두려움은 우리가 극복해야 할 어려운 문제와 불확실성에 오히려 중요한 의미와 영향력을 부여하는 역설적 결과를 낳는다. 베스트셀러 『이유 없는 두려움Risk: The Science and Politics of Fear』의 작가 댄 가드너와 위기관리학의 선구자인 폴 슬로빅에 따르면, 사람들은 위기를 느끼는 것을 몹시 싫어한다. 우리는 부정적 결과는 과대평가하는 반면에, 좋은 결과는 과소평가한다. (머릿속에 빨리 떠오르는 사례일수록, 더욱 그런 경우가 많다.) 가장 좋은 상황 아래에서도 우리 마음에는 벌써 요술거울과 같은 왜곡 현상이 일어난다. 두려움을 여기에 대입한다면, 우리의 생각도 심하게 왜곡될 수 있다. 양자택일의 사고(또는 흑백논리), 편견, 지나친 일반화, 논리의 비약이 바로 그러한 경우들이다.

이런 일이 일어나면, 대개 누구나 아는 명백한 사실도 생각해내지 못하고 어떤 문제도 풀 수 있는 해법을 놓치기 일쑤다. 나중에 전개될 수 있는 상황을 평가할 때, 현실을 똑바로 직시하면서 지나치게 두려워하지 마라.

현실을 명확하게 바라볼 수 있는 간단한 방법이 있다. 두려움이 마음속에서 점점 끓어오르면, 당신이 느끼고 있는 두려움을 인정하라. 사람들은 평소에 자주 두려움을 느끼기 때문에 자신이 두려움을 느낀다는 사실을 아예 알아차리지 못하는 경우가 많다. 두려움과 친해지기 위해서는 먼저 자신이 두려워한다는 사실과 그것 때문에 힘들어한다는 사실을 인지하라. 그다음 의식적으로 잠시 마음을 가다듬고 자신이 처한 상황을 객관적으로 평가하라. 의식적으로 자기 주변의 상황을 인식하고 주목하는 습관을 길러라. 그래야 상황을 총체적으로 판단할 수 있다. 어떤 조건에 반응하는 것이 아니라 무엇이든 본능적으로 다시 한번 면밀하게 살피는 자세를 키워라.

무언가 생각해볼 필요가 있다고 느끼는 순간, 의식적으로 감정을 억제하라. 어떤 문제의 발생을 알리는 경종이 울리기 시작하는 순간, 성급하게 행동하거나 속단하지 말고 타당한 이유와 반응을 생각하고 신중하게 대응하라.

조건반사적 행동을 자제하고 실제로 상황이 얼마나 긴급한지 면밀히 검토한 뒤 그에 따른 영향을 포함해 전체적으로 상황을 판단하라. 현재 느끼는 두려움의 밑바닥에 무엇이 있는지, 그 이유가 무엇인지 확인하라. 지금 당신은 어떤 문제나 징후에 반응하고 있는가? 당신 앞에 있는 문제는 얼마나 심각하고 긴급한가? 발생 원인은 무엇인가? 어떻게 해야 그 문제를 완화시킬 수 있는가?

잠시 숨을 고른 다음, 떠오르는 생각과 이유를 정리하고 무엇을 할 수 있을지 생각하라. 감정적 대응은 억제하고 확실한 사실을 바탕으로 행동하라. 마음속에 남아 있는 걱정을 더 자세하게 관찰하기 위해 관련 있는 것끼리 분류·요약하거나 추려내고 중요도에 따라 우선순위를 정하라. 그런 다음, 개별 또는 여러 문제와 근원 사이의 연관성을 찾아 가장 직접적이고 신속하게 문제를 해결할 수 있는 조치를 취하라. 만족할 만한 해법을 찾을 때까지 이러한 방식을 되풀이한다.

두려움을 비상사태를 알리는 신호가 아니라 반기며 맞아야 할 유익한 유입 신호로 본다면, 당신이 전보다 얼마나 훨씬 더 효과적으로 일하고 있는지 알게 될 것이다. 그리고 그에 따라 당신의 변화와 혁신 능력이 커질수록 성공할 가능성 또한 더욱 커지는 것은 물론이다.

두려움이 끼치는 영향은 그것에 어떻게 대응하느냐에 달렸다

1장에서 우리는 오늘날 성공 역량에 영향을 끼치는 두려움의 일곱 가지 주요 원인에 대해 살펴보았다. 그 원인들은 저마다 개인의 잠재력과 현실 인식에 지대한 영향력을 발휘한다. 두려움은 어떤 주어진 상황에서도 우리의 관점과 반응을 규정하는 타고난 이중성이 있다.

예를 들어, 당신은 여러 사람 앞에서 말하는 것을 두려워할 수 있다. 그래서 그런 기회가 주어지면 피하려고 한다. 거꾸로, 당신은 두려움을 떨쳐내고 그런 새로운 도전과제를 기꺼이 수용할지도 모른다. 사람들 앞에서 공개적으로 명확하게 자기 입장을 설명하는 것이 자신을 드러내고 승진할 기회를 더 많이 제공하기 때문이다. 또한 당신은 거대한 변화가 다가오고 있음을 알지만, 아직 그것에 대한 자신의 적응력을 의심하거나 당신이 직장에서 별나게 행동해서 실수한다면 해고될 수도 있다고 걱정할지도 모른다. 그 결과, 당신은 적절한 조치를 취하지 못한다. 이와 달리, 당신은 임박한 기업의 변화를 인지해 슬기롭게 위기에 대응하고, 자신의 경력이나 조직에 필요한 유용한 기술과 능력을 보완해 다가올 변화에 적응할 준비를 더욱 잘할 수도 있다.

한마디 덧붙인다면, 두려움에 떨며 시간을 낭비하기보다는 오히려 두려움과 어떻게 친해지고 그것을 이용해서 더욱 긍정적인 결과를 얻으려면 어떻게 해야 할지 고민하는 편이 더 현명한 태도다.

두려움에 부정적으로 반응할 경우, 실수하거나 성급한(또는 잘못된) 결정을 내리거나 과잉반응을 보이거나 의사소통에 실패하거나 기회를 놓치는 부작용이 일어날 수 있다. 하지만 두려움을 적극적으로 수용해 반응하면 목표 달성에 더 가까운 방식으로 행동하게 된다.

그러나 여기서 잠시 생각해보자. 두려움을 경험하는 것이 어떻게 우리의 삶에 긍정적 영향을 끼칠 수 있는가?

앞서 두려움이 무엇이고, 그것이 초래하는 부작용에는 어떤 것이 있고, 우리가 그것을 왜 느끼는지 검토한 결과를 다시 떠올려보라. 우리가 두려움을 필요로 하는 매우 강력하고 유익한 이유가 몇 가지 있다. 화난 고객이나 상사가 흥분해서 떠드는 말을 듣거나 예상치 못한 매출 급락 소식을 접했을 때, 우리의 몸과 마음은 곧바로 완벽한 경계태세에 들어간다. 그러나 현재 우리의 역량과 신뢰성, 시장에서의 위치를 위협하는 새로운 추세나 경쟁자를 발견하면 두려움을 적극적으로 수용해 반응할 경우 즉각 필요한 조치를 취할 수 있다. 업무중에 갑자기 긴급한 상황이 발생하면(부하직원이 영업 자료를 인쇄하는 것을 깜빡 잊었다. 어떻게 할지 빨리 결정하라!), 일의 우선순위를 신속하게 재배치하고 중간에 방침을 바꾸는 일련의 행위는 두려움에 적극적으로 대처하는 한 예다.

더욱 생산적 목적을 위해 두려움을 활용하기로 마음먹는 순간, 두려움이 다양한 방식으로 우리에게 도움을 줄 수 있다는 사실을 주목할 필요가 있다. 두려움의 긍정적 측면은 다음과 같다.

- 우리에게 잠재적 위협과 위험을 미리 알려준다.
- 주변 환경에 더욱 잘 적응하게 한다.
- 성장과 혁신을 견인한다.
- 변화와 문제 해결을 촉진한다.
- 역동적 의사결정과 기업 활동을 촉진한다.
- 자족감에 빠지지 않게 한다.
- 늘 융통성을 발휘하게 한다.
- 창조적으로 행동하게 한다.
- 절박감을 준다.

심리학자 신시아 퓨리(3장에 나온)는 스스로 두려워하지 않거나 두려움을 생각하지 않는다고 단언하는 것은 아무 소용이 없다고 말한다. 그녀의 충고에 따르면, 두려움은 매우 격렬한 감정의 경험이기 때문에 자신이 느끼는 두려움과 그것이 주는 메시지를 인정하되, 그것이 우리의 목표 추구에 방해가 되지 않도록 하는 것이 좋다.

두려움이 직장에서 긍정적 결과와 부정적 결과를 모두 초래할 수 있음을 인정한다면, 우리는 자신이 두려움 때문에 어떻게 느끼고 반응하는지 분명하게 알아야 한다.

만약 창업을 주저하고 있다면("빚도 많이 졌고, 시간도 밑천도 없고, 이렇다 할 주요 고객도 없어서"), 사업의 성공을 막는 문제를 걱정하는 데 시간을 낭비하지 마라. 오히려 그럴 시간에 걱정거리를 해결할 방안을 마련하라. 이를테면, 부채 상환 계획을 짜고, 그에 따라 수입의 일부를 저축하고, 정규직 자리를 얻을 때까지 저녁과 주말에 할 일을 찾아라. 우리는 두려움의 원인을 철저하게 평가하고 분석함으로써, 자기 파괴적 행동에 몰두하지 않고 두려움을 적극적으로 받아들여 우리가 깨달은 것을 생산적으로 활용하기 위해 스스로 훈련할 수 있다.

두려움에 대응하는 좋은 방법

앞서 본 것처럼, 당신이 두려움에 어떻게 반응하는가에 따라 현재와 미래에 당신이 겪을 일이 결정된다. 두려움을 아무 생각 없이 그냥 떨쳐내려고 하지 마라. 두려움 때문에 당신이 어떻게 느끼고 반응하는지—그리고 그 이유가 무엇인지—이해하려고 노력하라. 그런 다음, 두려움을 누그러뜨리거나 기꺼이 받아들이고 적응하라. 당신은 두려움과 동맹을 맺음으로써 더 높은 차원의 생산성과 성과를 올릴 수 있는 발판으로 두려움을 이용할 수 있다.

우리가 두려움에 직면해 용감하게 행동하고 더욱 신중하게 대응할 때 나타나는 반응과 반대로 매우 소심하게 또는 본능적 감정에 따라 대응할 때 나오는 반응 사이의 차이를 면밀하게 비교해보라.

"위기의식을 느끼는 것과 두려움은 다른 것이에요"라고 퓨리는 말한다. "위기는 당신에게 나쁜 일이 일어날 수 있는 가능성인 반면에, 두려움은 그것에 대한 당신의 감정적 반응입니다."[4] 그녀의 주장에 따르면, 위험을 즐기는 사람들은 대개 자기 앞에 놓인 과업을 완수하는 데 극도로 집중하기 때문에 그렇게 많은 두려움을 느끼지 않는다고 한다. 오히려 자신에게 일어날 수 있는 끔찍한 일을 걱정하기보다는 다음에 어떤 행동을 할까—또는 다른 사람들은 그럴 때 어떤 선택을 할까—를 생각하느라 다른 데 한눈팔 일이 없다.

두려움과 친해지고, 두려움이 당신 자신이나 팀을 위해 시종일관 긍정적인 방향으로 작용하기를 원한다면, 다음과 같이 행동하라.

- 당신이 느끼는 두려움이 무엇인지 확인하라.
- 그 두려움이 당신의 행동에 끼치는 영향이 부정적인지 긍정적인지 판단하라.
- 부정적이라면, 그 이유를 객관적으로 평가하고 부정적 행동을 중단하라.
- 긍정적이라면, 거기서 깨달은 대로 행동하라.

그러나 두려움이 합리적 사고 앞에서 힘을 못 씀에도 불구하고, 두려움 때문에 변화하고 혁신하고 미래를 향해 나아가지 못하는 까닭은 무엇인가? 순간적으로 감정에 사로잡히기 일쑤여서 기본적으로 비생산적인 전략과 행동에 빠지기 쉽기 때문이다. 따라서 이 과정은 습관을 형성해 가는 것일 수 있다.

이제 알다시피, 당신 자신과 조직은 두려움에 대해 어떻게 반응하느냐에 따라 그로부터 이익을 얻을 수 있다. 1장에서 설명한 일곱 가지 두려움 가운데 일부 또는 전부를 경험할 수 있는 몇 가지 일반적인 경우를 살펴보고, 그것들을 적극적으로 수용하고 슬기롭게 대처함으로써 그와 관련된 우려를 어떻게 유리하게 바꿀 수 있는지 알아보자.

현존하는 위협들에 맞서기

주변에는 늘 많은 위협이 있다. 단순히 우리의 상상 속에 있는 것이 아니다. 기업들은 경쟁업체들로부터 끊임없이 공격을 받는다. 모든 경쟁업체는 우리를 압박하고 우리의 고객을 빼앗아가고 싶어한다. 그럴 때 야심만만한 동년배나 동료들을 보면 성공의 사다리를 기어오르려고 하는—그리고 때로는 성공하기 위해 당신을 넘어서거나 심지어 짓밟을지도 모를—사람들처럼 보인다.

개인적 차원에서 새로운 인재가 시장에 끊임없이 들어오는 것처럼, 조직의 차원에서도 우리가 안주하고 있는 자리를 빼앗아갈 준비가 되어 있고, 그럴 의도가 충분히 있으며, 그만한 능력이 있는 새로운 경쟁업체들이 시장에 지속적으로 진입하고 있다. 캔자스시티에 있는 코프만 재단 Kauffman Foundation에 따르면, 미국에서 창업하는 업체가 매달 약 54만 3,000개에 이른다고 한다.[5] 그 신생업체들은 모두 기존 업체의 잠재적 위협 인자다.

그 위협들을 인정하고 보다 생산적으로 대응할 때, 그 위협들이 야기하는 두려움—대립, 소외, 실패, 통제력 상실—은 오히려 우리의 눈과 귀를 활짝 열어둘 것이다. 두려움으로 작동되는 레이더가 임박한 위협을 탐지하면 당신은 그 위협에 대항하고 저지할 준비를 더 잘할 수 있다. 그렇기 때문에 사전에 대비하기 시작한다. 만일 매출이 조만간 급격하게 증가하지 않으면, 당신 부서 인력의 절반이 해고당할 거라는 이야기를 회사 소문을 통해 전해 들을 수도 있다. 그때 당신 부서의 경쟁사원이 당신이 하는 일에 눈독을 들이고 있을 수도 있고, 당신이 관리하는 고객들을 흡수해 갈 신사업이 사내에서 계획중일 수도 있다.

조직 내외의 상황에 끊임없이 촉각을 곤두세우면서 직장에서 현존하는 위협을 탐지하는 것은 우리의 주의력 수준을 높이고 현실감각을 예민하게 만든다. 이러한 위협들을 감지하기 위해서는 먼저 우리 자신의 경력과 기업, 업무 관계를 무너뜨리거나 부정적 영향을 끼칠 수 있는 가장 큰 가능성이 무엇인지 반드시 고려해야 한다. 그러고 나서 이러한 위협들이 어디서, 어떤 조건 아래 생성되는지, 그 배후에는 무엇이 있는지 면밀히 분석해야 하고, 그와 더불어 그것들을 어떻게 지속적으로 추적하고 대응할 수 있는지도 검토해야 한다.

그러한 위협들이 효력을 발휘할 것으로 예상되면 사전에 계획을 세워 그 위협들이 초래할 잠재적 결과를 바꿔놓을 수 있다. 개인적 삶이나 직장에서의 레이더는 매우 효과적으로 우리를 완전 경계태세로 전환시켜, 일의 성공 가능성을 높이거나 다른 분야나 영역, 부서에서 기회를 발견할 수 있도록 자극함으로써, 어떤 문제가 발생해도 곧바로 기꺼이 대응하도록 준비시킨다.

모두가 알다시피, 늘 의식하고 경계하며 새로운 기회나 문제를 처리할 준비를 하고 있다면 결국 그 덕을 보기 마련이다. 주변에 현존하는 위협들을 만났을 때 우리가 느끼는 두려움은 바로 그런 행동을 하게 도와줄 수 있다.

예를 들어, 2013년 초 일단의 해커들은 버거킹의 트위터 계정을 도용해 맥도날드와 관련된 유언비어를 재빠르게 재가공해냈다. 버거킹이 최대의 경쟁업체인 맥도날드에게 인수되었다는 트윗이 버거킹 트위터 계정을 팔로우하는 8만 3,000명에게 뿌려진 것이다. 한 전문가에 따르면, 이 브랜드 해킹 사건은 "시장에서 브랜드와 신뢰도에 큰 피해를 입히며 버거킹에 총체적인 위기를 안겨주었다".[6] 각종 보안 사고는 첨단기술 사회에서 언제 어디서든 발생할 수 있는 위험 요소다. 그러나 어떤 조직도 재난이 발생하기 전에 미리 자발적으로 여러 겹의 안전장치를 구축하고 위기대응 계획을 세울 수 있다. 누구 책임인지 그 이유가 무엇인지 누구도 말하지 못하지만, 버거킹의 정보기술팀이 현존하는 위협이 야기할 두려움을 처리하는 데 좀더 관심을 기울였다면, 그런 사고는 충분히 막을 수 있었다.

미지의, 불확실한 환경에서의 경영

변화와 불확실성이 주는 두려움은 급변하는 환경에서 실패를 경험하거나 통제력을 상실하는 것에 대한 우려처럼, 우리 대다수가 공통적으로 느끼는 걱정의 근원이다. 지극히 현실적인 소수의 개인들—대개 유별난 사람들이라고 잘못 분류되는 사람들로, 8장에서 다룰 것이다—과 달리, 대부분의 인간은 일관되고 익숙한 것을 좋아한다. 변화의 바람이

거세게 불고 기존의 안정된 토대가 흔들릴 때, 우리는 더욱 틀에 박힌 편안한 현재 상태가 유지되기를 갈망한다. 그러나 변화는 기업과 인생에서 피할 수 없는 기정사실이다. 따라서 우리가 변화를 받아들이지 못한다면, 그 결과로 확실성은 손상될 수 있다. 변화하는 환경을 성공적으로 헤쳐나가고 발전하기 위해 우리는 확실성을 간절히 원한다.

시장과 직원, 고객, 그 밖의 외부인들이 우리에게 보내고 있는 신호들에 기꺼이 귀기울이지 않고 지나치게 자기 생각에만 몰입할 때, 확실성을 잃을 수 있다. 마찬가지로 개인이나 조직이 바뀌는 추세를 간과하거나 변하는 고객의 욕구를 무시하거나 변화하는 경쟁 환경에 눈감을 때 나타나는 것이 확실성의 결여다. 이러한 확실성을 회복할 때, 우리는 비로소 미래의 모습을 볼 줄 아는 능력을 회복하고, 미래(미래 경쟁력을 갖춘 당신 자신)를 성공적으로 맞이하기 위해 어떤 행동을 취해야 하는지 알게 된다.

뉴욕 시에 본부를 둔 컨빈Convene 콘퍼런스 센터의 공동 설립자 라이언 시모네티는 미지의 또는 불확실한 환경에서 조직을 운영하면서 결정들 하나하나에 의문을 제기하는 것은 아주 당연한 일이라고 지적한다. 그러나 그는 또한 이 상황에서 느낄지도 모를 두려움 때문에 위축되어서는 안 된다고 말한다. 시모네티의 주장에 따르면, "누구나 스스로에게 묻는 순간이 있기 마련이죠. 하지만 정말 중요한 것은 그 순간이 긴가, 짧은가하는 것입니다".[7] 성공하기 위해서는 빨리 의심에서 벗어나 최종 결정을 내리고 자신감을 회복해야 한다고 그는 설명한다. 그 결정이 틀렸다면, 더 정확한 결정을 내리고 전략을 수정하면 된다.

"중요한 것은 빨리 실패를 인정하고 방향을 수정하는 겁니다"라고 그는 고백한다. "회사를 창업한 이래로 정말로 잘했다고 생각하는 것이 있어요. 우리는 눈앞에 제시된 정보와 직관을 바탕으로 신속하게 의사 결정을 내립니다. 그러나 어떤 것이 작동하지 않는다는 사실을 알게 되는 순간 곧바로 그 밖의 다른 것으로 눈을 돌립니다. 그 덕분에 바로 이 자리에 오르게 된 겁니다. 우리는 실수를 인정하면 곧바로 고칩니다."[8]

당신 자신과 조직 내부에서 작용하고 있는 두려움의 영향력을 명확하게 볼 줄 알아야 하고, 또 반드시 보아야 한다. 그리고 그것을 이용하거나 맞서는 법도 알아야 한다. 마찬가지로 변화하는 환경과 시장에 가장 잘 적응하는 법도 숙지해야 한다. 이때 당신 자신과 조직은 가장 큰 영향을 끼칠 수 있는 긍정적 변화를 곧바로 이루어내기 위해 최선의 노력을 기울여야 한다.

다른 사람들과의 대립

경쟁자와 맞서든, 변화에 저항하는 조직 내부 구성원과 맞서든, 성취 수준의 격차가 있거나 반대 의견을 가진 동료들과 맞서든, 직장에서 주고받는 많은 의견은 근본적으로 서로 부딪칠 수밖에 없다.

의견 대립이 어쩌면 위협적으로 보일 수 있을지 모른다. 하지만 용기를 내서 상대방에게 자기 의견을 당당하게 말하고 행동할 때 오히려 큰 이득을 얻을 수도 있다. 대립에 대한 두려움은 우리 앞에 놓인 절박한 문제를 인식하게 한다. 하지만 그때 우리는 어쩌면 남들에게 비판받거나 무안당할까 두려워서 최선을 다해 노력하기를 주저할지도 모른다. 그러나 이러한 문제에 대한 경계심 덕분에 우리는 그 배후에 있는 원인에서 더 깊은 통찰을 얻을 수 있고, 겉으로 드러난 징후가 아닌 근본 문제를 공략하는 방법을 익힘으로써 앞을 가로막는 장애물을 효과적으로 극복할 수 있다.

자기 목소리가 직장 안에서 들리지 않거나 동료나 상사가 끊임없이 자기 의견을 짓밟고 있다고 느낄 때, 그 문제가 저절로 풀리기를 바라면서 납작 엎드리고 하릴없이 가슴만 졸이고 있는 것이 일반적인 우리의 모습이다. 일부 사람들은 극단적 성향으로 기운다. 다른 동료들을 호되게 꾸짖는 것으로 그들과의 대립이 주는 두려움을 다른 데로 돌리려고 한다. 하지만 그것은 유익한 해결책이 아니다.

오히려 대립에 대한 두려움을 자신에 대한 더 명확한 경계를 그리는 신호로 이용하라. 경계는 거대한 장벽이 아니라, 그저 안전지대의 범위를 정하고, 남들과 어떻게 교류하며, 그들과 만나는 지점을 어디까지 잡을지를 규정하는 지침일 뿐이다. 좀더 자주 자기 의견을 당당히 말하고 성급하게 자기 의견을 철회하지 않는 동시에, 남들에게 자신의 아이디어나 방법을 쉽사리 빼앗기지 않기 위한 하나의 작은 담장이다. 그러한 경계들이 적절하게 자리를 잡으면, 사람들이 매우 양심적으로 행동할 뿐 아니라 무심결에 그 경계를 준수하는 모습을 볼 수 있을 것이다.

그러나 그 경계는 명확하게 설정되어야 한다. 다른 사람들이 경계를 잘 안다고 생각하지 마라. 그에 따른 대립이 반드시 심각할 거라고 섣불리 단정 짓지 마라. 당신은 중립적인 말투로 다른 사람들에게 정보를 주고("우리는 이 아이디어를 무심결에 버리고 있어요") 상황 변화를 요구하면서("우리도 그걸 검토하는 게 어때요?") 그저 객관적 사실들을 언급할 수도 있다. 그들이 아무런 반응이 없으면, 한번 더 주장하거나("적어도 이 생각에 대해 간단하게나마 검토해야 합니다") 다른 방안을 제시("사람들을 모아서 제가 브리핑을 할게요. 최종 결정을 내리기 전에 모든 사실을 검토해야 하니까요")할 수도 있다. 여기서 중요한 것은 그 자리에서 또는 적당히 서둘러 문제들을 처리해서 다른 사람들이 기분 나쁘지 않게 받아들일 기회를 주는 것이다. 자기 의견을 명확하고 확고하고 합리적으로 이야기할수록 자신감도 더 커지고 나중에 다른 사람들이 시비를 거는 일도 줄어들 것이다.

대립의 두려움은 또한 우리 개인의 삶이나 직장 생활에서 어느 시점에 발언을 자제하는 것이 좋은지 알려주기도 한다. 우리는 지나치게 바쁘거나 무리한 약속을 했을 때, 자신이 우선순위에 따라 어떻게 시간을 배분하고, 어떤 프로젝트를 맡고 있으며, 다른 사람과 한 약속들이 무엇인지에 대해 좀더 자신 있게 설명할 필요가 있다. 다른 사람을 즐겁게 하고, 그들의 호감을 사고, 앞에 놓인 모든 기회를 잡고 싶어하는 것은 누구나 바라는 바다. 그러나 모든 일에는 다 그에 따른 대가가 있게 마련이다. 더 크고 좋은 기회를 잡으려고 애쓰다보면 자신의 능력을 넘어서는 일에 매달리거나 충분한 시간이 남아 있지 않을 위험이 있다.

무심결에 동료나 고객에게 약속하기 전에, 그 약속을 지키기 위해 무엇이 필요한지 곰곰이 생각하라. 그 결과가 마음에 들지 않으면 요청이 있더라도 정중히 거절하고, 그래도 상대방이 끝까지 요구하면 대신할 다른 사람을 소개시켜주는 습관을 들여라. 처음에는 불편할지 모르지만, 나중에 그 결과가 얼마나 만족스러운지 알면 당신도 깜짝 놀랄 것이다. 하지만 결정을 내리기가 망설여진다면, 다시 한번 생각할 시간을 달라고 하거나, 먼저 해야 할 일이 무엇인지 알려달라고 요청할 수 있다. (예를 들어, 현재 맡은 일이 얼마나 많은지, 거기에 다른 일까지 맡으면 업무 완료 시점을 어느 정도까지 연기해야 하는지를 상사에게 보여준다.) 약속은 신중하게 하고 약속한 것은 그 이상으로 해주어라. 일정을 억지로 빠듯하게 잡지 말고, 나중을 생각해서 여유를 두고 약속하라. 지금 부딪히는 것을 피하면 나중에 더 큰 충돌로 이어질 수 있음을 기억하라.

행동 지침

앞서 본 것처럼, 두려움에 반응하는 방식을 다시 생각하는 것은 앞으로 두려움에 대해 더욱 긍정적으로 반응하기 위해서 반드시 필요하다. 두려움을 느끼면 두려움을 인정하라. 그리고 두려움이 직장이나 개인 생활에 긍정적 영향을 끼칠 수 있음을 기억하라. 두려움은 앞으로 닥칠지 모를 잠재적 위협과 위험들을 미리 경고한다. 두려움은 성장과 혁신을 견인하고, 우리를 끊임없이 전보다 훨씬 더 민첩하게 움직이게 한다.

두려움을 느끼면 용감하게 행동할 수도 있고, 거꾸로 몸을 움츠릴 수도 있다. 어느 때든 용감하게 행동하는 것이 당연히 더 좋은 선택이다. 직장에서—그리고 인생에서—성공하려면, 두려움에 당당히 맞서야 한다. 그리고 새로운 환경에 적응하고 행동에 변화를 주어야 한다. 여러 연구와 경험에 따르면, 두려움과 친해지는 것은 몸과 마음이 약해지지 않는 가장 좋은 방법이다. 두려움을 성공을 위한 도구로 활용하기 위해 다음과 같이 행동하라.

- **두려움과 친해져라.** 두려움은 적이 아니라, 실제로 당신 주변에 상존하는 기회와 위협들을 미리 알려주는 개인 경보 체계라는 것을 잊지 마라.
- **두려움의 근원이 무엇인지 이해하라.** 당신이 두려움을 느끼고 있음을 인정했으면, 그것이 보내고 있는 신호가 무엇을 의미하는지 확인하고, 더 현명한 결정을 내리는 데 이용하라. 그러면 두려움이 반드시 나쁜 것이 아니라 당신 자신과 조직에 긍정적 영향을 끼칠 수 있다는 것을 알게 될 것이다.
- **세상을 객관적으로, 새로운 관점에서 보려고 노력하라.** 당신 자신뿐 아니라 다른 사람들에게도 위기를 피하지 말고 슬기롭게 대처하도록 격려하라. 만일 실패해서 좌절하는 때가 오면(물론 때때로 그런 경우들이 발생하겠지만), 오뚝이처럼 일어나서 다시 시도하라. 필요하다면 당신 자신과 당신의 접근방식, 전술을 신속하게 재배치하라. 눈을 크게 뜨고 여론에 귀를 기울이면서, 주변에서 보내고 있는 신호들에 주목하라. 그러면 당신의 레이더가 오작동하거나 녹스는 것을 막을 수 있다.
- **두려움 앞에서도 편안해져라.** 부정적이 아닌 긍정적 감정으로서 두려움과 함께 사는 법을 배워라. 그리고 그것을 영감과 동기부여의 원천으로 이용할 수 있는 방법들을 끊임없이 모색하라. 변화를 기꺼이 받아들이고 다른 사람들도 그렇게 하도록 설득하라. 경력을 쌓거나 기업을 운영할 때, 변화를 회피하는 사람이 아니라 변화를 선도하는 사람이 되라.
- **두려움을 이용해 인식의 깊이를 넓혀라.** 이는 다가오는 새로운 도전에 늘 깨어 있게 하는 동시에 행동에 나서게 한다. 당신 자신과 회사 사람들에게 당면한 문제를 끊임없이 검토하고 재검토하도록 요청하고, 늘 해왔던 방식이 여전히 최선인지를 다시 살펴보게 하라. 현실에서의 피드백과 정보를 바탕으로 객관적인 결정을 내려라. 그와 함께 경쟁업체와 고객, 시장, 최신 기술

과 도구, 산업 추세에 대한 최신 고급 정보를 얻기 위해 꾸준히 노력하라.

- **두려움을 지렛대 삼아 변화하는 상황에 늘 적절하게 대응하라.** 늘 최신 동향을 주시하고, 새로운 가능성과 자원, 교육, 경험을 찾고, 생각을 행동으로 옮기기 위해 두려움을 이용하라. 혁신적이고 창의적인 사람이 되라. 함께 일하는 최선의 방법을 끊임없이 찾고, 아직 지키지 못한 약속에 대해서는 잘못을 지적하라. 주변에 당신의 역량을 보완하고 신선한 관점을 제공할 사람들과 파트너들을 두어라. 당신과 비슷한 능력과 관점을 지닌 사람들을 주변에 두기보다는 당신 자신이나 조직에 없는 부분을 뒷받침할 사람들을 찾아라.
- **지금 두려움을 느낀다면, 내일을 위한 계획을 세워라.** 미래를 향해 적극적으로 계획하고 다양한 방식을 이용해 실패의 가능성을 최소화하면서 성공할 수 있는 강력한 발판을 구축하라. 당신 자신과 동료들에게 작고 현명한 사업과 경력에 분산 투자하도록 권고하라.
- **두려움을 새로운 관점을 찾기 위한 동력으로 이용하라.** 새로운 각도에서 문제를 바라보라. 질문을 던져라. 새로운 아이디어와 해법들에 눈을 떠라. 변화가 당신 자신과 조직을 휩쓸기 전에, 사후 처방이 아닌 사전 대책을 세워라. 당신 자신과 조직 구성원들에게 권한과 책임을 부여하라. 잠재적 기회와 문제를 발견하고 새로운 추세와 도구에 주목하기 위해 서로 격려하고 보상하라.
- **더 나은 선택을 위해 필요한 확실성을 회복하라.** 다양한 출처로부터 가능한 한 많은 객관적 피드백과 데이터, 정보를 수집하라. 당신의 기업과 경쟁업체, 산업에 대한 새로운 관점을 제공할 수 있는 신선한 생각을 끊임없이 모색하라. 감정은 접어두고 신뢰성 있는 사실과 주변 상황이 보내는 각종

신호를 면밀히 살펴라.

- **다른 사람들과 부딪히는 것을 두려워 마라.** 다른 사람들과 대립하는 것이 위협적일 수 있지만, 문제가 생겼을 때 그것을 정면으로 처리해야 곤란한 일이 줄어들고 서둘러 좋은 방향으로 해결할 수 있다. 대립의 두려움을 당신의 업무와 경력, 삶의 범위를 더 명확하게 설정하고, 새로운 기회를 더욱 적극적으로 탐색하고 임박한 문제에 대처하기 위한 자극제로 이용하라.

파변창

5장

파변창 전략 3: 걱정과 의심을 자각의 계기로 삼아라

걱정과 의심을 자각의 계기로 삼아라 | 걱정과 의심을 이용해 효율 높이기 | 자각 능력 키우기 | 행동 지침

破變創

세계에서 가장 유명한 스케이트보드 선수 토니 호크는 그동안 수없이 경사면에서 내동댕이쳐지고, 계단에서 굴러떨어지고, 충격 때문에 무릎 관절이 뭉개질 정도로 격렬하게 공중회전을 돌았다. 그러나 그는 수없이 많은 타박상과 골절상에도 불구하고, 아무런 두려움 없이 스케이트보드 위에 다시 올랐다. 그렇다고 그가 앞뒤 가리지 않고 무모한 짓만 일삼는 얼간이인 것은 전혀 아니다.

"제 일은 고도로 계산된 일이에요"라고 그는 지적한다. "많은 분이 경사면에서 6미터 높이의 공중을 나는 친구들을 보면 무모한 짓을 하고 있다고 생각할지도 모르죠. 하지만 실제로 [그 도전과제는] 사전에 철저하게 준비한 일이에요. 그렇기 때문에 편안하게 생각하죠. 동작을 하다가 실수하면 안전하게 피할 방법을 이미 알고 있기 때문입니다."[1]

80가지가 넘는 기술을 개발한 호크는 경사면 위를 날 때든 수백만 달러짜리 사업을 취급할 때든 마음속으로 두 가지를 늘 생각한다. 하나는 현재 처한 상황을 정확하게 인식하고, 그 상황에서 느끼는 두려움이 무엇을 의미하는지 이해하는 것이다. 다른 하나는 이러한 인식을 이용해 현재의 접근방식을 조정하는 방법을 터득하는 것이다. 그는 "걱정된다면, 미리 계획을 세우세요"라고 말한다. 호크는 자신을 전설적 인물로 만들 기술을 개발할 때 발생할지 모를 잠재적 위험에 대비한 훈련을 하는데, (공중에서 두 바퀴 반을 도는) 900도 회전 기술을 완성하기 위해 무려 4년 동안 그 동작을 수백 번 넘게 연습했다.

최선을 다해 어려운 목표를 달성하고자 한다면, 누구라도 신중하게 행동하기 마련이다. 자신의 한계를 시험하거나 자신이 편안하게 생각하는 안전지대를 벗어나는 일에 몸을 사리고 두려워하고만 있을 수는 없다. "두려움은 당신을 계속해서 되돌아보게 하고 심신의 건강을 잃지 않게 합니다"라고 호크는 말한다. "그러나 자기가 하는 일에 자신이 없는 사람들은 그렇게 하지 못합니다."

걱정은 불안의 원천일 수 있다. 그러나 분명히 말하지만, 걱정은 거꾸로 동기부여와 자각의 원천이 될 수도 있다. 호크에 따르면, 개인이든 기업이든 미래의 경쟁력을 위해 기업에서 일반적으로 만나는 또다른 형태의 걱정, 다시 말해 경쟁에서 뒤처지는 것에 대한 두려움(변화와 자기 통제력 상실에 대한 두려움에서 비롯된)을 자신에게 유리하게 역이용할 수도 있다. 호크는 오히려 그런 걱정을 이용해 자신을 지속적으로 변화시키고 적응하면서 경쟁자들과 마찬가지로 자신의 경쟁적 우위를 끊임없이 높이라고 제안한다. 호크는 걱정을 핑계삼아 자기 혁신을 멈추지 않도록 스스로를 다그치라고 주장한다. "성공한 뒤에도 계속해서 도전하고 새로운 아이디어와 방향을 제시하세요. 신선함을 유지하는 가장 좋은 방법입니다."

오늘날처럼 급변하는 세계에서 과거의 칭찬은 아무 의미도 없다. 시장(호크의 경우는 자신이 목표로 삼는 대중인 매우 활동적인 십대 청소년층 시장)이 빠르게 움직일수록 당신도 점점 더 빨리 잊히기 마련이다. 따라서 변화하고 혁신하고 남보다 앞서기 위해 용기를 내야 할 때, 걱정 때문에 머뭇거릴 수는 없다고 주장한다. 오히려 안목을 더 넓히고 변화의 여세를 더욱 몰아가는 데 그 걱정을 이용하라고 충고한다.

그러나 호크처럼 자기 분야에 해박한 기업인(호크는 토니 호크 의류와 토니 호크 헉잼 자전거를 포함해 여러 개의 액션스포츠 기업의 설립자다)에게는 남다른 또하나의 중요한 특성이 있다. **편집증적 의심**이다. 편집증적 의심—다른 사람이 결국에는 자신의 능력을 능가하거나 자신의 허를 찌를 것이라는 의심—은 자기 자신과 조직을 끊임없이 성장과 경쟁적 우위를 향해 나아가도록 몰아가는 힘이 있다. 편집증적 의심은 걱정과 마찬가지로 건설적으로 이용하면, 뜻밖의 함정이나 결점 때문에 위험에 빠지기 전에 미리 대처할 수 있는 추진력과 전략적 성장의 원천으로 작용할 수 있다. 토니의 경우, 해당 사업 분야의 시장 진입 장벽은 매우 낮다. 누구든 최신 유행하는 스포츠 행사나 쇼를 열 수 있고, 그것을 차세대 거대 시장으로 만들 수 있기 때문이다. 따라서 그는 언제 어디서 자신의 사업을 심각하게 위협할 수 있는 경쟁자가 나타날지를 의심하면서 늘 뒤를 돌아보아야 한다.

마음속 걱정과 의심을 생산적으로 유익하게 활용한다면 경쟁에 뒤처지거나 변화의 시기와 추세를 놓치는 경우를 막을 수 있다. 그러나 부정적 감정을 야기할 수 있는 걱정과 의심을 긍정적 행동으로 바꾸는 과정은 당신의 손에 달려 있다. 그렇게 행동하고 그러한 감정이 보내는 신호를 이용하기 가장 좋은 때는 바로 지금이다. 그러는 사이에 당신은 이미 어느 정도 경쟁적 우위를 누리게 된다.

걱정과 의심을 자각의 계기로 삼아라

이 책의 목적은 직장에서 경력을 쌓고 기업을 운영할 때 용기를 발견하고, 일상의 의심과 두려움을 긍정적 변화의 동력으로 전환시키려는 데 있다. 하지만 이미 아는 바와 같이, 우리가 직면하는 많은 걱정은 매우 구체적이고 현실적이다. 때로는 감정에 휩쓸릴 때도 있지만, 그 걱정들이 단순히 상상의 산물이 아님은 틀림없다. 사람이나 조직은 특히 익숙하지 않거나 잘 모르는 사건들을 겪으며 걱정을 느끼고, 잠재의식 속에서 그것을 부정적으로 인식하게 된다. 이 모든 과정은 우리를 더욱 불안하게 만들고, 그러한 과정은 우리의 삶 속에서 일상화될 수 있다.

상사에게 승진을 요구하거나 눈에 띄는 마케팅 캠페인을 계획하거나 신제품을 개발할 때, 걱정이 앞서는 것은 매우 당연한 일이다. 이러한 노력이 우리가 바라는 대로 될지는 물론이고 성공할 거라고 누가 장담할 수 있겠는가? 특히, 과거에 이와 관련해 비슷한 어려움을 겪은 적이 있다면 더욱 그렇다. 또한 새로운 시장 진입을 비롯해 새로운 제품과 서비스를 알리기까지 우리의 모든 동향을 추적하고 모방하는 경쟁업체들을 볼 때, 깊은 불신에 사로잡히는 것도 지극히 당연한 일이다. 따라서 새로운 위협이나 걱정거리들이 코앞에 닥치기 전에 미리 발견하기 위해 늘 시장의 변화를 보여주는 레이더를 주시하며 경계해야 한다.

그런데 유감스럽게도 걱정과 의심은 대개 우리가 꼭 행동해야 할 때 아무것도 못하게 만들 수 있다. 1장에서 살펴본 일곱 가지 두려움—실패, 낭패, 통제력 상실, 거부, 대립, 소외, 변화와 불확실성의 두려움—이 극도로 심각한 영향력을 끼치면서 지속적으로 강력한 인상을 남길 때 그런다.

그러나 걱정과 의심에 맞설 때는 정면으로 싸워서는 안 된다. 두려움은 실체가 없다. 따라서 그런 유령과의 싸움은 어려운 일이다. 오히려 우리가 살면서 느끼는 걱정과 의심을 겉으로 드러내서 그것들이 끊임없이 보내는 소음의 의미를 우리가 해석할 수 있는 신호로 바꿔주는 것이 올바른 방법이다. 그러고 나서 그 메시지를 이용해 더 큰 이해와 자각, 올바른 의사결정 능력을 견인하는 습관을 들여야 한다.

따라서 걱정과 의심이 반드시 부정적인 영향을 끼치는 것은 아니라는 점을 기억하라. 오히려 우리에게 정보도 주고 영감도 주고 동기부여도 하고 우리 주변—직장과 개인의 삶—에서 일어나고 있는 일들을 보다 정확하게 알 수 있게 도와주기도 한다. 2장에서 논의한 것처럼, 우리가 더욱 주의 깊고 효율적으로 활동할 때 유익한 점이 있다는 것은 틀림없는 사실이다. 그러나 무엇보다 중요한 것은 우리가 걱정과 의심을 잘 이용한다면 우리의 힘이 닿지 않는 영역들을 뒷받침하고 필요할 때 행동하고 당면한 문제들에 더 잘 대비할 수 있다는 사실이다. 따라서 지속적인 성공을 위해서는 걱정과 의심을 자각의 계기로 삼는 방법을 익혀야 한다.

걱정과 의심을 이용해 효율 높이기

걱정하고 의심할 때 느끼는 감정을 생산적으로 다룰 경우, 유익한 영향을 많이 받을 수 있다. 그러한 감정은 점점 커지는 우려에 계속해서 잘 대처할 수 있게 하고, 끊임없이 혁신하고 개선하고 백업과 안전 조치를 수행하도록 자극하고, 무력한 상태에서 벗어나 행동하도록 촉구하는 구실을 한다. 앞서 설명한 것처럼, 두려움은 (우리가 슬기롭게 반응하는 한) 우리에게 이익을 가져다주는 강력한 힘이 될 수 있다. 다시 말해, 두려움은 늘 주변의 상황에 촉각을 곤두세우게 하고, 새롭게 떠오르는 위협들을 끊임없이 주시하게 하며, 자기 자신이나 조직이 자기만족에 도취되지 않도록 도와준다.

누구나 일반적으로 느끼는 걱정과 의심 같은 종류의 두려움을 일상적인 감정의 일부로 만든다면, 그 감정은 어떤 기업, 브랜드, 개인에게도 유익하고 강력한 에너지원이 될 것이다. 왜냐하면 그것은 우리의 능력을 늘 현재의 추세에 적응하게 하고 유연하고 융통성 있는 모습을 한 채 끊임없이 앞으로 나아가도록 이끌기 때문이다.

유력한 경쟁자들이 많아서 당신이 승진에서 탈락할지도 모른다고 걱정한다고 가정하자. 그러면 당신은 그 걱정을 떨쳐내려고 더 열심히 일하고, 조직에 꼭 필요한 핵심인물이 되어 승진에 가장 적합한 후보자가 되는 데 필요한 추가적인 자질을 갖추기 위해 노력할 것이다. 동시에 목표를 초과 달성하고, 다른 경쟁자들보다 늘 한발 앞서기 위한 방법들을 끊임없이 모색할 것이다.

기업의 경우에도, 경쟁업체들이 새로운 제품과 기능, 가격정책을 통해 시장을 잠식할지도 모른다는 편집증적 의심과 걱정 때문에 기업들은 새로운 아이디어와 기회, 시장의 탐색을 통해 끊임없이 대응책을 마련해야 할 필요성을 느낀다.

이러한 절박감은 발생 가능한 위협을 찾기 위해 늘 신경을 곤두세우고 문제가 발생하기 전 미리 전략을 세우도록 촉구함으로써 끊임없이 주변 상황을 민감하게 주시하게 한다. 다시 말해, 먼저 시장에 진입했든 현재 우위를 지키고 있든 그것은 더이상 중요하지 않다는 말이다. 경쟁이 끊임없이 계속되는 자동차경주에서 잠시 쉬거나 연료를 재주입할 시간을 갖는 것도 중요하지만, 끊임없는 전진이 무엇보다 중요하다는 것은 누구도 부인할 수 없다. 따라서 경주에서 승리하기 위한 유일한 방법은 언제나 무리의 선두에 서려고 노력하는 것이다.

직장에서 겪는 걱정과 의심이 끼치는 긍정적 영향을 정리하면 다음과 같다.

- **새로운 걱정거리들에 늘 잘 대응하게 한다.** 걱정과 편집증적 의심은 그것이 어떤 문제이든 대개 개인의 경력과 기업에 타격을 주기 전에 당사자가 그 문제를 인식할 수 있게 도와준다. 리더십 및 경력 전문가 케이트 화이트는 이 점이 자신의 삶에 큰 영향을 주었던 상황을 예로 들어 설명한다. 화이트는 어느 날, 평소처럼 자신이 근무하는 잡지사의 사장과 함께 점심을 먹다가 '무언가 심상치 않은 일이 일어나고 있다'는 것을 눈치챘다. 그녀가 말하고 있는 동안 사장은 계속 하품을 했다. 그는 무언가 다른 문제에 몰두하고 있는 것 같았다. 화이트는 그뒤 몇 주 동안 그날 일을 깜박 잊고 지내다가 그동안 사장이 평소보다 훨씬 더 자주 지방 출장을 다녔다는 사실

을 알아챘다. 화이트는 "사장이 출장 간 곳들을 연결해보았어요. 그동안의 행적이 또렷하게 보였죠. 그의 마음은 이미 회사를 떠난 거였어요!"[2] 그러나 화이트는 현상황에 실망하거나 걱정과 의심에 조바심만 태우기보다는 과감하게 행동하기를 택했다. 그녀는 잡지사의 2인자와 함께 더 많은 시간을 보내기 시작했다. 한 달 뒤 사장은 회사를 그만두고 그를 간절히 원했던 다른 회사로 자리를 옮겼다. 그리고 잡지사의 2인자가 곧바로 사장으로 승진했다. 결국 화이트의 걱정은 그녀가 새로운 사장과 미리 긴밀한 업무 관계를 형성하도록 이끌었고, 그녀가 최고의 자리로 올라갈 수 있는 길을 순탄하게 마련하면서 그녀의 경력을 안정된 기반 위에서 유지될 수 있게 했다.

· **스스로를 혁신하고 개선하면서 백업 계획을 세우도록 부추긴다.** 경쟁자들이 당신을 바짝 추격하고 있다는 의심이 들 때, 당신은 그들보다 한발 앞서기 위해 무슨 일이든 하려고 할 것이다. 프록터앤갬블P&G은 수년 동안 전체 매출(과 그 회사 제품을 사는 수백만 명의 부모들의 마음속)에서 선두를 유지하기 위해 1회용 기저귀 브랜드인 팸퍼스와 러브스의 품질 혁신과 개선 노력을 꾸준히 해왔다. 그런데 똥기저귀 같은 발명품의 개선에 끊임없이 매진하는 이유는 무엇일까? P&G가 계속해서 혁신해야 하는 이유는 기저귀 업계의 최대 경쟁업체—하기스 브랜드로 유명한 킴벌리클라크—가 시장에서 선두 자리를 빼앗기 위해 자신들이 실수하기를 기다리며 끊임없이 공세를 퍼붓고 있기 때문이었다. 수분을 흡수하는 젤, 모래시계 모양의 기저귀, 허리 부분이 새지 않는 가리개, 다리를 끼는 부분을 신축성 있게 만든 틀 등을 P&G의 기저귀 전문가들이 새롭게 개발해온 것은 제품의 품질을 개선함으로써 시장에서 선두 자리를 지키기 위해서였다.[3] 현재

P&G는 전 세계 시장점유율 35퍼센트로, 22퍼센트인 킴벌리클라크를 따돌리고 선두 자리를 유지하고 있다.[4] 하지만 P&G는 지금도 여전히 시장에서 경쟁적 우위를 지키기 위해 1회용 기저귀의 품질 혁신과 개선에 노력하면서 경쟁업체들을 끊임없이 견제해야만 한다.

- **여세를 몰아 계속해서 앞으로 나아가게 한다.** 현재 직장에서 어떤 일이나 사람이 은밀히 당신의 기반을 허물어뜨리려는 분위기가 느껴지는가? 얼마 전 또는 오래전에 당신이 이룬 성과로 여전히 고객이나 상사에게 높은 평가를 받을 수 있다고 생각하는가? 당신이 직장에서 절대로 해서는 안 되는 것이 한 가지 있다면, 그것은 지금까지 이룬 성공에 자족하는 것이다. 당신은 끊임없이 앞으로 나아가야 한다. 경쟁자나 동료들보다 더 많은 업적을 이루고, 더 많은 성과를 얻고, 더 많은 일을 해야 한다. 또한 고객과 조직을 위해 반드시 필요한 존재가 되어야 한다. 그렇지 않으면, 당신은 경쟁자들의 크고 살찐 표적이 될 것이다. 때로는 쉬기도 하고 방전된 배터리를 재충전할 필요도 틀림없이 있지만, 경력을 쌓거나 기업을 운영할 때는 그러한 휴식 기간을 연장할 수 없다. 세계(특히 기업 세계)는 끊임없이 변화하고 있다. 당신이 무언가를 하는 순간, 경쟁자들은 당신을 압도할 기회를 호시탐탐 노리며 기다리고 있을지도 모른다. 그렇다고 스마트폰을 6초에 한 번씩 검색하거나 하루에 18시간씩 일하라는 것은 아니다. 필요하면 휴가를 떠나라. 하지만 돌아오는 것을 잊지 마라. 급변하는 시장들 가운데 하나인 미용업계의 노련한 베테랑 영업 부문 임원인 빌리 로는 이렇게 설명한다. "고객들은 무엇이 새로워졌는지, 다음에는 무엇이 나오는지 알고 싶어 하죠. 그들은 촉각을 곤두세우고 당신네 브랜드에 대한 새로운 정보와 기술, 활동 들을 서로 나누면서 지속적으로 관심을 보입니다. 제품들은 유행

에 따라 바뀝니다. 고객들이 계속해서 다시 돌아오는 것은 바로 그런 이유 때문입니다."[5]

- **성공에 취해 자기만족에 빠져서는 안 된다는 사실을 깨닫게 한다.** 해마다 수십억 달러 규모의 영화 촬영 카메라와 일반 사진기, 사진 현상 장비들을 생산하며 전 세계 사진업계를 한 세기 동안 지배했던 코닥의 예를 들어보자. 코닥이 1975년에 디지털카메라를 발명했을 때, 그것은 새로운 기회였다. 하지만 코닥은 이를 무시했다. 만일 코닥이 당시에 사진업계 시장 환경이 바뀌고 있다는 사실을 조금 더 걱정하고 경쟁업체들이 그들이 점유한 시장을 노리고 있다는 사실을 조금 더 의심했다면, 그들은 디지털카메라의 미래—디지털 사진술이 구식 필름 사진술을 앞지르는 미래—를 더 유망하게 보았을 것이다. 코닥은 이러한 걱정에 잘 대응하지 못했고, 그 대가를 톡톡히 치렀다. 회사는 쇠락을 거듭하다 2012년에 마침내 파산 신청을 하기에 이르렀다. 전문가들은 이렇게 말한다. "기업은 고객을 떠나거나 (중략) 고객이 떠날 때 무너진다."[6] 코닥은 고객의 변화 욕구를 무시하고 시대에 뒤떨어진 제품과 공정에 매달림으로써 스스로 고객을 떠났다. 그러자 디지털 사진술의 편리성, 융통성, 속도에 매료된 고객들은 무리 지어 코닥에 등을 돌렸다.
- **내일을 위한 계획을 지금 당장 세우라고 촉구한다.** 누군가는 지금처럼 불확실하고 급변하는 시대에 계획을 짜는 것은 매우 힘들고 심지어 불가능할 정도라고 말하지만, 오늘날 당신이 어디로 나아갈지 아는 것—그리고 거기에 도달하기 위한 계획이 있는 것—은 그 어느 때보다 중요하다. 기업 세계처럼 경쟁이 치열하고 앞을 내다보기 힘든 세계에서 임박한 변화에 대응할 계획 없이 살아남기는 어렵다. 따라서 지금이 바로 계획을 세울 때다.

당신이 속한 조직과 산업이 어떤 분야이든 회사에서 당신의 지위가 무엇이든 이사회에서 영업 최전선에 이르기까지 당장 계획을 짜야 한다. 『위대한 기업의 선택Great by Choice』의 공동저자 짐 콜린스와 모튼 한센은 이렇게 주장한다. "어떤 산업이나 경제 전반에 재난이 닥치면, 기업들은 세 가지 상황 가운데 하나에 처하게 된다. 그 기회를 이용해서 선두로 치고 나가거나, 뒤처지거나, 아니면 도산하고 만다. 시장의 붕괴 그 자체가 당신의 운명을 결정하지 않는다. 그것을 결정하는 것은 당신 자신이다."[7] 콜린스와 한센에 따르면, 성공한 기업은 동종 산업의 평균 주가지수를 적어도 10배 이상 앞서는 '10x' 기업이었다. 그 기업들은 예측할 수 없는 기업 환경이 닥치기 전에 그 상황을 끊임없이 걱정하면서 미리 잘 계획하고 대비했다. 콜린스와 모튼은 말한다. "재무적 완충 장치와 충격을 흡수할 수 있는 대책을 마련하는 것에 관한 한, 10x 기업들은 편집증적 의심에 사로잡힌 심각한 신경과민증 환자였다!"[8]

요컨대 전술에는 두 가지 규칙만이 있다. 하나는 반드시 계획이 있어야 한다는 것이고, 다른 하나는 절대로 계획에 의존해서는 안 된다는 것이다. 앞서 본 것처럼, 걱정과 의심은 개인적 조건에서든 조직적 차원에서든, 실제로 이롭다. 그렇다면 편집증적 의심과 걱정을 잘 이용해 현실을 자각하고, 마침내 현실에서 적절한 조치를 취하기 위한 최선의 방법은 무엇일까?

자각 능력 키우기

걱정과 의심은 늘 당신을 따라다닌다. 시장과 기회, 고객의 욕구는 늘 변화한다. 익숙한 위험과 위협들이 줄기차게 우리를 내몰 때조차도, 새로운 경쟁자와 과제들은 끊임없이 수면 위로 떠오른다. 이러한 잠재적 위험을 탐지하고, 언제 어떻게 처리해야 하는지 분별하고, 마치 그 위험이 언제든 바로 일어날 수 있는 것처럼(사실이든 아니든) 행동할 수 있느냐 없느냐가 대개는 성공과 실패를 가르는 결정적 요소다.

걱정하고 의심할 때 느끼는 감정들을 당신에게 닥친 위험을 알려주는 개인 경보장치로 생각하라. 현명한 개인과 조직은 특정한 감지 장치가 작동할 때마다 거기에 대응하는 조치를 취하는 비상 장치를 만들어낸다.

일상의 삶과 경력, 기업에 그러한 장치를 많이 설치하라. 안전하다고 생각하는 수준에서 벗어나거나 기대에 어긋나는 상황이 발생하면 곧바로 경보를 울리는 장치를 양과 질 모든 측면에서 가능한 한 많이 마련하라. 매출 실적이 떨어지고 있는 영업부가 있어서 우려된다면, 기준 달에 매출이 10퍼센트 이상 떨어지면 경보가 울리는 장치를 설치하라. 당신이 맡은 직무의 중요도가 떨어지고 있어서 걱정된다면, 새로운 기술과 솔루션이 주목을 받으면서 감원과 해고 소문이 반복해서 들릴 때 경보가 울리는 장치를 마련하라.

개인이든 조직이든 반드시 자각하고 주시해야 하는 경보 신호는 다음과 같다.

- 새로운 인재와 경험에 대한 수요 증대

- 해당업계나 조직 환경의 변화
- 인수합병이나 해고 같은 임박한 사건들에 대한 인식 확대
- 새로운 사업과 개발에 대한 우선순위 상승
- 목표 달성을 위한 전략과 사업의 실패
- 새로운 경쟁자의 출현
- 경쟁업체나 경쟁제품의 온라인 활동 급증
- 고객의 취향이나 구매 습관의 변화
- 새로운 기술과 경험에 대한 요구 증가

이러한 사건과 상황들이 야기하는 걱정과 의심에 압도되어 무력해지거나 그것을 아예 무시하는 태도를 취해서는 안 된다. 오히려 그렇게 새롭게 분출하는 에너지를 자기 평가를 위한 생산적 장치로 전환하라. 스스로에게 이렇게 물어라. 우리가 직면한 진짜 걱정거리는 무엇인가? 얼마나 절박하고 심각한가? 우리에게 어느 정도까지 영향을 끼치고, 우리는 그러한 위협에 어떻게 슬기롭게 대응할 수 있는가? 그러한 문제들이 긴급한 과제로 떠오르기 전에 적절하게 대응할 수 있는 방법에는 무엇이 있는가?

외부에서 전해지는 신호에 무심하게 반응하지 말고 능동적으로 그것들을 해석하고, 그 중요성을 가늠하고, 근본적으로 신중하게 반응하는 훈련을 해야 한다. 그렇다고 모든 지표에 지나치게 반응하거나 성급한 결론을 내리지는 말아야 한다. 각종 지표의 변화 과정을 추적하고 그 강도를 측정하고, 나타나고 있는 신호를 주의깊게 이해하는 방향으로 잘 조율해나가야 한다.

개인이 그렇게 하기 위해서는 자신의 눈과 귀, 마음을 계속해서 열어 둔 채 새로운 도전과제가 무엇인지 조사하고 이해하려고 노력해야 한다.

조직의 경우, 마이클 포터가 말하는 경쟁의 강도를 결정하는 다섯 가지 힘과 같은 모형을 활용한다. 다섯 가지 힘이란 기존 경쟁업체들 사이의 경쟁, 새로운 시장 진입자의 위협, 공급업체의 협상력, 대체 제품이나 서비스의 위협, 어떤 경쟁 전략을 언제 사용할지 결정할 때 구매자의 협상력을 말한다.[9]

그렇다면 회사 사람들과 조직의 자각 능력을 높이면서 동시에 그들과 당신 자신의 걱정과 의심을 생산적으로 이용하기 위해서는 어떻게 해야 할까?

- **경쟁자들이 당신과 회사를 늘 지켜보고 있다고 생각하라.** 당신의 경쟁자들은 당신이 하는 일을 빼앗거나, 당신 회사에서 가장 잘 팔리는 제품을 시장에서 제압하거나, 가장 유능한 직원을 빼내 가려고 늘 안간힘을 쓰고 있을지 모른다. 그러나 그들이 실제로 존재하든 안 하든, 그 여부는 중요하지 않다. 문제는 당신이 그들이 실제로 존재하는 것처럼 행동함으로써 이러한 문제들에 대처할 조치를 취하고 있느냐 마느냐다. 세계 헤비급 챔피언이었던 권투선수 무하마드 알리는 "나비처럼 날아서, 벌처럼 쏘라"는 유명한 말을 남겼다. 우리는 매우 고상한 목표를 세우거나 매출 목표를 높게 설정하거나 공격적인 성장 전략을 수립할 때, 확실히 후자의 충고를 따라 강력한 펀치를 날리려고 한다. 그러나 훌륭한 싸움을 벌이면서, 예상치 못한 어퍼컷을 맞고 싶지 않다면, 나비처럼 날아야—붙었다 떨어졌다, 상하좌우로 계속 움직여야—한다는 것을 잊지 마라. 걱정과 의심은

당신이 계속 경계하면서, 발을 재빠르게 놀리면서 로프에 기대어 상대방에게 맞지 않도록 도와줄 것이다.

- **친구를 가까이하되, 적은 더 가까이하라.** 회사 외부에 당신이나 당신 회사 제품, 핵심 인재, 고객을 궁지에 빠뜨리려고 하는 사람이나 기업이 있다면, 당신은 그들이 누구인지 알아야 하고, 그 위협—당신은 걱정과 의심을 통해 그 위협에 미리 잘 대응할 수 있다—을 제압해야 한다. "파리를 잡으려면 식초보다 꿀이 더 낫다"는 말이 있다. 또한 "가장 성공한 전투는 싸우지 않고 이기는 것이다"라는 누구나 아는 중요한 격언이 있다. 걱정을 당신의 길잡이로 삼되, 그것에 압도되지는 마라. 걱정 때문에 동료들과 대립하지 마라. 오히려 걱정을 통해 당신 자신과 다른 사람들의 능력에 대한 호기심을 불러일으켜라. 그러한 능력을 분산시키지 않고 통합해 일어날 일을 조심스레 낙관하라. 끊임없이 경쟁자들과 전략적 동맹을 맺고 당신이 부족한 부분을 그들과의 제휴를 통해 보완하는 것은 경쟁자들과 정면으로 맞서는 것만큼이나 모든 면에서 위협을 무력화하는 효과적 전술이 될 수 있다. 스타벅스는 2012년 매장에 베리스모 1인용 캡슐커피 추출기를 도입하면서, 당시에 매우 인기 있는 케이컵이라는 캡슐커피를 추출하는 큐리그 1인용 추출기를 보유하고 있던 경쟁업체 그린마운틴 커피Green Mountain Coffee에 직격탄을 발사했다. 그러나 그린마운틴이 던킨 브랜드그룹(던킨도너츠를 떠올려라)과 제휴를 선언하고 스타벅스를 크게 위협할 정도로 던킨 매장에서 날마다 많은 양의 커피를 팔기 시작하자, 스타벅스는 경쟁업체인 그린마운틴과 손을 잡고 새로운 커피추출기—하이브리드 큐리그뷰 1인용 캡슐커피 추출기—를 도입하기로 결정했다. 이 기계는 그린마운틴의 커피 추출 기술과 스타벅스의 뷰 캡슐커피 팩을 결

합한 것이었다.[10] 두 회사 모두 각자의 부족한 면을 보완하기 위해 상대방의 강점을 이용했고, 결국 서로 협력을 통해 양쪽 모두 이득을 얻었다.

- **편집증적 의심을 이용해 더욱 선제적으로 대응하라.** 성공은 자기만족을 낳는다. 편집증적 의심을 통해 현실에 지나치게 안주하지 않고 주변 세계에 잠재해 있는 문제, 기회들을 정확히 인식하고 포착하라. 호경기 때 불경기를 대비한 계획을 세우고, 우려되는 문제들이 있으면 서슴없이 밝히고, 끊임없이 자기 혁신을 추진하고, 시장 변화에 맞춰 방향을 수정하라. 그것만이 지속적인 성장을 이룰 수 있는 방법이다. 실제로 "편집광만이 살아남는다"는 전 인텔 최고경영자 앤디 그로브의 좌우명(그로브가 직접 집필해 비평가들의 호평을 받은 기업 경영서의 제목이기도 하다)이었다. 그는 팀원들이 경쟁업체와 새로운 시장의 추세에 대해, 변화하는 기업 환경에 회사가 얼마나 잘 적응하고 있는지에 대해 끊임없이 걱정하도록 훈련시킴으로써, 지속적으로 혁신하고 고객의 욕구를 적시에 충족시키며(늘 전투태세를 갖춤으로써) 궁극적으로 미래 경쟁력을 지닌 회사를 만들었다. 인텔은 그의 지휘 아래 세계 최대의 반도체 제조업체로 성장했다. 편집증적 의심을 지혜롭게 이용한다면, 개인의 경력이나 팀과 조직 차원에서 당신의 기술을 끊임없이 혁신하고 전수하고 향상시킬 수 있다. 경쟁에서 뒤처져 아무도 알아주지 않는 존재로 전락하는 수순이 과거 그 어느 때보다 훨씬 더 쉬워졌음을 잊지 마라. 기업체 수가 점점 늘어나면서 그 속도는 더욱 빨라지고 있다. 이노사이트Innosight가 실시한 S&P 500 지수에 대한 조사 결과에 따르면, 우량기업의 수명이 점점 줄어들고 있다. 현재의 추세라면, S&P 500 지수에 포함된 기업들의 75퍼센트가 2027년에는 싹 바뀔 것이다.[11] 치열한 경쟁에서 살아남기 위해 새로운 것들을 시도해야

할 이유가 바로 여기에 있다.

· **전략적 변곡점이 어딘지 늘 주시하라.** 인텔의 그로브가 주장하는 바에 따르면, 전략적 변곡점은 "기업의 펀더멘털이 바뀌려고 하는 때"다. 그는 더 나아가 펀더멘털 변화는 "새롭게 정상에 오를 수 있는 기회를 의미할 수도 있다. 그러나 반대로 종말의 서막을 알리는 신호탄이 될 수도 있다"[12] 고 지적한다. 제록스가 바로 그런 경우였다. 제록스는 개인용 컴퓨터와 근거리통신망 이더넷을 개발했지만, 그러한 혁신 제품들에 수익성이 없다고 결론 내리고 대신에 회사 자원을 모두 당시 흑자를 내고 있던 복사기 사업에 집중했다. 복사기 사업은 그뒤 몇 년 동안 이익을 안겨주었지만, 제록스는 결국 회사의 수입과 이익을 천문학적 수준으로 높일 수 있는 기회를 놓치고 말았다. 제록스가 끊임없이 시장 환경의 변화를 주시하고 팔로알토 연구소에서 연구개발을 통한 혁신을 지속했다면, 더 좋은 미래를 맞았을 것이다.

· **당신의 기업에 끊임없이 질문을 던지고 그것에 대한 당신의 대답을 꾸준히 검증하라.** 현재 상태가 영원히 지속되거나 다가오는 변화의 물결 속에서도 흔들리지 않을 거라고 단정하지 마라.

  - 경제 환경 악화로 고객들이 제품 구매를 줄이거나 기업들이 조직을 축소하고 비용을 절감하는 대책을 세워야 한다면, 어떻게 할 것인가?
  - 경쟁업체가 시장점유율을 급격하게 높이기 위해 가격을 내리거나 혁신적인 새로운 제품과 대안들을 내놓고 당신 회사를 희생양으로 삼으려 한다면, 어떻게 할 것인가?
  - 기존에 업무상 중요하게 만나던 사람이나 동료들이 떠나기로 결정하거나 그들이 알고 있는 지식이나 식견을 넘겨주지 않고 떠난다면, 어

떻게 할 것인가?

- **개인적 차원에서도 마찬가지로 자신에게 끊임없이 질문을 던져라.**
  - 당신의 승진 가능성이나 업무 관계, 실적이 밑바닥이라면, 그 결과는 무엇일까?
  - 당신이 누구나 원하는 업무를 배정받지 못하거나 맡은 바 직무를 완수할 수(또는 적절하게 끝맺을 수) 없다면, 어떻게 될까?
  - 당신이 조직에 제공하는 재능, 기술, 식견이 더이상 과거처럼 가치를 인정받지 못한다면, 당신은 어떻게 방향을 바로잡거나 전략을 수정할 수 있을까?
- **데이터가 적절하거나 정확한지 신중하게 살펴라.** 직면하는 문제에 대해 의심하는 것만큼 당신이 입수한 정보에 대해서도 끊임없이 의심하라. 보고 듣는 모든 것을 그대로 믿지 마라. 걱정과 의심은 데이터를 해석할 때 방심하지 않고 예리한 시선을 유지하게 한다. 수집된 사실들은 특정한 목적을 위해 쉽게 조작될 수 있기 때문이다. 당신이 얻은 정보가 다른 곳에서도 쓰일 수 있는지 보충 자료가 필요한지 확인하라.(익스페리언 큐에이에스Experian QAS의 데이터 품질 조사에 따르면, 기업 자료의 거의 94퍼센트는 데이터의 정확성을 믿을 수 없다고 한다.)

물론 당신은 걱정과 의심이 어떤 방향으로 영향을 끼칠지에 대해 슬기롭게 판단해야 한다. 따라서 우리는 이러한 감정을 얼마나 잘 활용하고 있는지, 외부에서 들어오는 신호들에 대응해 우리가 끊임없이 아주 효율적이고 효과적으로 행동하고 있는지 꾸준히 돌아보고 평가해야 한다.

당신은 자기 자신과 기업이 생각대로 무리 없이 효과적으로 잘 돌아가고 있는지 검증할 공정한 시스템 점검을 정기적으로 수행함으로써 스스로를 점검할 수 있다. 실적과 재무 자료를 세밀하게 살펴보고, 감사 업무를 수행하고, 동종업계의 현역 전문가와 기업들을 벤치마킹하고, 완성되지 않은 아이디어들을 시험하고 시연하여 피드백을 받고, 제3자를 이용해 전략과 결과를 검증받고, 성과와 목표를 비교하는 일이 바로 그러한 과정이라 할 수 있다.

하지만 부닥치는 문제들을 모두 이러한 과정으로 해결할 수는 없다. 건전한 걱정과 의심의 일부는 늘 우리에게 유익하지만, 문제 하나하나에 지나치게 집착해서 거기에 과도한 의미를 부여할 필요는 없다. 파레토 원리에 따르면, 당신이 당면하는 문제를 처리하는 데 쓸 수 있는 시간의 80퍼센트로 처리할 수 있는 것은 전체 문제의 20퍼센트에 불과하다고 한다. 따라서 당신이 끊임없이 마주치는 나머지 80퍼센트의 문제는 처리할 시간이 부족하거나 아예 없다.

그러므로 당신의 경력이나 기업에 부정적 영향을 끼칠 가능성이 가장 큰 문제들을 처리하는 데 역량을 집중하라. 당신이 어디에 가장 큰 영향을 끼칠 수 있는지, 어떤 문제에 가장 주목해야 하는지, 모든 결정과 관련된 기회비용에 대해 생각하라. 그 밖의 문제들에 대해서는 지나치게 의미를 두거나 해결을 위해 노력할 필요가 없다. 그러나 당신이 포기하기로 한 문제들이 여전히 중요하다면, 그 문제들을 조직 내의 다른 사람에게 넘겨서 후속 조치를 취하거나 해결하게 하라. 좀더 자세히 들여다보면, 많은 문제가 하나의 더 커다란 문제에서 시작된 증상이라는 사실을 발견하게 될지도 모른다. 그러한 증상을 미리 알아채서 치료하면 당신을 괴롭히는 문제들이 아주 급속하게 감소할지도 모른다.

최종적으로 걱정과 의심을 당신에게 유익하게 활용할 수 있다는 사실에서 우리는 아주 단순한 세 가지 교훈을 얻을 수 있다. 첫째, 가장 좋은 시절에 가장 힘든 시절을 대비한 계획을 세움으로써, 그때 발생할 문제에 대한 준비를 더 잘할 수 있다. 둘째, 성공이 영원한 것이 아니라 일시적인 것이라는 사실을 깨달음으로써, 성공을 지속하기 위해서는 끊임없이 노력하지 않으면 안 된다. 셋째, 계속해서 변화하는 세계와 새롭게 다가오는 위협에 대해 우려의 시선을 거두지 않고 지속적으로 발을 맞춰감으로써, 그 위협에 효과적으로 대응하고 무력화시키는 데 필요한 객관적 통찰을 얻을 수 있다.

요컨대 우리는 늘 주변 상황에 대해 어느 정도 걱정하고 의심해야 한다. 빠르게 전개되는 경쟁 환경과 급변하는 세계에서 우리는 늘 주위를 둘러보아야 한다. 그러나 두려움을 지혜롭게 관리하고, 걱정을 성장과 혁신을 위한 추진력으로 여긴다면, 우리는 두려움을 활용해 더 긍정적인 성과를 거두는 쪽으로 나아갈 수 있다.

행동 지침

경력을 쌓고 기업을 운영하는 데 자기만족은 없다. 걱정을 자각의 계기로 삼고, 지혜로운 대응을 위해 건강한 의심을 키우는 능력이 필요하다. 당신에게 문제를 일으키거나 기회를 제공할지 모를 다양한 변화를 주시하면서, 개인의 경력과 기업에 마침내 영향을 끼치는 주변 환경들을 늘 주목하고 면밀히 살펴라. 이를 위해 다음과 같이 행동할 수 있다.

- **회사 사람과 조직에 대한 자각 능력을 키워라.** 당신이 느끼는 걱정과 의심을 통찰과 행동으로 전환시킬 줄 알아야 한다.
- **자신이 속한 시장과 환경의 변화와 당신이 걱정하는 것들을 지속적으로 주시하고 대응하라.** 온갖 새로운 도전과제와 기회들을 인식하고, 그것들이 당신 개인의 경력이나 기업에 (어느 정도까지) 영향을 끼치는지 주시하라. 사전에 그러한 문제들을 피할 수 있도록 조치를 취하라.
- **긴급 상황이 발생하기 전에 미리 혁신하고 개선하고 백업 계획을 세워라.** 경쟁자들은 당신을 공격할 기회를 호시탐탐 노리고 있다. 그들을 따돌리기 위해 늘 새로운 전술과 새로운 전략, 새로운 아이디어를 사용하라. 그들이 언제 당신을 목표로 삼을지 전혀 모르기 때문이다.
- **꾸준히 앞으로 밀고 나가라.** 언제나 동료와 경쟁자들보다 더 많은 것을 이루고, 더 많은 것을 얻고, 더 많이 일하라. 당신 부서와 회사, 업계에서 늘 변화를 선도하라.
- **자기만족을 거부하라.** 성공은 자기만족을 낳고, 자기만족은 다른 사람들이 당신을 앞서 나갈 수 있는 기회를 낳는다. 미래를 바라보고, 과거의 성취에 연연하지 마라.
- **내일을 위한 계획을 지금 당장 세워라.** 내일은 생각보다 더 빨리 올 것이다. 그때가 오기 전에 미래를 대비하라.

파변창

6장

파변창 전략 4: 실패를 성공으로 전환시켜라

실패를 성공으로 전환시켜라 | 걱정을 물리쳐라 | 기개: 새로운 성공의 비밀 | 하룻밤 사이의 성공은 결코 하룻밤 사이에 일어난 것이 아니다 | 실패를 딛고 일어서기 | 행동 지침

破變創

부정직한 금융업자들과 왕년에 텔레비전에서 인기를 끌어 갑부가 된 아역배우들을 제외하면, 스콧 스킨저는 하룻밤 사이에 수백만 달러를 날렸다고 푸념할 수 있는 극소수의 사람 가운데 한 명이다. 그러나 시카고에 본사를 둔 컴퓨터 교육 회사 트레인시그널TrainSignal의 창업자인 스콧 스킨저는 본인의 회사가 연매출 700만 달러짜리 회사에서 순식간에 말 그대로 별 볼 일 없는 회사로 전락한 배경에 나름 충분한 이유가 있다고 주장한다. 일반적으로 생각할 때 명백히 엄청난 사업 실패였지만, 그는 더 큰 그림을 볼 줄 알았다.

그는 50명의 직원이 10년 동안 운영한 사업(교육용 DVD 한 세트의 판매가는 400달러였다)을 월 49달러에 무제한으로 볼 수 있는 온라인 비디오 가입 서비스로 전환하는 것이 쉬운 결정이 아니었음을 인정한다. 그 결과 회사가 거의 붕괴될 지경까지 이르기도 했다. 그러나 스킨저는 경영자들이 이런 유형의 중대한 결정을 내리지 않을 수 없는 순간들이 점점 더 많아지고 있는 것이 현실이라고 말한다. 오늘의 실패는 내일의 성공을 위해 비록 힘들지만 꼭 거쳐야 할 디딤돌일 수 있다. 변화와 불확실성 때문에 잠시 고통이 따르겠지만, 기업이 시장에 끊임없이 적응하고 당신 자신과 조직이 장기적으로 목표를 최고로 달성하기 위해서는 그러한 결정을 내리는 과정이 불가피하다고 스킨저는 주장한다.

그렇다. 우리는 모두 어려운 결정을 내릴 것을 요구받고 있다. 그러나 자기 손으로 창업한 트레인시그널을 재창조하는 일은 스킨저에게 각별히 매우 힘든 결정이었다. 2012년에 트레인시그널은 5만 명이 넘는 고객에게 교육용 DVD를 판매해 3,300만 달러를 초과하는 매출을 올렸다. 하지만 10년 동안 꾸준히 성장했음에도 불구하고, 회사의 앞날은 그리 밝은 편이 아니었다.

콘텐츠 품질이 우수하고 비용 대비 효과가 뛰어난 IT 교육 솔루션에 대한 고객들의 요구가 점점 커지자, 관련업계의 전문가들은 날이 갈수록 온라인 교육으로 방향을 틀었고, 심지어 경쟁업체들이 투자를 늘리며 IT 교육산업에 물밀듯이 들어오기 시작했다. 사람들이 많이 쓰는 IT 도구들을 지속적으로 업그레이드하기 위해 트레인시그널은 더욱 자주 교육 내용을 수정해야 했는데, 여기에 DVD보다 온라인 비디오가 더 적합한 매체였다.

고객들의 요구사항은 확실히 바뀌고 있었다. 스킨저는 앞으로 회사의 미래가 온라인 솔루션에 있다는 것을 깨달았다. "하지만 회사는 여전히 잘 굴러가고 있었죠." 그는 그때를 떠올렸다. "그런데 다른 생각을 해야 할 까닭이 있을까?" 앞으로 어떻게 해야 할지(이 새로운 사업을 분리할지, 병행할지, 분사해야 하는지?), 자금 문제는 없는지 모두 불확실한 가운데, 회사는 새로운 상황 변화에 직면해 마비된 채 그냥 멈춰 서서 고객들의 욕구 충족에서 멀어지고 있었다. 트레인시그널은 기존의 익숙한 방식대로 사업을 진행했고, 결국 그러한 당면 과제들을 처리하는 데 실패하면서 인터넷 기반의 경쟁업체들이 시장의 발판을 마련할 빌미를 제공하고 말았다.

그러자 스킨저는 회사 이익이 여전히 급증하고 있음에도 더이상 현실을 무시할 수 없었다. 그는 "그때 변하지 않는 것은 자살 행위나 마찬가지였겠죠"라고 설명했다. 온라인 비디오 서비스에 대한 고객의 요구가 급상승했을 때 비디오대여점 체인 사업자 블록버스터Blockbuster가 직면했던 것과 비슷한 문제에 부닥친 트레인시그널은 디지털 스트리밍 솔루션을 받아들이지 않을 수 없었다. 스킨저는 (당장 실패를 감수하면서 곧바로 변화를 추진할지, 아니면 천천히 그러나 확실히 망할지) 선택의 기로에서 변화를 통해 앞으로 나아가기로 현명한 결정을 내렸다.

트레인시그널이 그런 결정을 내리고 진행한 과정은 지금 와서 볼 때 잘한 일이었다. 트레인시그널은 2013년 1월에 85만 달러의 매출 실적을 올린 뒤, 2월에 DVD 사업을 접고 매출 수입이 하나도 없는 상태로 급전직하했다. 월 매출이 거의 100만 달러에서 한 달 뒤 완전히 제로로 급락한 모습은 누구든 엄청난 대실패로 보일 것이다. 하지만 스킨저는 자신이 방향을 제대로 잡았고, 이 실패는 새로 발견한 성공으로 가는 길목에서 잠시 쉬었다 가는 것일 뿐이라고 확신했다. 확실히 회사는 2년 만에 매출이 세 배 가까이 늘어나는 급성장을 이룩했다. 트레인시그널은 계속해서 수입을 창출하는 프로그램들을 만들어냄으로써, 회사의 진가와 브랜드 가치를 배가시키며 여러 차례 투자자들의 이목을 집중시켰다.

스킨저와 트레인시그널이 발견한 것처럼, 오늘날처럼 급변하는 시장에서 성공하기 위해서는 단순히 효율을 더 높이는 것만으로는 충분하지 않다. 자신이 바라는 성공을 이루기까지 수많은 위험을 감수하고 때로는 실패의 시련조차 겪을 수 있음을 알아야 한다. 기업들도 개인과 마찬가지로 경쟁에 뒤지지 않기 위해 때로는 점진적으로, 또 때로는 급진적으로 끊임없이 변화를 추구해야 한다. 그러나 그러한 변화를 성공적으로 수행하기 위해서는 대부분의 다른 기업이 하지 않는 일을 기꺼이 수행할 의지가 있어야 한다. 누구나 공통적으로 느끼는 두려움에 정면으로 맞서고, 변화가 수반하는 실패의 가능성을 이겨내고, 초기의 어려움을 극복하고 꾸준히 밀고 나갈 때, 마침내 실패를 성공으로 전환시키며 시장 경쟁에서 우위를 차지할 수 있다.

실패를 성공으로 전환시켜라

어떤 가치 있는 일을 성취하고자 한다면, 1장에서 설명한 일곱 가지 두려움 가운데 일부 또는 전부를 경험할 수밖에 없을 것이다. 그러한 목표를 달성하기 위해 우리의 능력과 평소 자신에게 익숙한 영역, 균형감각을 더욱 확장할 필요가 있다. 그러나 앞서 본 것처럼, 사람이든 조직이든 그러한 두려움의 근원들은 되도록 피하고 싶어하며 평온하고 편안한 곳에서 평지풍파를 일으키려고 하지 않는다. 이는 유감스러운 역설을 낳는다. 발전하고 성장하기 위해서는 새로운 전망을 가슴에 품지 않으면 안 된다. 하지만 대개는 이와 같은 전망을 채택하기가 매우 어렵다. 스스로 그렇게 할 수 없다고 생각하거나, 그렇게 하는 것이 생각만큼 쉽지 않기 때문이다.

실패의 두려움은 매우 격렬한 감정이다. 그래서 가정이나 직장에서 사람들의 행동에 중대한 영향을 끼칠 수 있다. 충분히 근거 있는 말이다. 실패는 사람들을 좌절시킬 뿐 아니라, 다른 사람들을 멀리하게 하고(따라서 스스로를 고립시키고), 대립을 자극하고, 감정적으로나 금전적으로 황폐화시킬 가능성도 있다. 따라서 1장에서 살펴본 일곱 가지 가장 공통적이고 중요한 두려움 가운데 실패의 두려움이 맨 먼저 거론된 것은 결코 우연이 아니다.

물론 경력을 쌓고 기업을 운영할 때 실패를 두려워할 수밖에 없는 매우 현실적인 이유들이 있다. (오늘날 직장인들이 가장 정신적 압박을 받는 것으로 보이는) 일을 하다 실수나 오류를 저지른다면, 질책당하고 감시를 받거나 심하면 해고될 수도 있다. 그리고 업계의 리더로서 회사나 팀, 부서가 실패한다면, 그 실패 때문에 수년 동안 악영향에 시달릴지도 모른다. 기업가들은 특히 이러한 영향에 민감하다. 신생 벤처기업들은 특히 실패할 확률이 높다. 그중 25퍼센트가 창업한 첫해를 넘기지 못하고 쓰러질 정도다.[1]

솔직히 말해서, 누구나 실패할 때가 있다. 개인이든 조직이든 완벽하지 않기 때문이다. 중요한 것은 실패의 두려움을 극복하는 것이다. 그 두려움은 우리의 행동을 억제시켜, 사람들이 그렇게 열망하는 성공을 향해 더 가까이 다가가지 못하게 하기 때문이다. 어떤 일이고 하다보면 오차도 생기고 실패도 할 수 있음을 깨닫고, 앞으로 나아가는 것에 대한 두려움(그것이 자극하는 다양한 감정 수준을 포함해서)을 극복할 수 있다면, 당신은 늘 남보다 한발 앞에 있을 것이다.

다른 사람들이 피하고 싶어하는 장벽에 당당히 맞설수록, 당신이 성공할 가능성은 더욱더 커진다. 그 장벽을 뛰어넘어 앞으로 나아갈수록, 그것을 넘어섰을 때 거둬들일 대가는 더 커질 것이다. 보통 사람들이 하기 힘든 일이므로 당연히 그 가치도 커지기 때문이다. 오늘의 작은 어려움은 내일의 성공에 큰 도움이 될 것이다. 다른 사람들이 하기 싫어 하는 목표나 과제일수록, 당신이 그것을 완수했을 때 얻을 이익(그리고 장기적 전망으로 볼 때, 더 큰 이익)은 더욱 크다. 당연한 말이지만, 성공하기 쉬운 일이라면 누구나 그 일을 할 테니까 말이다. 성공을 이루고 미래에도 경쟁력을 유지하기 위해서는 힘든 상황이 닥치더라도 이겨내고, 기존의 익숙한 부분에만 미련을 두지 말고 새롭게 영역을 넓히고 능력을 키우는 데 투자해야 한다.

실패의 두려움을 헤치고 나아가는 법을 배운다면, 남들이 포기한 기회의 영역들을 이용해 무한정으로 성공의 돌파구를 찾아내고 환경의 변화에 끊임없이 적응할 수 있다. 그러나 그렇게 하기 위해서는 새로운 기회들을 더욱 객관적으로 평가하고, 어려운 상황을 이겨낼 수 있는 능력을 키우고, 무엇보다도 두려움이 잦아들도록 조절할 줄 알아야 한다.

한때 육군에 지원했다 거대 소비재업체 킴벌리클라크에서 최고경영자를 역임한 다윈 스미스는 사관학교 시절 자신이 결코 리더가 되지 못할 거라는 절망적인 말을 들었다.[2] 그리고 1971년 그가 그 회사를 맡았을 때, 똑같이 어려운 상황이 펼쳐졌다. 킴벌리클라크의 자금 대부분이 실적이 부진한 거대 제지공장에 묶여 있었던 것이다. 기업 문화는 점점 침체되어가고 있었다. 그러나 스미스는 자기 자신과 기업이 이렇게 퇴보하는 것을 그대로 놔둘 수 없었다.

그는 몇 달 동안 몇 가지 바보 같은 질문을 던졌다. 무엇이 이 회사를 돌아가게 했을까? 이 회사는 어느 부문에서 앞설 수 있었을까? 이 회사의 경쟁적 우위는 어디에 있었을까? 그러다 그는 우연히 크리넥스라는 해당 분야 제품을 대표하는(구글이나 제록스를 떠올려보라) 브랜드 이름을 만났다. 크리넥스는 당시 그 거대한 기업의 곁가지 사업에 불과했다. 스미스는 전임자들과 동일한 사업 방식을 계속해서 이어나가기보다는 이 유망한 제품에서 성공의 실마리를 찾기로 결심하고 1회용 기저귀 하기스(나중에 수십억 달러 시장의 선두 주자가 되었다)와 같은 혁신 제품들을 개발하는 데 역량을 집중했다.

급격한 전략적 전환을 통해 회사의 한 세기 역사를 던져버리는 제지 공장 처분은 엄청난 결단이었지만 스미스는 과감했다. 실패의 가능성은 매우 컸다. 물론 당시 경영진의 대다수가 회사에 큰 타격을 줄지도 모르는 모험을 무모하게 감행하기보다는 이미 익숙한—병약하긴 하지만—현재 상태를 유지하는 보다 안전한 길을 택하라고 충고했다. 아니나 다를까, 미래를 대비하는 제품들을 중심으로 재편된 회사는 기존의 제품 영역에서 새로운 영역이 추가되고 핵심 사업이 바뀌면서 주가와 평판이 급락했다. 그러나 스미스는 이런 힘든 상황 속에서도 자신의 사업 전략이 완전히 실패하기 전에 황급히 도망치지 않았다. 그는 실패가 두려워 자신이 선택한 방향을 포기하지 않았다. 오히려 실패를 성공으로 전환시키기 위해 훨씬 더 열심히 일했다. 그로부터 25년 뒤, 킴벌리클라크는 그 분야의 선두기업으로 우뚝 섰다.

실패에 직면해 낙담하거나 좌절만 하고 있지 마라. 실패의 경험으로부터 교훈을 얻어 다시 시작하는 데 주저하지 마라. 실패로부터 얻은 통찰을 이용해 미래를 향해 끊임없이 개선하고 더 열심히 임하라. 시야를 넓혀 목표를 재조명하고, 약점을 보완하고 강점을 키우는 쪽으로 재훈련하고, 스스로 성공할 수 있다는 자신감을 가져라. 그렇게 하면, 비록 몇 번의 실패가 있더라도 마침내는 성공에 필요한 모든 자질을 갖추게 될 것이다. 역사적인 소셜네트워크 페이스북이 탄생하기 전 페이스매시Facemash라는 서비스가 있었다. 학교에서 누가 얼마나 매력이 있는지를 학생들끼리 서로 비교하게 하는 사이트였다. 엄청난 성공을 거둔 포드 자동차 모델 T는 모델 A, N, S 등을 거친 이후에 탄생했다. 시도하고, 거기서 배우고, 다시 시도하라. 성공의 공식은 당신이 생각하는 것보다 훨씬 단순하다.

기억하라. 실패를 통해 지식과 기술, 경험의 폭을 늘리고 상황을 판단하는 안목과 뜻밖의 기회를 잡을 가능성을 높인다면, 여러 번의 실패도 도약을 위한 발판이 될 수 있다. 사업에서의 성공이 반드시 경제적 이윤만을 뜻하지 않듯이, 이른바 실패라는 것으로부터 얻을 수 있는 또다른 보상과 교훈들도 많이 있다.

- 현재 상태와 결별해야 하는 까닭을 이해할 수 있다.
- 과거의 방식이 이제 더이상 작동하지 않는다는 것을 깨달을 수 있다.
- 오늘날 유효한 새로운 방식을 발견할 수 있다.
- 당면한 문제와 기회에 대한 새로운 관점을 얻을 수 있다.
- 더 효과적인 전략을 짜는 방법을 배울 수 있다.
- 어떻게 해야 더 나은 미래 계획을 세울 수 있는지 이해할 수 있다.
- 당신의 팀과 조직의 가치를 가장 높일 수 있는 지점이 어딘지, 현재 그러한

가치를 허물어뜨리려는 문제들은 무엇인지 확인할 수 있다.

그러나 실패했을 때 단순히 거기서 여러 교훈을 얻는 것만으로 끝나서는 안 된다. 변화나 고립, 통제력 상실의 두려움과 같은 문제들에 직면했을 때, 그에 따른 불안감을 이겨내고 흔들림 없이 행동을 지속하기 위해 필요한 신념과 인내심을 기르는 것 또한 중요하다.

2008년, 헤드헌팅 전문업체 콘페리KornFerry는 불과 6개월 만에 수입이 50퍼센트 감소한 현상에 주목했다. 당시 기업들은 직원을 해고하고 조업 단축을 실시하고 임금 삭감을 단행하고 있는 상황이었음에도 불구하고, 콘페리는 기존에 안주하고 있던 업무 영역과 핵심 사업 부문을 확장하기로 결정했다. 그러한 결정이 몰고 올 훨씬 더 큰 변화와 불확실성을 두려워하는 간부급 직원들의 우려에도 불구하고, 최고경영자 개리 버니슨은 리더십 개발과 전략 컨설팅 회사들을 인수하기 시작했다.

2013년 말, 콘페리가 벌어들이는 총수입의 40퍼센트 이상이 인재를 스카우트하는 핵심 사업 밖에서 발생했다. 오늘날 그 회사는 두려움을 이겨내고 사업 영역을 확대한 덕분에 40억 달러의 시장이 아닌 200억 달러의 시장에서 사업을 하고 있다.

기업이든 개인이든, 남들이 두려워하는 것들을 과감하게 수용하고 그들이 감히 하지 못하는 행동을 결행하는 것이야말로 새로운 기회를 창조하고 경쟁적 우위를 차지하는 길이다. 그러나 그러기 위해서는 불안을 어떻게 다루어야 하는지에 대해 다시 생각해야 한다. 다시 말해서, 두려움을 느끼더라도 어쨌든 할 일을 해야 한다는 말이다.

스코틀랜드 글래스고 인근에 있는 폴라로이드 안경 제조업체에 근무하는 이안 매커운에게는 남다른 통찰력이 있었다. "날마다 일이 끝날 때마다 공장에서 나가는 것은 사람과 완제품이어야 한다." 요컨대 그는 회사에서 폐기물을 배출하지 않기를 바랐다. 그러나 친환경적 제조 여건을 마련하기 위한 시간과 비용을 생각할 때, 매커운은 자신의 통찰을 이해할 뿐 아니라 그것에 찬성하고 필요한 조치를 취하도록 상사들을 설득하려면 용기를 내야 했다.

일자리를 잃을지도 모른다는 우려가 있었고, 상사들을 설득하는 데 실패하고 거부당하는 횟수가 늘어남에도 불구하고 그는 자기 의견을 굽히지 않았다. 매커운은 경영진이 자기 말에 별로 귀를 기울이지 않았다고 했다. 그러나 그는 어쨌든 제조와 포장, 배송 과정에서 폐기물 발생량을 줄이기 위한 여러 아이디어를 끊임없이 제안했다. 마침내 경영진은 서서히 각성하기 시작하면서 매커운이 제안한 많은 아이디어를 채택했다.[3] 주름 잡힌 플라스틱 상자를 재사용하는 그의 아이디어는 시간과 돈을 절약하는 동시에 환경을 보호하는 방법으로 널리 인정받으면서 IBM과 모토로라 같은 제휴업체들도 그 선례를 뒤따랐다.

매커운은 상사들이 이의 제기를 용납하지 않아 발생할 수 있는 위험에도 불구하고, 자신이 추구하는 바가 실패할 수도 있고 그 결과 자신의 경력에 악영향을 미칠 수 있다는 우려에 굴복하지 않았다. 그는 계속해서 앞으로 나아갔다. 매커운은 "무엇이든, 왜 그런지 다섯 번 질문하라"는 일본식 발상을 이용해 동료들이 변화를 받아들일 때까지 날카롭게 질문을 던지면서 밀고 나갔다. 『비용 절감과 친환경Lean and Green』의 저자 패멀라 고든에 따르면, 매커운이 마침내 돌파구를 마련한 것은 그가 공장 감독관들의 눈을 피해 미국 본사에서 온 임원들에게 조용히 다가가 자신의 아이디어를 설명했을 때였다. 임원들은 "우리가 그렇게 못할 이유가 있나요? 한번 해봅시다"[4]라고 말했다.

실패나 거부를 무릅쓰고도 당신이 "왜?" 또는 "그러면 어떻게 되는데?"라고 질문을 던지지 못할 까닭이 있는가? 당신도 매커운처럼 그런 성과를 거두지 못할 까닭이 있는가? 그렇다. 그럴 까닭은 전혀 없다.

걱정을 물리쳐라

성공하지 못할지도 모른다는 걱정은 당신의 삶과 기업의 모든 국면에 늘 따라다니며, 위기와 불확실성, 경쟁이 심화되면서 더욱 확연해질 따름이다. 그러나 최고의 혁신자들처럼, 당신과 조직도 실패의 두려움을 딛고 성공하는 법을 배울 수 있다. 여기서 열쇠는 그러한 걱정에 잘 대응하고 고통을 감내하는 인내심과 3장에서 본 것 같은 행동의지를 굳건히 하는 것이다. 그러한 걱정의 실체를 잘 인식하면 할수록, 실패의 우려에 맞서는 방법을 잘 이해하면 할수록, 걱정이 많아도 편안해질 수 있다. 또한 초기의 망설임이나 거부의 두려움에도 불구하고, 이러한 걱정에 더 효과적으로 대응하는 동시에, 더욱 일관되고 강력하게 그러한 우려를 헤치고 나아가 지속적인 성공을 이룰 수 있을 것이다.

애플스토어를 예로 들어보자. 애플스토어는 베스트바이Best Buy(미국 최대의 전자 제품 소매 체인점—옮긴이)보다 제품 종류, 제품 수량, 판매점 수가 적다. 소니 같은 경쟁업체들도 자체 점포들을 줄이고 있는 마당에 애플은 확장을 계속하고 있다. 그러나 애플 제품이 최고의 첨단기기

이기 때문이라는 것만으로는 애플스토어의 성공을 충분히 설명할 수 없다. 애플스토어의 성공 비밀은 오히려 고객들의 불만이 무엇인지 정확하게 이해하고, 공허한 구매 권유만 남발하기보다는 의미 있는 솔루션을 제공하고자 하는 애플의 강력한 의지에서 찾을 수 있다.

지나고 나서 이렇게 말하기는 쉽지만, 그 전략은 애플조차도 수용하기 쉬운 생각이 아니었다. 그 아이디어가 성과를 내기 전까지는 비록 창의적인 생각을 중시하는 애플 같은 기업에서도 우려가 컸던 것은 부인할 수 없다.

많은 우려 속에서도 애플스토어 전략이 채택된 것은 단기적인 이익 실현이 아니라 장기적으로 고객과의 관계를 중요하게 생각하는 누군가가 회사 내에 있었기 때문이다. 또 누군가는 전통적인 체인점 설계와 영업 수행에 맹렬하게 반대했을 것이다. 정말 훌륭한 아이디어라고 할 수 있는 지니어스바Genius Bar(애플스토어 내부에 있는 고객 대상 기술지원 창구—옮긴이)의 경우도, 처음에는 누군가가 모든 애플스토어에 고객과의 유대를 돈독하게 해줄 고객 서비스 창구를 개설하자는 아이디어를 실현하기 위해 회사 내부와 싸워야 했다. 실제로, 애플에서 소매점 사업을 이끌고 있던 임원은 자기 팀원들이 애플스토어 내부에 고객 지원 창구로 상당히 넓은 공간을 요구한다는 이야기를 듣고, 그들이 제정신이 아니라고 생각했다. 그럼에도 누군가는 (아이팟, 아이패드, 아이튠스 등의) 고객 서비스를 차별화하고 더 좋은 서비스를 제공하는 것이 얼마나 중요한지 이해했고, 그래서 초기 사내의 반발을 극복하고 자신들의 아이디어를 실현하기 위한 싸움을 기꺼이 이어나갔다.

이 전략—용기를 내어 기존의 방식과 다르게 행동하고 실패할지도 모른다는 것을 인정하지만 여하튼 계속해서 앞을 향해 나아가는—은 근본적으로 반발을 불러일으키기 마련이다. 실패의 두려움은 오늘날 세계에서 가장 유명한 혁신 기업 가운데 하나인 애플조차도 구속한다.

실패의 두려움을 극복해야 하는 긴급한 요구는 단순히 기업만이 깨달아야 할 중요한 교훈이 아니다. 일류 기업들이 실패의 두려움을 헤쳐나가고, 수많은 도전과 역경 속에서도 인내심을 키움으로써 어떤 상황에서도 성공하기 위한 준비를 하는 것처럼, 개인 또한 마찬가지다.

전설의 골퍼 타이거 우즈가 날 때부터 모든 홀에서 버디를 치는 유전자를 가지고 태어난 것은 아니다. 타이거 우즈의 아버지 얼 우즈는 수년 동안 자기 아들이 신경과민과 정신적 압박에 익숙해지도록 골프장에서 의도적으로 그를 마구 힐책하고 못살게 굴었다.[5] 그린베레 출신인 얼은 아들에게 강인함과 집중력을 가르치고자 했다. 아무리 최고의 골프선수라도 결코 비켜갈 수 없는 비참하고 굴욕적인 실패—모든 운동선수에게 최악의 악몽—를 포함해 어떤 두려움과 역경에도 당당히 맞설 수 있게 하기 위해서였다.

그 결과, 우즈는 결정적 순간에도 흔들리지 않는 뚝심으로 1994년 US 아마추어 골프대회에서 마지막 아홉 홀을 남기고 질질 끌려갔음에 불구하고 마침내 역전승이라는 쾌거를 이루었다. 우즈가 그동안 치른 모든 경기를 돌아볼 때, 어린 나이에도 불구하고 상황이 불리하고 어려울수록 경기에 임하는 자세는 더욱 차분해졌다. 다른 사람들 같으면 지나친 압박감 때문에 심신이 약해질 상황이 그에게는 오히려 경쟁적 우위를 유지할 수 있게 하는 원천이었다. 이미 오래전부터 그런 상황들에 익숙해 있었기 때문이다. 평론가들이 지적한 대로, 그때부터 그는 "어려운 상황에서 오히려 최고의 기량을 발휘할 줄 아는 (중략) 위험한 골프선수"[6]가 되었다.

누구나 느낄 수 있는 두려움에 익숙해지고, 그에 맞설 준비를 미리 하고, 힘들더라도 결단력 있게 행동함으로써, 경쟁자들이 좌절하는 상황 속에서도 그의 기량과 회복력은 오히려 더욱 커져갔다.

호되게 거절당하거나 노력한 보람 없이 실패할지도 모른다는 엄청난 두려움 속에서도 성공하고자 한다면, 혁신에 성공한 사람들로부터 힌트를 얻어라. 뜻밖의 시련이나 고통스러운 감정에 직면했을 때, 본능적으로 놀라서 뒤로 물러서거나 포기하지 말고, 먼저 그러한 고통의 원인이 무엇인지 생각하고 그 문제를 처리하라. 그 고통을 더 잘 참아낼 수 있거나 그것을 치유할 방법이 나타날 때까지, 자신이 느끼는 두려움의 실체를 면밀히 살펴보고, 그것에 당당히 맞서고, (피어 방식에 따라) 지혜롭게 대응하라.

아이비 경영대학원의 니라즈 다와르 교수에 따르면, 현대자동차는 2009년 대침체 기간에 소비자 지출이 크게 줄어 큰 타격을 입었을 때, 다른 경쟁업체들과 달리 자동차 가격을 곧바로 내리지 않았다. 대신 고객들을 대상으로 설문조사를 실시했고, 그 결과 경제적으로 불확실한 시기에 자동차를 구입하는 것은 위험하다는 생각이 소비 하락의 원인이라는 사실을 발견했다. 그래서 현대자동차는 자동차 가격을 대폭 인하하는 즉흥적인 대응을 취하기보다는 고객들의 불안을 가라앉히기 위해 앞으로 열두 달 안에 직장을 잃는다면 아무 조건 없이 자동차를 환불해 주겠다고 약속했다. 2009년 1월, 현대자동차의 매출은 2배로 뛰었다. 반면에 미국 자동차업계는 전체 매출이 37퍼센트 떨어지면서 1963년 이래로 가장 크게 급락했다.

또다른 사례로, 가정용 탄산수 제조기 업체인 소다스트림Sodastream은 미식축구 슈퍼볼 경기에서 코카콜라와 펩시콜라를 공격하는 광고를 내보내는 데 400만 달러를 썼다. 하지만 CBS 방송은 소다스트림이 계약을 통해 텔레비전 광고권을 취득했음에도 불구하고 그 광고를 방영하지 않았다. 이에 소다스트림은 기존 광고를 내보내고, 논란이 된 부분은 온라인으로 공개했다. 온라인 공개분은 조회 수가 금세 60억 회에 이르면서 오히려 방송 광고보다 훨씬 더 큰 효과를 자아냈다.

비밀은 다른 데 있는 것이 아니다. 실패를 딛고 일어서고, 걱정에 익숙해지도록 스스로를 단련하면서 실패와 걱정을 좀더 지혜롭게 해석하고 처리할 수 있다면, 경쟁자들이 주춤할 때 오히려 더욱더 강해질 것이다. 2장에서 두려움이 영향을 끼치는 여러 방식을 살펴보았다. 요컨대 두려움은 우리의 인식과 경각심 강화와 기량 향상을 포함해 많은 유익한 결과를 낳는다. 반면 두려움은 또한 큰 고통과 불안을 비롯해 매우 강력한 부정적 효과를 촉진시킨다. 그러나 상황을 재구성하고 문제를 다시 면밀히 검토하고 접근하는 방식을 다시 생각한다면, 누구든 고통을 견뎌내고 두려움이 야기하는 변화의 방향을 보다 긍정적이고 생산적으로 바꾸는 방법을 배울 수 있다.

이제 당신을 괴롭히는 걱정거리들을 능력과 기회, 행동의 원천으로 바꾸고, 그 과정에서 실패를 성공으로 전환시키기 위해 어떻게 해야 할지 알아보자.

· **스스로를 돌아보라.** 현재의 상황에서 한 발 물러서서 걱정거리가 어디서

오는지 생각해보고, 이러한 걱정들이 당신에게 어떤 영향을 끼치고 있는지 객관적으로 판단하라. 당신을 괴롭히는 걱정거리들(우리의 능력이 시대에 뒤떨어져 있다!)을 전략적 동기 유발(새로운 아이디어를 실험하고 지속적인 교육에 투자할 때!)의 계기로 삼아라. 체계적으로 두려움에 대응해 제압하거나, 아니면—걱정의 원인이 타당하다고 생각한다면—두려움이 보내는 신호들을 받아들여 그 문제를 해결하기 위한 조치를 취하라.

- **동기를 유발하라.** 어떤 목표든 그것을 달성했을 때 얼마나 기분이 좋을지를 상상해보라. 당신이 목표로 하는 것은 사소하지만 끊임없이 상사에게 업무와 관련된 문제를 제기하는 것일 수도 있고, 승진하거나 보수를 더 많이 받는 것일 수도 있다. 목표를 달성하기 위해서는, 실제로 추구하는 길밖에 없다. 목표 달성을 위해 신명나게 일하라. 당신의 행동을 이끌어내고 마침내 결승선을 통과하기 위해 그러한 신명과 함께 실패의 두려움이 발생시키는 에너지를 이용하라. 성공하기 위해 택해야 하는 많은 가능성과 방법을 곰곰이 따져보라. 그것들이 가져다주는 기회와 도전을 즐기고, 무모하지 않고 슬기롭게 위험을 감수하고, 두려움 속에서도 즐겁게 일하라. 앞서 살펴본 것처럼, 실패하더라도 다시 시작할 수 있고 새로운 시도를 할 때마다 거기서 중요한 교훈을 배우며 성장할 수 있다.
- **자신의 능력을 다시 생각하라.** 가정은 늘 위험 요소를 지니고 있지만, 그래도 우리는 가정하기를 멈추지 않는다. 그렇다면 좀더 유용한 데 가정을 활용하자.

  - 어떤 것이든 바꿀 수 있다고 가정하라.
  - 당신에게는 혁신할 수 있는 힘이 있다고 가정하라.
  - 당신은 충분한 자질이 있다고 가정하라.

-당신에게 해결책이 생길 것이라고 가정하라.

-남들이 좋아하든 말든, 한 번에 안 될 수도 있다고 가정하라.

여기서 주장하는 것은 단순하다. 쉽지 않지만 할 수 있다는 것이다. 당신도 그렇게 할 수 있다. 우리 머리 위로 보이는 천장—더 높은 곳으로 날아올라 더 크게 성공할 수 있는 기회를 가로막는 장애물—은 인위적인 것이며, 대개는 자기 스스로가 만든 한계라는 사실을 잊지 마라.

MSNBC의 뉴스 앵커 미카 브레진스키의 예를 들어보자. 어느 날 그녀는 「모닝 조Morning Joe」라는 텔레비전 토크쇼에서 함께 사회를 보고 있는 조 스카보로의 보수가 자신이 받는 액수의 14배라는 사실을 알게 되었다. 브레진스키는 상부에서 정한 보수 규정을 받아들이지 않고 그들에 맞서 자신이 더 많은 돈을 받을 만한 가치가 있다는 것을 입증함으로써 마침내 상당한 수준의 임금 인상을 얻어냈다.[7] 그녀는 상사들과 견해 차이가 있었지만, 뒤로 물러나 기존의 한계를 받아들이지도 않았고, 그렇다고 방송을 그만두지도 않았다.

오늘날 직장 생활에서 저지르는 실수는 사람들이 가장 두려워하는 일 가운데 하나라는 사실을 상기하라. 우리는 실패를 극도로 두려워한다. 따라서 그러한 두려움과 의심, 편견은 개인의 행동을 제약하면서 스스로 선을 긋게 만든다. 하지만 그 심경들이 우리에게 지배력을 행사하는 것은 오직 우리 자신이 그것을 허용할 때다. 마음이 약한 사람들은 고정관념에서 벗어나는 것이 중요하다. 고정관념이란 개인이 스스로 그렇게 믿기로 한 것일 뿐이다. 그로부터 벗어나기 위해서는 무엇보다 그에 따른 고통을 감내할 강인한 인내심은 물론이고, 공격에 맞설 준비와 끈기, 확고한 계획이 필요하다.

성공으로 가는 길에서 앞을 가로막는 장벽을 만날 수밖에 없다면, 두려워 말고 잠시 숨을 고른 다음, 거대한 쇠망치를 꺼내들고 그 벽을 때려 부숴라. 그것은 힘들고 어렵고 대개 매우 고통스러운 일이다.(곧바로 대립, 소외, 낭패의 두려움에 노출될 우려가 있기 때문이다.) 정말 귀찮은 일이기도 하고, 때로는 할 수 없다고 체념하는 편이 낫다고 생각할 수도 있지만, 이렇듯 끊임없는 개보수 작업을 통해 당신의 기업과 경력은 또다른 큰 이익을 얻을 수 있다. 실패에 대한 걱정을 멈추고 앞길을 가로막는 장벽을 과감하게 부수고 먼지를 털고 일어나 알고 보면 아주 깨지기 쉬운 장벽 뒤에 숨어 있는 것을 발견할 때, 무슨 일이 일어날지 안다면 무척 놀랄 것이다.

기개: 새로운 성공의 비밀

오늘날 변화하고 적응하고 마침내 미래를 향해 나아갈 줄 아는 능력을 결정하는 것은 그 어떤 성공의 기본 원칙들보다 기개에 달려 있다.

펜실베이니아 대학의 연구 심리학자 앤절라 리 덕워스에 따르면, "기개는 매우 장기적인 목표에 대한 관심과 그것을 이루기 위해 꾸준한 노력을 유지하려는 성향을 말한다. 자기 통제는 일시적 만족에 대한 유혹이나 기분 전환에 빠지고 싶은 행동과 감정, 의식적 충동을 자발적으로 억누르는 것이다".[8] 기개를 발휘한 행동(그리고 그러기 위해 필요한 자기 통제)은 때때로 우리를 질리게 하는 실패의 두려움에서 벗어나게 해주는 해독제 구실을 한다.

덕워스는 웨스트포인트 육군사관학교 생도와 일반 대학생, 직장인, 스크립스 영어 철자 경연대회 참가자들을 대상으로 여섯 차례 연구를 진행한 결과, 성공에 큰 영향을 끼치는 것은 시험 점수와 아이큐 같은 요소보다 끈기와 인내라는 사실을 밝혀냈다. 덕워스의 결론에 따르면, "높은 성취를 거두기 위해서는 재능만큼이나 기개가 필수적일 수 있다".[9] 요컨대 도전과 역경을 이겨내고 고난 속에서도 끊임없이 앞으로 나아가려는 우리의 의지는 교육 수준이나 재능, 경험만큼이나 성공 여부를 결정짓는 중요한 요소라는 말이다.

그녀는 다음과 같이 결론짓는다.

- 될 수 있는 한 빨리, 실패와 불운한 상황에 미리 대비하고 적응할 수 있도록 준비하게 해야 한다.
- 전력을 다하는 만큼 또한 끈기 있게 일하도록 격려해야 한다.
- 목표 달성에 남다른 의욕을 보이는 사람들에게 타고난 재능이 뛰어난 사람들만큼이나 많은 자원을 지원해야 한다.
- 조직이든 개인이든 폭과 깊이는 중요하다. "교육의 목표는 이것저것 조금씩 아는 것뿐 아니라, 하나라도 깊이 아는 것"이기 때문이다.

시도하고 실패하고 또다시 시도해야 하는 고통을 감수하는 데 아직도 적응하지 못했는가? 다행히도, 끝까지 목표를 향해 달리는 가운데 만나는 많은 도전을 극복하고 정해진 목표를 달성하기 위해 필요한 기개를 키우는 일은 누구나 할 수 있다. 다음에 나오는 덕워스의 기개 평가 척도

방식에 따라 우리는 자신의 기개가 어느 정도인지 측정해볼 수 있다.

- 새로운 아이디어와 프로젝트 때문에 때때로 이전 일에 집중할 수 없다.
- 잠시 동안 어떤 아이디어나 프로젝트에 사로잡혀 있다가 나중에 흥미를 잃는다.
- 대개는 목표를 세우지만 나중에 보면 다른 목표를 추구하고 있다.
- 작업 기간이 몇 달 이상 걸리는 프로젝트에는 잘 집중하지 못한다.
- 일단 시작한 것은 무엇이든 끝을 본다.
- 실패했다고 좌절하지 않는다.
- 몸을 사리지 않고 일한다.
- 부지런하다.[10]

처음 네 개 항목과 가깝고 나중 네 개 항목과 멀다고 해도 겁내지 마라. 3장에서 이미 본 것처럼, 누구든 회복력을 형성할 수 있으며 그와 함께 기개를 키울 수 있기 때문이다. 비록 몇 차례 힘든 고비가 있더라도 당신은 그저 끊임없이 집중하고 끈기 있게 견뎌내기만 하면 된다.

이런 식으로 생각하라. 리더십의 99퍼센트는 샌드백이 되는 것이다. 냉정함을 유지하라. 모두를 위해 당신이 책임져라. 초심으로 다시 돌아가라. 때때로 조금씩 비틀거릴 수도 있다. 하지만 목표를 달성하기 위해 온갖 매를 온몸으로 맞거나 그것을 즐기는 마조히스트가 될 필요는 없다. 팀원, 동료, 상사, 친구, 가족은 모두 우리에게 끊임없이 아픔을 주는 공격을 막아주는 방패가 될 수 있다.

실패와 불운에도 불구하고 다시 떨치고 일어나 행동에 나서고 목표를 향해 꾸준히 나아가도록 스스로를 독려하면 할수록, 당신은 더욱 기개 있는 사람이 되고 성공에 가까워질 것이다.

하룻밤 사이의 성공은
결코 하룻밤 사이에 일어난 것이 아니다

창조적인 사람들—작가, 영화제작자, 음악가, 코미디언, 예술가, 사진작가—도 모두 보통 사람과 똑같이 자기 기량을 갈고닦는다는 사실을 기억해야 한다. 그들도 또한 자주 실패하고 거기서 교훈을 얻는다. 그들은 열심히 일한다. 그들은 열심히 연습한다. 그들은 남들에게 자신의 작품을 보여주고 피드백을 받는다. 그들은 그 피드백을 이용해 자신이 선택한 전문 분야에서 자기 기량을 더욱 증진한다…… 비록 여러 번의 실패와 커다란 고통을 겪으면서 다시 일어나야 하는 일을 반복한다고 하더라도 말이다.

조직들도 이와 마찬가지 방식으로 일을 진행한다. 그들은 새로운 사업을 설계하고 견본을 만들고 추진한다. 그러고 나서 포커스 그룹(8~12명으로 구성된 집단과 깊이 있는 상호작용적인 인터뷰를 수반하는 평가 기법—옮긴이)을 조직해 시장 현장에서 고객 의견을 수집한 뒤, 데이터를 바탕으로 더 나은 의사결정을 내린다. 솔직하고 때로는 고통스러운 피드백을 통해 더욱 긍정적인 조치를 취한다. 조직들은 이러한 정보로 무장하고 향후 상업적으로 크게 성공하기 위해 기존의 서비스와 전략을 개선하고 세련되게 정비한다.

하룻밤 사이의 성공이란 근본적으로 환상일 뿐이라는 사실을 인정하라. 모든 밴드가 노래 한 곡을 히트시키기까지 비하인드 스토리 하나쯤은 가지고 있다. 수년간 허름한 술집에서 푼돈을 받고 혹은 공짜로 연주하거나, 지방을 떠도는 장사꾼들이 타고 다니는 1975년형 쉐보레 밴을 몰고 로드 투어를 해야 하는 고통이 숨어 있는 것이다. 실제로 성공은 대개 학습과 경험, 통찰, 각종 자원이 서서히 쌓이고 섞이면서 단계적으로 온다. 아무리 그 과정이 힘들다고 하더라도 지혜롭고 효율적으로 꾸준히 대처하려면, 온갖 실패나 역경에도 불구하고 끊임없이 목표를 추구하려면 용기가 필수적이다. 그렇다고 하룻밤 사이에 인내심을 키울 필요는 없다는 것을 명심하라. 목표를 끝까지 완수하는 데 도움이 될 것이기 때문이다. 작은 위험을 감수하는 사이 조금씩 운이 따르고, 작은 목표를 하나하나 이루어나가다보면, 더 큰 위험을 감당할 인내심이 자라날 것이다.

유명한 영화감독 프랜시스 포드 코폴라는 걸작 「대부」를 세상에 내놓기 전, 「두 명의 크리스토퍼The Two Christophers」와 「호텔사환과 바람둥이 여자들The Bellboy and the Playgirls」을 포함해 비평가들이 혹평한 영화를 숱하게 찍었다. 마찬가지로 맥도날드 햄버거도 엄청난 성공을 거둔 빅맥과 에그 맥머핀에 앞서, 다진 고기를 동글납작하게 만든 패티 대신에 구운 파인애플 조각을 넣은 (1962년에 출시된) 훌라 버거가 먼저 나왔다. 햄버거를 즐겨 먹는 사람들은 재미있어 하지 않았지만, 맥트레인이라는 샌드위치가 인터넷에서 패러디되는 것을 막지 못했다.

실패와 고통, 불안의 경험은 그 자체가 경력이나 기업 또는 개인의 삶에 있어 아주 중요한 의미가 있는 선택의 길을 밝히는 동시에, 그렇게 선택한 것들을 반드시 달성해야 한다는 강렬한 의지를 불태우게 하는 계기를 마련한다.

『해리포터』 작가 조앤 롤링은 엑시터 대학을 졸업하고 수년 동안 직장도 못 구한 채 남편과 이혼해 아이를 기르며 홀로 살았다. 그녀는 당시를 "내 생애 가장 큰 실패의 시기"라고 회상한다. 그러나 그녀는 실패를 딛고 일어서는 방법을 발견했다. 자신이 가장 두려워하는 것—처절한 실패의 두려움—에 당당히 맞서는 가운데 스스로 살아 있음을 깨달음으로써, 작업중이던 판타지 소설을 끝마치기로 결심할 수 있었고, 마침내 세계 최고의 베스트셀러 연작소설을 낳았다.

그녀는 하버드 대학 졸업식 연설에서 이렇게 말했다. "내가 정말 다른 분야에서 성공했다면, 진실로 내가 속한 분야에서 성공할 결심을 하지 못했을지도 모릅니다. 내가 가장 두려워하는 것이 무엇인지 알았기 때문에, 나는 자유의 몸이 되었습니다. 여전히 살아 숨쉴 수 있었습니다…… 그렇게 밑바닥까지 떨어졌던 경험이 내 삶을 일구는 데 튼튼한 기반이 되었습니다."

성공은 온 힘을 다해 끊임없이 성과를 내야 하는 것도 아니고, 하룻밤 사이에 갑자기 이루어지는 것도 아니다. 따라서 그저 실패와 거부, 성과 부진에 따른 고통을 감내하고, 헤치고 나아가 끝까지 성공하겠다는 자세를 갖추고 있으면 된다. 용기가 충만할수록, 경험이 많고 결심이 굳을수록, 성공은 더 빨리, 더 자주 다가올 것이다. 그리고 장기적으로 성공을 지속하기 위해 필요한 자기만의 고유하고 소중한 재능과 자원들도 얻을 것이다.

실패를 딛고 일어서기

앞서 회복력에 대해 살펴보았다. 미국심리학회에 따르면, 회복력은 "스트레스를 유발하는 주요 원천인 역경과 트라우마, 비극, 위협 등에 직면해 잘 적응하는 과정"[11]이다. 다시 말해, 스스로 선택해 건 싸움에서 졌을 때, 딛고 일어설 수 있는 능력의 크기를 의미한다. 유감스럽게도 우리는 스스로 어떤 싸움을 할지 선택할 때 대개 그 싸움에서 이기기를 바라지만(10장에서 보겠지만, 좀더 전략적일 때 이길 확률이 확실히 더 높아진다), 모든 경우가 반드시 그런 것은 아니다. 게다가 특별히 힘들거나 오래 끄는 싸움의 경우, 이겼다고 해도 피투성이에 무기력해진 자신을 발견할 수도 있다. 실패를 딛고 스스로 일어서서 전략을 바꿀 줄 아는 능력은 오늘날 전술가에게 없어서는 안 될 중요한 자질이다.

이러한 능력을 기르면 당신 자신과 경력, 기업이 미래에도 살아남을 수 있는 경쟁력을 갖추는 데 크게 도움이 될 것이다. 다음은 미국심리학회가 제시하는 회복력을 기르는 10가지 방법이다.

- **다른 사람들과 관계를 맺어라.** 친구, 친척, 직장 동료들의 도움과 지원을 받아들여라. 일상생활이나 기업 현실에서 각종 도전과 실패에 직면하고 있는 다른 사람들에게 손을 뻗어 도와줘라. 단순히 도와준다는 의미가 아니라, 나중에 당신이 고군분투할 때(특히 이전의 실패를 딛고 일어서려고 할 때), 마찬가지로 도움을 받을 수 있는 동맹군이 있다는 것은 든든한 일이다.
- **위기를 극복하기 어려운 문제로 보지 마라.** 무슨 일이든 실패할 수 있지만,

그것이 반드시 영원한 장애물은 아니라는 것을 잊지 마라. 현재의 문제들을 넘어 새로운 해법을 찾고, 전략적으로 적용하라.

- **변화가 삶의 일부임을 받아들여라.** 배가 빠르게 침몰하고 있을 때, 과거의 닻에 매달려 있을 수는 없는 일이다. 당신이 바꿀 수 없는 것 말고, 바꿀 수 있는 것에 주목하라. 당신에게 유리하게 작용하지 않는 것들을 바꾸는 데 역점을 두어라.
- **목표를 향해 움직여라.** 작지만 성취 가능한 목표를 세우고 그것을 달성하는 데 집중하라. 실패가 아니라 성공을 위해 열중하라. 작은 과제들을 완수함으로써 더 큰 목표를 달성하기 위한 계기를 마련하라. 스스로에게 이렇게 물어보라. 내가 가고자 하는 방향으로 이끌어줄 것들 가운데 오늘날 내가 성취할 수 있다고 생각하는 것이 하나 있다면, 그것이 무엇일까?
- **결정적인 조치를 취하라.** 당신이 처한 상황이 얼마나 어려운지에 상관없이, 신속하게 결정을 내리고 조치를 취하라. 문제가 저절로 사라지기를 바라며 망설이거나 현실을 외면하지 마라. 그렇게 되는 경우는 아마 없을 것이다. 실패를 딛고 성공할 수 있게 도와줄 수 있는 명확한 행동 계획을 수립하고 곧바로 추진하라.
- **자신을 발견할 기회를 찾아라.** 역경에 부딪혔을 때, 당신의 삶과 기업에서 우선으로 생각하는 것들과 중요한 것들을 평가하기 위해 당신 자신과 조직 내부를 깊숙이 들여다볼 시간을 가져라. 어쩌면 기존의 관점을 바꿈으로써 어려운 상황이나 좌절을 피하거나 제거할 수 있을지도 모른다.
- **자신에 대해 긍정적으로 바라보는 자세를 길러라.** 자신감을 갖도록 노력하라. 스스로 문제를 풀 수 있는 능력이 있다고 생각하라. 당신의 본능을 믿어라. 당신 자신과 기업이 가치 있으며, 응원하는 지지자들이 있다는 것

을 상기하라. 이러한 특성과 재능을 적극적으로 활용해 당면한 문제나 과거의 실수가 아닌 달성가능한 해결책을 중심으로 상황을 재구성하여 목표를 끝까지 완수하라.

- **만사를 균형잡힌 시각으로 보라.** 좋지 않은 사건이 일어나면 어찌할 수 없을 정도로 크게 보일 수 있지만, 뒤로 한발 물러나 큰 그림에서 보면 실제로 그다지 중요하지 않음을 발견할 수 있다. 좀더 멀리 떨어져서 당면한 문제들을 재평가하라. 덜 중요하게 보일 수도 있고 쉽게 극복할 수 있다고 생각될 수도 있다. 따라서 그 문제들을 쉽게 풀 수 있는 해결책을 발견할지도 모른다. 실패는 종종 마음의 상태인 경우가 많으므로, 기존의 생각을 바꾸면 쉽게 나아질 수도 있다.
- **희망적인 전망을 유지하라.** 약간의 낙관주의는 쓸모가 있다. 나쁜 일이 일어날지도 모른다고 늘 걱정하기보다는 만사를 낙관적으로 생각하라. 좋은 일이 일어날 수 있다고 생각하고 성공을 상상하면서 마침내 그것을 이루어지게 하라.
- **스스로를 보살펴라.** 당신의 삶에서 가장 중요한 사람, 바로 자신을 위해 바쁜 일상에서도 여유를 가져라. 운동을 하고 책을 읽어라. 휴식시간을 가져라. 당신이 하고 싶은 것, 당신을 쉴 수 있게 하는 것을 고르라. 편히 쉬면서 방전된 심신을 재충전하라. 특히 상처를 입고 쉬고 나면 여기저기서 끊임없이 싸움만 하고 있을 때보다 더 열심히 잘 싸울 것이다.[12]

이러한 전략이 왜 그렇게 중요할까? 성공하기를 바라는 사람이라면, 실패와 역경을 딛고 반드시 다시 일어설 줄 알아야 한다. 모든 실패가 반드시 약이 되는 것은 아니지만, 비록 전투에서는 여전히 지더라도 전쟁에서는 결국 이길 수 있기 때문이다. 실패, 불안, 거부 때문에 낙심하거나 자책하거나 목표 달성을 포기해서는 안 된다. 누구든 실패하면 무엇 때문에 계획이 틀어졌는지 평가하기 위해 잠시 뒤로 물러서서 휴식을 취할 필요가 있다. 그러나 그런 상태로 머물러서는 안 된다. 그 시간을 이용해 잘못된 것이 무엇이고 목표를 더욱 효과적으로 달성하기 위해 다음에는 무엇을 할 수 있는지 생각하라.

미 육군은 가혹한 전투뿐 아니라 일상생활 속의 도전들을 극복하고 일어설 줄 아는 병사의 중요성을 잘 알고 있다. 그래서 그들은 회복력을 가르치는 전담 학교를 개설했다. 바로 미육군회복력숙달학교U.S. Army Master Resilience School다(이 학교의 교훈은 '회복력을 통한 힘'이다). 학교의 웹사이트에는 이렇게 씌어 있다. "강한 군인은 육체만 강인한 것이 아니다. 정신과 마음도 함께 강한 군인을 의미한다."[13]

마이크로소프트와 인텔처럼 시장을 선도하는 기업들도 이러한 원칙의 중요성을 잘 이해하고 있다. 그들 기업의 설립자들은 회사가 언젠가 위기를 맞을 수 있다는 점을 잘 알고 있다. 그들은 또한 회사가 획기적인 발전을 이루기 전에 얼마나 많은 어려움을 딛고 일어나야 했는지 잘 알고 있으며, 그렇게 어렵게 이룬 성공의 가치가 매우 큰 만큼 그동안 실패한 모든 시도에 나름의 의미가 있다는 사실을 잘 이해하고 있다.(그 과정에서 많은 것을 배울 수 있다는 사실도 잘 인식하고 있음은 말할 것도 없다.)

미국 버몬트 주 워터베리에서 반경 160킬로미터 안에 있다면, 몇 시간 짬을 내서 벤앤제리Ben & Jerry's의 아이스크림 공장을 찾아가보라. 거기에 가면 흰색 말뚝 울타리와 수많은 묘석으로 가득찬 아이스크림 묘지를 보게 될 것이다. 그 묘석들에는 회사에서 한때 팔다가 판매를 중단한 벤앤제리 아이스크림맛—즉 실패한 제품—의 이름들이 씌어 있다.

벤앤제리의 최고경영자 조스타인 솔하임은 회사가 숱한 실패작을 낳은 과정이 오히려 좋은 현상이라고 생각한다. "우리는 실패를 기뻐하고 즐깁니다"라고 솔하임은 말한다. "실패는 우리의 학습 방식이죠. 그리고 우리 조직도 실패를 통해 위기를 어떻게 이겨낼지 배웁니다. 우리 회사의 강점 가운데 하나는 실패를 겁내지 않는다는 것입니다. (중략) 실패는 앞으로 더 멀리 나아갈 수 있는 기회입니다."[14] 이들 조직은 모두 회복력이라는 개념을 기꺼이 받아들인다. 그들은 전투에서 절대 물러서지 않고 적절한 책무를 다하는 방법을 배움으로써 승리할 수 있다는 것을 알고 있다. 그들이 두려움을 이겨내는 방법은 아주 간단하다. 먼저 어떤 싸움을 할지 고른다. 위험에 맞서기를 주저하지 않는다. 행운의 기회를 노린다. 실패하더라도 딛고 일어나서 당신에게 이익이 될 때까지 그 기회들을 유리하게 이용한다. 성공하기 위해서는 언제든 실패할 수 있고 실패할 것이라는 사실을 인정해야 한다. 그러나 그렇다고 해서 실패를 좋아해야 한다는 말은 아니다. 상황을 바꾸기 위해 필요한 조치를 취하라. 그러면 당신이 처한 상황을 급속도로 호전시킬 수 있다.

행동 지침

우리가 실패 또는 실패의 두려움 때문에 느끼는 걱정과 의심은 정신적으로, 육체적으로 불안이나 고통을 유발할 수 있다. 우리가 불안해하면 할수록, 특정한 방향으로 행동할—비록 그것이 수익을 올릴 가능성이 큰 것처럼 보인다 해도—가능성은 점점 더 줄어든다. 목표를 달성하고 인생과 사업에서 성공하고, 경쟁에서 우위를 차지하기를 바란다면, 다른 사람들이 하지 않거나 할 수 없는 것을 할 줄 알아야 한다. 인생이나 사업에서의 실패를 성공을 향한 디딤돌로 이용할 줄 알아야 한다. 인내심을 키우고 잠재력을 높여라. 다른 사람들이 놓치는 이익을 취하기 위해 그들이 외면하는 장애물을 헤치고 나아가라. 당신의 삶에서 실패를 성공으로 전환시키고, 고통을 통해 의미 있는 결실을 맺고자 한다면, 다음과 같이 행동하라.

- **언제든 실패할 수 있고 걱정은 늘 존재한다는 사실을 이해하라.** 특히 위기와 불확실성, 경쟁이 심해질 때 더욱 그러하다. 이러한 걱정들에 익숙해지고, 피하거나 숨기보다는 오히려 기꺼이 받아들여라.
- **실패와 거부의 두려움을 편견 없이 들여다보라.** 이러한 걱정들이 존재하고, 그것을 야기하는 원인이 있다는 점을 인정하라. 그런 다음, 두려움에 당당히 맞서고, 경험으로부터 배우고, 전략적으로 반응하라. 그러다 보면 두려움에 점점 더 익숙해지고, 그 결과에 대한 면역력이 더욱 커질 것이다.
- **두려움에 대한 당신의 반응을 평가하라.** 두려움이 왜 당신에게 부정적 영향을 끼치고 있는지 확인하고, 당신이 추구하는 목표를 달성하면 얼마나 기분좋을지 상상하라. 먼저 성공이라고 생각할 수 있는 작지만 긍정적이고 생산적인 행동들을 통해 그러한 목표를 추구하라. 그러한 성공들에 주목하라. 그 작은 성공을 통해 자신감을 기르고 계속해서 더 크게 성공할 수 있는 계기로 삼아라. 또한 다른 목표를 추구할 때 도움을 줄 수 있는 이정표로 그것들을 활용하라. 그리고 끊임없이 더 큰 목표에 도전하라.

- **당신의 목표를 계속해서 최우선으로 생각하라.** 목표 달성에 대한 열의와 동기부여의 끈을 늦추지 마라. 다른 데 한눈팔지 마라.
- **고통을 딛고 앞으로 나아가라.** 고통에도 불구하고 앞으로 나아갈 의지만 있다면, 그 고통이 사라지거나 줄어든다는 사실을 깨닫게 될 것이다.
- **기개 있고 단호하게 행동하라.** 당신의 경력뿐 아니라 기업과 개인의 삶에서도 그렇게 행동하라.
- **역경을 이겨낼 수 있도록 스스로 단련하라.** 상황이 더 좋아질 것이고 그 과정에서 목표를 달성하거나 귀중한 교훈을 얻어 나중에 반드시 성공할 것이라는 사실을 안다면, 역경을 이겨낼 당신의 근육은 더욱 강해질 수 있다.
- **회복력을 키워—성공하든 실패하든—다시 일어설 수 있는 능력을 향상시켜라.** 회복력은 기업, 경력, 개인의 삶을 살아가는 데 중요한 열쇠다. 균형잡힌 관점을 유지하고 미래를 긍정적으로 바라볼 때 당신 안에서 회복력을 키울 수 있다.

파변창

7장
파변창 전략 5: 임기응변에 능숙하라

임기응변의 능력 | 규칙 없이 경기하기 | 혼돈 뒤에 숨겨진 것을 보라 | 경력 관리에서 임기응변의 중요성 | 적용은 새로운 교육의 시작이다 | 풀리지 않는 어려운 수수께끼는 없다 | 행동 지침

破變創

운동을 하다가 또는 점심식사 후 쉬면서 이 책을 읽고 있다면, 당신은 지금 어쩌면 헤드폰을 쓰고 랩소디Rhapsody나 판도라Pandora같은 스트리밍 음악 서비스에서 나오는 노래를 듣고 있을지도 모른다. 그런데 그런 스트리밍 음악의 경쟁 서비스인 그루브샤크Grooveshark를 통해 켈리 클락슨이나 브루노 마스의 히트곡을 듣고 있다면, 그것은 단숨에 최고의 성공을 거둔 샘 타란티노가 최고경영자인 회사—와 그의 정신—를 도와주고 있는 셈이다.

2000년대 말, 스트리밍 온라인 음악 서비스 그루브샤크는 가장 촉망받는 인터넷 벤처기업 가운데 하나였다. 그러나 타란티노가 "주먹으로 1만 대나 두들겨맞은 해"라고 불렀던 2012년에 회사의 운명은 급변했다. 이용자 수가 3,000만 명에서 1,200만 명으로 급락한 것이다.[1] 음반사 네 곳이 동시에 회사를 상대로 소송을 제기했기 때문이다. 무엇보다 결정적으로 애플과 구글이 전미음반협회의 요청으로 그루브샤크의 모바일앱 서비스를 중단했다.

그루브샤크는 빠르게 성장하고 있던 경쟁 서비스 스포티파이Spotify가 이용자들에게 급속히 널리 알려지고 음악계 거물들에게 인정받는 것과 비교할 때 상황이 매우 안 좋아 보였다. 타란티노는 내게 이렇게 말했다. 2012년 초, 직원이 160명이었죠. 그런데 그해 4월에 45명으로 줄었습니다. 무척 힘들었어요."

그에게는 사소한 문제가 하나 더 있었다. 그의 연봉은 업계 최고경영자 평균의 233분의 1인 6만 달러였지만,[2] 실제로는 거의 빈털터리나 마찬가지였다.[3]

타란티노는 이처럼 어려운 혼돈의 상황에서 쉽게 포기할 수도 있었다. 그는 기업을 소유한 사람이 상상할 수 있는, 앞을 내다볼 수 없는 모든 어려움에 그대로 직면했다. 예상치 못한 치명적 사고가 수없이 일어났다. 그러나 그는 포기하지 않았다. 뜻밖의 사건들과 혼란이 매우 중대한 문제를 야기할 수 있지만, 특히 타란티노 같은 혁신적 기업가들에게는 오늘날 기업을 경영하는 데 있어 반드시 겪을 수밖에 없는 문제였다. 더 나아가, 타란티노는 그 문제들에 끊임없이 잘 적응하고 대처해 어려움을 딛고 일어설 수 있는 길을 발견하는 과정이 생각만큼 어려운 것은 아니라고 잘라 말한다.

여기서 핵심은 문제를 극복하는 것이 비록 쉽지 않을지라도 그 방법을 찾기 위해 필요한 임기응변의 능력을 끊임없이 잘 활용하는 것이다. 물론 그러려면 미리 뜻밖의 사태에 대비하고 계획을 세워 몇 군데 비상구를 마련하고 비상보급품을 비축해두어야 할 것이다.

"살다보면 [분명] 예기치 못한 운이 자주 찾아와요. 행운이든 불운이든 가끔씩 출몰합니다…… 그 운을 잡는 것이 중요해요"라고 타란티노는 말한다. "운은 언제 들이닥칠지 몰라요. 만일 불운이 찾아왔을 때를 대비하지 않는다면, 당신은 엉망진창이 될 겁니다. 성공은 불운에 미리 대비하고, 행운이 찾아왔을 때 그것을 활용할 수 있느냐 없느냐에 달려 있습니다."

요컨대 세상은 변한다는 말이다.

따라서 당신은 변화가 일어나기 전에 자신이 처한 상황을 공정하게 평가하고, 당면한 문제들을 현실적으로 이해해 적절한 대응 계획을 짜고 실행할 수 있는 유연성이 필요하다. 변화가 일어난 뒤에는 그 결과를 면밀히 검토해 상황에 맞게 전술을 수정하고, 다시 일을 시도해야 한다. 미래 경쟁력을 갖춘다는 것은 유연해지고 변화를 적극적으로 수용하고 당면한 문제를 해결하기 위해 기존의 방식을 혁신하는 것을 의미한다. 그러기 위해서는 두려움을 극복하고, 압박받는 어려운 상황에서도 신속하게 의사결정을 내리고, 가용자원을 대부분 동원할 수 있도록 자신을 훈련시켜야 한다.

2011년 12월, 처음으로 법적 소송들이 본격적으로 제기되자 그루브샤크의 직원들은 줄지어 회사를 떠나기 시작했다. 다음해 1월, 타란티노와 그의 공동창업자는 서로 의견이 갈리었다. 그리고 2월에 그들은 사업의 생존 가능성에 대해 의심하기 시작했다.

그러나 회사는 혼란스러운 상황 속에서도 3월에 다시 활기를 찾고 움직이기 시작했다. 그루브샤크는 웹브라우저 기반의 앱을 이용해서 모바일 기기에서 발생하는 이용의 어려움을 대체할 수 있는 차선책을 발견했다. 300만 명이 넘는 이용자들이 그 프로그램을 이용해 음악을 듣고 있던 터였다. 현재 회사는 EMI와 소니뮤직과는 소송을 끝냈고, 직원도

85명으로 다시 늘었으며, 이용자 수도 거의 3,000만 명을 회복했다.

타란티노와 그가 이끄는 팀처럼, 사업을 하다보면 늘 곤경에 빠지지만 극복할 수 없는 어려움은 없다. 성공적인 전술은 고정되어 있지 않다. 언제나 뜻밖의 사건을 만나 시련을 겪기 마련이다. 따라서 예측할 수 없는 우여곡절의 상황들에 적응하기 위해 전술은 반드시 조정되어야 한다.

"실패는 결국 선택입니다. (중략) 실패했다고 생각하면, 실패한 겁니다"라고 그는 말한다. 타란티노는 뜻밖의 예측하지 못한 상황 전개에 직면할 때, 포기하지 말라고 힘주어 말한다. "신제품을 개발하고 사업을 손익분기점 이상으로 유지하면서, 할 수 있는 것은 무엇이든 하면 됩니다."

타란티노와 동료들은 예측하지 못한 변화를 받아들이고 **임기응변의 능력을 발휘해서** 변화에 적응하고 그들 사업이 다시 정상으로 돌아올 수 있는 일은 무엇이든 했다.

임기응변의 능력

임기응변이란 예상치 못한 즉흥적인 방식으로 행동하는 것을 의미한다. 즉 뜻밖의 일을 당했을 때, 직감과 피드백에 따라 융통성 있게 접근하기 위해 고정관념에서 벗어나야 한다는 것이다. 통제력 상실과 실패에 대한 두려움은 명확하게 규정된 범위 안에서만 움직이고 싶게 만든다. 우리는 그것이 실수를 피할 수 있는 가장 쉬운 방법이라고 생각하는 경향이 있다. 그러나 이전의 처리 방식과 절차들이 더이상 작동하지 않는다면, 거꾸로 더 많은 실수를 저지를 수도 있다. 따라서 우리는 임기응변으로 새로운 접근방식을 취함으로써 대개 문제를 해결할 더 효과적인 방법을 발견할 수 있다.

개인적 차원에서 볼 때, 경영 관련 월간지 『패스트컴퍼니Fast Company』는 미래에 가장 성공할 리더들은 이른바 '끊임없이 변하는 세대 Generation Flux'에 속할 것이라고 말한다. 그들은 다양한 경험과 재능을 겸비하고 끊임없이 바뀌는 환경에 적절하게 적응할 줄 아는 뛰어난 회복력을 지닌 전문가들이다. 또한 오늘날 떠오르고 있는 인간형을 'T자형 개인'이라고 하는데, 그들은 한 분야에 정통한 전문지식이 있으며 동시에 다방면에 걸쳐 실용적인 지식을 보유하고 있는 사람들이다. 이러한 개인들의 경쟁적 우위는 지능이나 타고난 재능만으로 설명할 수 없다. 그들이 변화에 빠르고 효과적으로 적응할 수 있는 것은 지식과 기술, 능력을 매우 새로운 의외의 방식으로 적용할 줄 아는 덕분이다.

기업들이 끊임없이 변화하는 환경이나 시장과 보조를 맞추기 위해 늘 변화하고 혁신해야 하는 것처럼, 미래에 활동할 전문가들도 그렇게 해야 한다. 예상한 대로든 아니든, 직면한 변화에 대응하기 위해서는 임기응변의 능력이 필수적이다.

하버드 경영대학원의 신입생들은 리더십 개발을 위한 현장 체험FIELD 프로그램에 반드시 참여해야 한다. 이 프로그램은 기업 현장 실습을 통해 직접적이고 자연스럽게 리더십을 습득하도록 고안된 직무 체험 훈련이다.[4] 학생들을 변화하는 환경에 적응하도록 준비시키는 데 이 프로그램은 필수적이다. 오늘날처럼 끊임없이 변화하는 세계에서 성공하려면 반드시 필요한 실용적인 기술들을 갖출 수 있게(즉, 임기응변 능력이 뛰어나고 신속하게 상황을 판단하도록) 도와주어야 하기 때문이다.

하버드 경영대학원에서 경력 및 직업 개발 부문 수석책임자로 있는 크리스틴 피츠패트릭은 "학생들은 FIELD를 통해, 생각하는 것만으로는 얻을 수 없는 진정으로 중요한 어떤 체험을 합니다"[5]라고 설명한다. 그녀는 이것이 중요한 이유를 이렇게 말한다. "스스로 앞길을 개척하고 전에 없던 각종 기회를 만들어가는 학생들이 [점점 더] 많아지고 있어요. 그들이 편히 따라갈 수 있도록 앞서 미리 길을 닦아놓을 사람은 없습니다."

그러나 하버드 학생들은 정규 교과과정 말고도 뜻밖의 상황에서 임기응변의 방법을 배우고 있다. 그녀가 만난 한 학생 그룹은 제품 관리 경험이나 소프트웨어 엔지니어링에 대해 아는 바가 없었지만, 독학을 통해 임기응변의 능력을 발휘해 마치 그 일에 종사한 사람처럼 첨단기술 제품을 생산해냈다. 그 그룹의 일원은 모두 곧바로 그 분야에서 일자리를 찾았다.

조직적 차원에서도 기업들은 임기응변의 능력을 매우 중요하게 생각한다. (큰 인기를 끈 텔레비전 드라마「매드맨」과「워킹데드」를 제작한) 에이엠시 네트웍스AMC Networks의 회장 찰리 콜리어는 리더십 있는 인재를 뽑기 위한 면접을 진행할 때 지원자들의 경험과 실력을 검증하려 하지 않는다고 밝혔다. 이미 알고 있는 사실이기 때문이다.[6] 그는 오히려 지원자들이 얼마나 신속하게 상황을 판단하고, 심상치 않은 문제에 어떤 식으로 접근해서 예상치 못한 어려움을 어떻게 잘 헤쳐가는지를 중심으로 평가한다. 콜리어의 의도는 "그들이 변화 초기에 얼마나 빨리 새로운 기회를 포착하는지, 그 기회가 비록 일상적인 기업 환경을 벗어난 돌발변수일지라도 전략적으로 접근해 신속하게 처리할 수 있을 만큼 융통성이 있는지 (중략) 그리고 얼마나 빨리 변화에 적응해 효과적인 의사결정을 내릴 수 있는지" 파악하는 것이다.

그가 찾는 인재는 겉으로 잘 포장된 사람이 아니라, 다음과 같은 사람이다.

- 임기응변의 결정을 내릴 줄 아는 분석적 사고력을 가진 사람
- 기업인처럼 빈틈없이 전략을 짤 줄 아는 창조적 전문가
- 계산이 맞지 않을 때 이의를 제기하는 재무 전문가
- 디자이너처럼 생각할 줄 아는 마케팅 전문가

콜리어가 설명하는 것처럼, 이들은 조직에 특별한 가치를 더해주는 사람—임기응변 능력이 뛰어난 사람—들이다.

그렇다면, 일상의 기업 활동에서 임기응변은 왜 그렇게 중요할까? 끊임없는 변화는 오늘날 기업 세계가 돌아가는 새로운 현실이고, 기업에서 중요하게 생각하는 요소들의 순위가 지속적으로 바뀌는 환경에서 솔루션도 변화 자체만큼이나 다양하고 예측하기 어렵기 때문이다.

기업 세계에는 다수의 솔루션이 존재한다. 실전에서 익힌 풍성한 경험은 학교에서 배운 지식만큼이나 중요하다. 또한 집단적인 노력은 가장 효과적인 업무 처리 방식이다. 이러한 상황에서는 창조성, 자발성, 융통성이 무엇보다 중요하다. 틀에 박힌 기계적 솔루션을 반복하거나, 익숙하며 누구나 인정하지만 대개는 낡거나 비효율적인 접근방식을 적용하는 능력은 의미가 없다. 성공은 천재가 아니라 독창적인 능력에 달려 있기 때문에, 대개 임기응변의 능력은 지능이나 학력보다 훨씬 더 중요하다.

더욱더 영리하게 창조적으로 자원을 이용하고, 사실관계를 잘 연결하

고, 퍼즐 조각들을 짜맞출수록, 당신과 동료들은 맡은 바 임무를 더욱 빠르게 효과적으로 처리할 수 있다. 임기응변의 능력이란 바로 이런 것이다.

규칙 없이 경기하기

우리 모두가 임기응변을 발휘하고 있다면, 왜 어떤 사람은 다른 사람보다 훨씬 더 효과적으로 이런 재능을 발휘하는 것처럼 보일까? 그것은 그들이 얼마나 융통성 있게 우쭐대지 않고 유연하게 상황에 대처할 수 있는가에 달려 있다.

앞서 본 것처럼, 대부분의 조직과 사람이 이미 잘 알고 있는 명확한 일상의 규칙 안에서 움직이기를 더 좋아하는 것은 당연하다. 이런 틀에 박힌 익숙한 경계 밖에서 변화가 일어날 때 어려움이 발생한다. 그 결과, 심각한 불안과 앞날을 예측할 수 없는 혼란과 무질서 상태가 나타난다. 우리는 그것을 일반적으로 **혼돈**이라고 부른다.

그러나 혼돈은 그것을 이해하고 자신에게 유리하게 이용할 준비가 되어 있는 사람들에게는 매우 큰 기회일 수 있다. 엄격한 규칙과 절차에 얽매인 사람들은 혼돈에 빠지면 대개 어쩔 줄 몰라 한다. 반면, 임기응변에 뛰어나 신속하게 새로운 접근방식과 솔루션을 찾아낼 줄 아는 사람들은 번창하고 성공한다. 모두 관점의 문제다. 이 장의 후반부에서 혼돈(과 그것에 잘 대응하는 방법)에 대해 더 자세히 살펴볼 것이다.

여기서는 그저 끊임없이 만나는 뜻밖의 변화에 발맞추기 위해서 마찬가지로 늘 임기응변에 뛰어나야 하며, 임기응변의 범위와 규모, 속도 또한 매우 역동적일 수밖에 없다는 것을 이해하면 된다.

전문가들은 변화의 형태를 크게 여섯 가지로 나눈다.

- **혁명적 변화.** 변화 속도가 빠르고 심대한 영향을 끼쳐 더 큰 시스템에 급격한 동요를 일으킴으로써 붕괴를 초래할 수 있다.
- **진화적 변화.** 점증적이면서 대개는 개선을 위한 변화로, 계속해서 축적되는 특징이 있다.
- **과도기적 변화.** 기본적으로 기존의 패러다임을 바꾸지 않고 현재의 상태에서 미래의 상태로 이동한다.
- **형태적 변화.** 근본적인 패러다임을 바꿔 중대하고 광범위하고 뿌리깊은 영향을 끼친다.
- **전략적 변화.** 개인이나 조직의 사명, 환경, 시장, 전략을 재조정한다.
- **운영의 변화.** 기존의 공정, 시스템, 업무 흐름, 설계를 바꿔 개인과 조직의 업무 방식을 바꾼다.

당신은 이러한 변화를 계획하고 그것을 어떻게 다룰지 생각하거나 그 해법들을 임기응변의 능력을 발휘해 마련하기 시작했는가? 아니라면, 당신은 앞으로 그것에 대해 생각하고 발 빠르게 움직일 준비를 해야 할 여섯 가지 이유가 생겼다.

최근 IBM은 시장을 선도하는 기업들을 포함해 변화를 몸소 실천하는 1,500개가 넘는 업체들이 어떻게 변화하는 환경에 성공적으로 적응했는지 연구한 결과를 발표했다. 그 업체들이 보유한 가장 중요한 기술은 상황을 신속하게 재평가하고, 기존의 해법들을 다시 살펴보고, 계획을 수정하는 작업을 반복하는 능력이었다. 그 연구에 따르면, "기업들은 이제 더이상 하루하루 예측 가능한 형태의 안정된 경영 활동을 기대하는 사치를 누리지 못할 것이다. 오늘날 기업에서는 끊임없는 변화가 정상이다".[7]

이렇게 불확실하고 앞날을 예측할 수 없는 직업 환경에서 기업을 경영하기 위해서는 수시로 누구보다 먼저 임기응변을 발휘하고 혁신적으로 행동하고 더 적은 자원으로 더 열심히 일해야 한다. 그러나 말은 늘 행동보다 쉬운 법이다. 변화의 속도가 빠르면 빠를수록 중심을 잃고 허둥댈 가능성이 더욱 높아진다. 오늘날 기업의 경영 환경이 끼치는 영향과 그것이 암시하는 내용은 기업이라는 조직 차원에서의 고민을 훨씬 뛰어넘는다. 변화는 매우 개인적 차원에서, 때로는 매우 심각한 방식으로 우리에게 영향을 끼친다. 변화가 개인에게 미칠 수 있는 부정적 영향은 불안, 좌절, 불확실성, 불신, 지나친 스트레스, 두려움, 우울증으로 나타난다.[8]

오늘날 개인이든 기업이든 모두 끊임없이 변화에 시달린다. 그들은 또한 마치 집이 흔들릴 정도로 비바람이 미친듯이 휘몰아치는 것처럼, 점점 더 빠르게 변화의 광풍에 휩싸이고 있다. 불확실한 미래와 실패, 통제력 상실의 가능성에 대한 심각한 두려움에 떨 수 있는 그런 변화무쌍한 환경 속에서, 임기응변의 발휘는 늘 그렇듯 쉬운 일이 아니다. 그러나 임기응변은 벽이 허물어지지 않게 방지할 수 있는 단 하나의 확실한 방법이다.

이제 임기응변의 능력을 발휘해 변화에 더욱 빨리 대비하고 이 대혼란을 성공적으로 극복할 수 있는 방법을 면밀히 살피려고 한다. 성공은 기꺼이 두려움을 떨쳐버리고 자신의 관점을 바꾸어 어떤 상황도 역동적으로 돌파하고 통제력을 잃지 않도록 자신의 능력을 되돌아보는 데서 시작된다.

혼돈의 뒤에 숨겨진 것을 보라

당신 회사의 관점에서 볼 때, 기업 환경은 허리케인이 휘몰아쳤을 때처럼 매우 혼란스럽고 두렵고 무질서해 보일 수 있다. 그러나 그 광풍에서 한 걸음 뒤로 물러서거나, 더 바람직하게는 그 위로 높이 올라갈 수 있다면, 이러한 곤란한 상황을 낳은 그 거대하고 위력적이고 복잡하고 격렬한 광풍을 멀리서 바라보기 시작할 것이다. 더 나아가 그 현상 뒤에 감춰진 힘을 발견하게 될 것이다.

좀더 면밀하게 살펴보면, 회사에서 전에 보지 못했던 물리적 패턴들이 보이기 시작하면서 그 속에서 여러 힘이 조화롭게 작용하는 모습을 발견할 것이다. 그리고 허리케인이 극도로 복잡하지만 실상 매우 질서정연한 시스템이라는 사실을 알게 될 것이다. 이는 광풍이 지상에서 목격하는 것처럼 빠르게 움직이는 혼돈의 사건들이 마구잡이로 뒤섞인 모습일 거라는 예상과는 거리가 멀다.

기업, 각종 단체, 그들이 서로 경쟁하는 시장 또한 복잡하고 변동성이 큰 시스템이다. 잠시 숨을 고르고 마치 자기 멋대로 하루하루 출렁대는 것처럼 보이는 주식시장을 살펴보자. 어느 날, 주가가 급락한다. 그러다 다음날 갑자기 치솟는다. 왜? 그 이유를 확실히 아는 사람은 진정 아무도 없다. 대다수는 그 이유를 투자자들의 심리와 예측할 수 없는 시장의 변화 탓으로 돌린다. 그러나 거리를 두고 멀리서 보면, 실상은 예측과 매우 다르다. 금융시장은 시간의 흐름에 따라 독특한 수학적 질서를 보인다. 다만 그것이 너무 복잡해서 우리 대다수가 눈치채지 못할 따름이다.

1970년대 과학자 브누아 망델브로—'혼돈 기하학' 창시자—는 매우 오랜 기간 동안 고성능 컴퓨터들을 가동해 면화 가격의 변동을 분석했다.(면화는 200년이 넘는 동안 정확한 거래 기록이 있는 몇 안 되는 물품 가운데 하나다.) 그는 자기 멋대로 요동치는 것처럼 보였던 시장가격의 변동이 사실은 전혀 마구잡이가 아니라는 사실을 발견했다. 오히려 뚜렷한 질서가 있었다.

망델브로는 예측할 수 없는 것으로 여겨졌던 하루하루의 가격 변동에 명확한 패턴이 있다는 사실을 밝혀냈다. 더욱 놀라운 것은 기간을 좀 늘려서 살펴보면(한 달 정도) 이러한 일상 패턴이 규모가 좀 커질 뿐, 거의 똑같이 반복된다는 사실이었다. 망델브로는 오늘날 금융시장이 보이는 변동성을 추론하면서 "해안선의 모양과 성운의 패턴을 설명하는 기하학은 주가가 어떻게 치솟고 폭락하는지도 명료하게 설명한다"[9]고 언급했다.

최근 몇 년 동안, 망델브로의 수학 모형은 점점 더 많은 리더가 활용하는 매우 유용한 도구가 되었다. 기업 환경에서 아주 사소해 보이는 작은 변화들이 시간이 흐르면서 어떻게 중대한 사건으로 바뀔 수 있는지를 이해할 수 있게 도와주기 때문이다. 또한 그것은 '확률대zone of probability'—다시 말해서, 예측가능성(그로 인해 올바른 의사결정을 내릴 가능성)이 급격하게 높아지는 경계—를 정할 수 있게 해준다.

망델브로의 모형이 개인과 조직에 주는 메시지는 다음과 같다. 당면한 조건과 사건이 혼란스럽고 비합리적이며 예측할 수 없을 것처럼 보일지 모르지만, 좀 떨어져서 보면 대개는 정반대라는 사실이다. 기업의 리더들이 혼란스러운 상황에서 언제나 질서를 찾아내는 것은 아니다. 하지만 그들이 혼돈의 진정한 의미를 이해하고, 그 상황에 더욱 효과적으로 대응하고 이용하기 위해 기존의 전략을 수정—즉, 임기응변의 능력을 발휘해 그 상황에 적합한 현명한 해법을 제시—하는 법을 배울 수 있다는 것은 틀림없다.

예를 들어, 유나이티드 항공사는 날마다 클리블랜드에서 도쿄에 이르기까지 전 세계 374곳을 향해 5,600회가 넘게 운항하는 비행기들을 통제한다.[10] 서비스 회복 전산시스템을 관리하는 IT 책임자인 제이 하킴은 천둥과 번개를 동반한 폭우 같은 예측할 수 없는 사건들이 대규모 항공기 연착, 항로 변경, 운항 취소 사태를 유발할 수 있음을 관찰했다. 이런 문제가 발생하면 예약 상황을 수정하는 데 승객 1명당 평균 3분에서 5분 정도 시간이 걸리며, 이 작업을 위해 수백 명의 직원이 동원되었다.

어느 날 연착된 비행기에 탑승한 고객 한 명이 새겨들을 만한 의견을 냈다. 항공사가 비행기 연착을 미리 예상할 수 있다면, 비행기가 착륙하기 훨씬 전에 예약 상황을 수정하는 작업을 할 수 있지 않겠느냐는 것이었다. 이 아이디어를 받아들여 유나이티드 항공사는 비행기 착륙 전에 연착이나 운항 취소로 영향을 받은 승객들이 자동으로 최적의 조건으로 재배치되도록 고안된 좌석자동재예약시스템CARS을 가동했다. 이 시스템은 2012년 한 해에만 약 300만 명의 승객에게 적용되었는데, 한 승객의 예약 상황을 수정하는 데 불과 3초밖에 걸리지 않았다.[11] 유나이티드 항공사는 간단히 생각을 바꿈으로써 가장 예측할 수 없는 상황에서 임기응변으로 더욱 실효성 있고 비용 대비 효과가 좋은 해법을 마련해 실행에 옮겼다.

당신의 문제를 한 걸음 뒤로 물러서서 다른 시각으로 바라보라. 단순히 관점을 바꾸는 것만으로 얼마나 큰 효과를 볼 수 있는지에 놀라지 않을 수 없을 것이다. 임기응변의 능력을 더욱 효과적으로 발휘하고 칠흑 같은 혼돈의 상황에서도 잘 헤쳐나가기 위한 네 가지 중요한 방법을 소개한다.

- **예측할 수 없는 것이 있음을 인정하라.** 어떤 기업 활동에서도 불확실성을 제거할 수는 없다. 혼돈의 힘을 가장 유용하게 이용하기 위해서는 최악의 상황을 예상해 계획을 짜고, 최선의 상황을 바라며 변화에 대비해 적절한 전략을 적용하는 데 적극적으로 앞장서야 한다. 현재의 상태를 흔드는 혼란은 단순히 기존의 운영 체계를 뒤집기만 하는 것이 아니라, 새로운 기회의 창문을 여는 계기가 되기도 한다. 그러한 기회를 포착하기 위해 신속하게 임기응변으로 대응하고 행동하라.
- **더욱 객관적인 관찰자가 되어라.** 진정으로 마음을 열고 기꺼이 당면한 문제들에 다가가라. 이러한 변화들과 관련된 새로운 패턴과 추세를 밝힐 수 있는 더욱 세부적인 사항에 주목하라. 이러한 문제들에 내재되어 있을지 모르는 가장 기대되는 유익한 측면을 차분하게 시간을 두고 확인하라. 당신의 성공을 보장하기 위해 필요한 조치를 취하라.
- **인내하라.** 주어진 상황 뒤에 숨겨진 기회들은 대개 스스로 모습을 드러내기까지 시간이 걸린다. 서두르거나 본능에 따라 섣불리 행동하지 마라.

본능은 영감을 주지만 임기응변의 행동을 할 때는 이성의 지배를 받아야 한다.

- **지체 없이 결정을 내려라.** 혼돈의 파도를 타기로 결정했다면, 새로운 변화의 전개 방향을 당신에게 유리한 쪽으로 은밀하게 틀기 시작할 수 있다. 이 과정에서 당신은 그러한 변화와 함께 어울릴 수도 있고, 충돌할 수도 있다. 다만, 새로운 사건이 일어날 때마다 신중하게 행동하고 방향을 바로잡는 수고를 해야 한다.

혼돈에 강제로 질서를 부여하려는 것은 근본적으로 터무니없는 짓이다. 오늘날 가장 영향력 있는 리더들은 혼돈과 싸우지 않는다. 그들은 오히려 시장에서 떠오르는 새로운 패턴을 찾아내 (이해하고) 가장 유망한 것이 무엇인지 확인한 뒤, 그것을 끄집어내 자신들에게 유리하게 조작한다. 당면한 새로운 환경과 수단을 인정하고, 기존에 보유한 자원을 이용해 임기응변의 기지를 능숙하게 발휘하면 할수록 변화의 흐름을 더 잘 따르고 변화를 더욱 생산적인 방향으로 이끌 수 있다.

경력 관리에서 임기응변의 중요성

이제 모든 것이 늘 변한다는 사실에 이의를 달 사람은 아무도 없다. 그리고 기업 세계에서 임기응변의 능력을 발휘하고 성공하기 위해 필요한 도구와 기술이 무엇인지도 안다. 그러나 오늘날 급변하고 있는 경력 관리의 세계는 어떻게 헤쳐나갈 것인가? 대답은 간단하다. 진로를 정하고 이 불확실성의 바다를 당신의 배로 항해하기 시작하라. 밀려오는 기류와 해류 때문에 배가 진로를 이탈할 위험이 있을 때, 항로를 정상으로 돌려놓아라.

새로운 경력 경로를 생각할 때 도로지도가 아닌 해도를 본다고 생각하라. 아무리 물결이 거세고 항로를 멀리 돌아가야 하더라도 항해를 멈추지 마라.

무한한 선택과 도전의 세계에서 오늘날 성공하기 위해서는 다음과 같이 해야 한다.

- 기존의 승진 제도와 체계를 무조건 믿고 따르지 마라.
- 두려움을 떨치고 어떤 편견이나 선입견 없이 상황을 있는 그대로 판단하고 그에 따라 행동하라.
- 이러한 통찰력을 바탕으로 적시에 올바른 조치를 취함으로써 바라는 결과를 향해 나아가라.
- 변화하는 환경에 맞추어 진로를 조정하고, 경력 개발에 위협을 주며 앞을 가로막는 장벽과 장애물이 나타나더라도 잘 헤쳐나가라.
- 변화하는 욕구와 시대에 적합하게 자기만의 개인적 발전과 경력 개발 계획을 짜고 실행하라.
- 다른 사람들이 그들의 능력을 키우도록 돕는 데만 투자하지 말고, 자기만의 수단과 재능, 능력을 키우는 데 투자하라.
- 경력과 직장 이동이 있을 수 있으며 앞으로 일어날 것임을 인정하고, 미리 계획을 세우고 대비하라.

다행스럽게도 사람들이 두려워하고 걱정하는 것과 반대로 우리는 늘 상황을 통제할 줄 안다.

대학원, UN에서의 인턴 생활, 워싱턴 D.C.의 실업자 대상 미국의회 연수 프로그램을 마쳤지만 남은 것은 10만 달러가 넘는 빚이라는 갑작스런 궁지에 몰리고 나서 자신의 미래 전망이 얼마나 불투명한지 걱정하게 된 패멀라 올리리의 사례를 생각해보자. 그러나 올리리는 그 상황에서 포기하지 않고 안정된 길을 찾기 위한 계획을 짜고 행동했다. 자기 개발에 더욱 힘쓰는 동시에 인맥을 넓히고 활용하는 작업에 나섰다.

올리리는 그로부터 2년 만에 공공정책 분야에서 일하고자 하는 여대생들을 전문적으로 육성하는 비영리단체 공공리더십교육네트워크의 사무총장에 임명되었다. 올리리는 『포브스』와의 인터뷰에서 이렇게 말했다. "운이 좋았다고요? 전혀 그렇지 않아요. 바라던 직업을 얻기까지 늘 끈질기게 직업 개발 기회를 찾아다니고 강력한 인맥을 구축했습니다. 자신이 하는 일이 장래성이 없거나 정체된 느낌이 든다면, 그것을 바꿀 수 있는 힘이 바로 자기 손안에 있다는 것을 기억하세요."[12]

직장 생활에서 임기응변의 능력을 발휘한 예는 수없이 많다.

- 코라 에드워즈는 뉴욕 주 북부에 있는 한 냉동 도넛 가게에서 한밤중에 교대근무를 하는 가난한 영국인 이민자였다. 그녀는 웨스턴거버너스 대학(19개 주지사들이 주민들의 직업훈련을 위해 세운 능력 개발에 초점을 맞춘 기관)에서 온라인 강의로 학점을 따서 간호학 석사학위를 받은 뒤, 지금은 공인 간호사들을 교육하고 있다. 그녀는 만족스러운 생활을 하고 있다. "현재 정책과 제도 개선에 앞장서고 다양한 프로그램을 만들고 다른 직

원들을 교육하는 일을 하고 있어요."

- 야심만만한 20대 기업가 스티브 에스피노자의 사업 전망은 교착상태에 빠지기 시작했다. 그때 마침 웹로그의 공동창립자 제이슨 칼라카니스가 트위터에 곧 있을 LA 레이커스 농구팀 경기 입장권을 양도할 사람을 찾는 트윗을 올렸다. 에스피노자는 자기에게 입장권이 있으며(사실은 가지고 있지 않았음에도), 좌석이 좋다고 응답했다(그는 재빨리 온라인으로 검색해 입장권을 샀다). 그러고는 칼라카니스를 만나(그들은 이틀 뒤에 만났다) 입장권을 주었다. 에스피노자는 자신이 칼라파니스에게 제공할 수 있는 가치를 보여주기로 마음먹고 그와 이야기를 시작했고, 공짜로 그의 일을 자문해주었다. 나중에 칼라카니스는 에스피노자의 벤처기업에 수천 달러를 투자했다.
- 본업이 건축가인 리처드 솔 워먼은 언제부터인지 업무가 끝나면 여러 주제에 관심이 많아졌다. 그는 이후 많은 책을 쓰면서 여러 분야를 공부하고, 행사를 주최했다. 자신은 아무 능력도 없고 다만 호기심이 많은 사람일 뿐이라고 말한다. 스스로 많은 것을 깨우친 이 박식한 사람이 이룬 업적 가운데 하나가 바로 유명한 무료 동영상 강연인 테드TED를 만든 것이다.
- 베이비붐 세대인 린다 롬브리는 대학에서 가정학과를 전공했는데, 다른 분야로 직종을 바꾸기로 마음먹었다. 그래서 드렉셀 대학에서 MBA를 따고 마케팅 커뮤니케이션과 소비자 조사, 홍보 분야로 업무를 바꿨다. 그녀는 직장에서 해고되자 자신의 커뮤니케이션과 프로젝트 관리 재능을 활용해 제2의 경력으로서 자가 출판 분야에 진출했다.
- 마케팅을 전공한 애덤 위티는 앞으로 무엇을 하면서 살아야 할지 몰라 헤매고 있었다. 때마침 동기 부여를 전문으로 하는 강사였던 한 친구가 말하

길, 모든 강연자가 책을 펴내고 싶어하며, 그 일을 할 사람을 찾고 있다고 했다. 몇 달 뒤, 그 분야에 거의 경험이 없는 위티는 비행기를 타고 전미연설가협회 총회가 열리는 곳에 가서 작은 부스를 마련했다. 그가 그곳을 떠날 때 손에는 13명의 연설가와 맺은 계약서가 들려 있었다. 이후 그의 사업은 빠르게 성장했다.

- 조엘 마셀은 생물학자였다. 하지만 그는 학문적 연구보다 사회적 활동을 더 좋아한다는 것을 깨닫고 로스쿨에 진학했지만, 6년 뒤 유감스럽게도 그가 깨달은 것은 자신이 남들과 소송을 벌이는 일에 적합하지 않다는 사실이었다. 다행히도 경력 이동 과정에서 그는 개인 사이의 소통 요령, 조사, 전략적 계획 수립과 같은 다양한 기술을 습득했다. 마셀은 현재 이 모든 것을 적절하게 조합해 각종 협회 관리 사업을 성공적으로 잘 운영하고 있다.

당신은 자신의 경력을 선장의 자리에서 바라볼 수도 있고, 배 후미에 있는 객실에서 바라볼 수도 있다. 당신은 위에서 지시가 내려오거나 자신이 자격을 갖추었다고 생각할 때까지 그리고 기회를 완벽하게 잡을 때까지 기다릴 수 있다. 아니면 반대로, 스스로 앞장서서 권한을 부여하고 당장 성공을 향해 항해를 시작해 잘못된 것은 도중에 바로잡고 결정적이고 신중한 행동으로 기회를 만들어나갈 수도 있다. 다시 말해서, 뒷자리에 앉아서 수동적으로 일이 벌어지기를 기다리든, 아니면 임기응변의 능력을 발휘해 앞으로 나아갈 길을 직접 정하든 둘 중 하나를 선택할 수 있다. 어느 경우든 끝까지 목표에 집중하고 때를 놓치지 않음으로써 성공의 가능성이 높아지는 과정을 지켜보라.

오늘날 안전하게 경력의 바다를 항해하기 위해서는, 다음과 같이 해야 한다.

- 당신의 핵심 목표 달성을 위한 가장 합리적인 진로를 선택하라.
- 그것을 바탕으로 끊임없이 빨리 앞으로 나아가라.
- 여러 변화에 맞게 진로를 수정하라.
- 장애물이 나타나면 피해 가라.
- 이렇게 우연히 부딪히는 곤경들로부터 교훈을 배워라.
- 또 새로운 위기 상황이 발생하면 여기서 얻은 통찰을 활용하라.
- 끊임없이 임기응변의 능력을 발휘하며 문제를 풀어나가라.

오늘날 경력 관리에서 성공하는 비결은 민첩하고 융통성 있고 유연해지는 것이다. 장기적 목표에서 눈을 떼지 않으면서 언뜻 납득이 안 가는 것처럼 보이지만 단기적으로 목표를 이루기 위한 실천적 행동을 해야 한다는 말이다. 감봉과 좌천, 직무 교체나 이직을 어쩔 수 없이 받아들여야 할 때에도, 새로운 인맥이나 교육, 통찰을 통해 적시에 적절하게 행동함으로써 결국에는 그 상황을 당신이 더 높이 도약할 수 있는 계기로 이용할 수 있다.

많은 기업과 마찬가지로, 경력은 점점 관리하기 힘들고 무너지기 쉽다. 보스턴 경영대학원에서 전략과 혁신을 가르치는 쇼반 오마호니 교수에 따르면, 직업 개발을 위한 전통적 모델은 다음의 네 가지 전제를 바탕으로 제시된다.

- 안정된 환경에 있는 안정된 조직
- 직위가 점점 올라가는 계층구조
- 조직 내부 중심
- 거대 조직 안에서 경력 이동

오마호니와 그녀의 동료 학자인 뉴욕대 베스 베키 교수는 다음과 같은 직장 내부 환경의 변화들 때문에 과거의 경력 관리 전략이 이제 더이상 통하지 않는다고 주장한다.

- 조직 간 이동
- 짧아진 근속 연수
- 수평적인 경력 이동
- 외부 인재와 노동 시장의 중요성 증대

두 학자는 산업혁명 이후 우리가 경력 개발 역설에 직면해 있다고 주장한다.

특히 개인의 능력이나 잠재력에 대한 지식이 전혀 없을 때, 고용주는 과거의 경험으로 직원을 평가한다. 비록 당신이 야심만만한 중견 리더일지라도 외부에 알려지지 않은 인물이라면, 문제가 아닐 수 없다. 고용주는 첫 대면에서 당신이 무엇을 할 줄 아는지 모르기 때문에, 당신이 먼저 회사의 중요한 일을 해낼 재능이나 능력이 있다는 것을 어필해야 한다. 어떻게 할 것인가? 이는 닭이 먼저냐, 달걀이 먼저냐와 같은 문제다.

필요한 직업훈련과 교육이 부족할 수 있는 계약직과 단기 노동자들이 점점 늘어나고 있는 상황에서, 기업들이 그들을 장기적 투자 대상으로 보지 않는 것은 심각한 문제가 아닐 수 없다. 그들은 진로 지도와 경력의 성장, 개발 방식에 대해 거의 아무 지원도 받지 못한다. 또한, 계약 조건에 따른 직무 경험 말고는 다른 경험을 할 수 없기 때문에, 더 좋은 다른 일자리로의 이직을 생각하거나 승진하지 못하는 것에 대해 불만을 토로하기는 어렵다.

오마호니와 베키는 이들 집단을 연구하면서 그들이 자신의 능력을 외부에 알릴 수 없는 상황을 그대로 인정하고 받아들인다면, 그러한 경력 개발 역설의 문제를 해결하지 못한다는 사실을 발견했다. 그 문제를 해결한 사람들은 개인적으로, 직업적으로 새롭게 성장하고 기회를 잡을 수 있는 영역에 기꺼이 뛰어든 이들이었다.

이러한 계약직과 단기 노동자들 가운데 성공한 사람들의 비결은 개인적 행운이나 재능, 지능에 기대지 않고, 자신의 능력을 확장시키는 새로운 직책을 맡아 새로운 기술을 습득하기 위해 끊임없이 노력한다는 것이다. 무엇보다도 계속해서 변화하는 미지의 환경에 대처하기 위해 그들은 모두 아주 단순한 방법을 택했다. 천천히, 그러나 확실하게 자신의 재능과 능력을 환경에 맞게 확장해나갔다. 그들은 이러한 목표를 달성하기 위해 단순히 돈을 많이 주는 일자리만을 찾지 않는다. 오히려 기존 분야에서 자신의 능력을 이용해 새롭게 더 많은 재능과 경험을 쌓을 수 있는 일을 찾으려고 애쓴다.

예를 들면, IT 종사자들은 한 소프트웨어 프로그램에서 기본적인 기술을 습득하고 나서 빠르게 성장하는 또다른 프로그램을 상세히 검토하고, 마침내 그 새로운 프로그램에 능숙해질 때까지 습득한 기술을 시험했다.

또, 초보 영화 스태프들은 다방면의 재능과 능력이 요구되는 무대 미술, 의상, 조명과 같은 다양한 분야에서 일을 한다. 이로 인해 그들이 나중에 더욱 전문화된 경력—이를테면 오마호니와 베키가 예로 든 클레이 만화영화—경로를 닦아나갈 수 있는 핵심 기술을 익힐 수 있다.

이런 사람들은 불확실한 미지의 세계에서 성공하기 위해 네 가지 전술을 사용한다.

- **능력을 차별화한다.** 자신이 맡은 바 직무를 눈에 띄게 훌륭하게 수행한다. 남보다 더 많은 노력을 통해 자신을 두드러지게 돋보인다. 그렇게 해서 동료들 사이에 신뢰를 쌓고 동시에 자신의 재능에 대한 외부의 인식과 존경을 불러일으킨다.
- **남들이 추천하는 사람이 된다.** 한 분야에서 쌓은 신뢰를 바탕으로 새로운 분야나 조직, 기업으로 도약하기 위해 직업 인맥을 넓히고 활용한다. 다시 말하면, 그들은 기존의 인맥을 활용해 다른 사람들에게 추천받아 새로운 사람들에게 자신의 재능을 보일 수 있는 기회를 잡는다.
- **약간 과장되더라도 자신의 능력에 대해 자신 있게 말한다.** 성공할 때까지 큰소리친다. 그들이 늘 허세만 부리는 것은 아니다. 자신의 능력을 키울 수 있는 새로운 일자리를 제공할 사람들에게 자신 있게 능력을 보여주기 위해 자기 재능과 경험을 재배치하고 재포장한다.
- **당장의 이익에 연연해하지 않는다.** 새로운 기술과 경험, 인맥, 연결고리, 기회를 늘릴 수 있다면, 더 낮은 보수도, 수평 이동이나 하향 이동(나중에 더 자세히 살펴볼 것이다)도 기꺼이 받아들인다. 한 기술문서 작성 전문가는

> 한 주 동안 세 군데서 수십만 달러 연봉의 일자리 제의를 받았지만 모두 거절하고 그 연봉의 절반에 불과한 직장에 들어갔다고 말했다. 그곳에서는 새로운 기술과 개발 방식들을 배울 수 있기 때문이다.

보다시피, 새로운 경력을 성공적으로 쌓아나가기 위해서는 임기응변 능력이 필요하다. 직급이나 봉급이 동일하더라도 (더 많은 승진과 경력 성장 기회를 제공하는 조직으로) 과감하게 수평 이동하라. 좌천되거나 직위나 보수가 낮더라도 받아들여라.(말하자면, 떠오르는 혁신적 시장에서 새로운 기술을 얻고 직접 체험하며 일할 기회를 얻으려고『포춘』500대 기업을 떠나 벤처기업으로 가는 것.) 잠시 앞으로 나아가기를 멈추거나 뒤로 물러서더라도 궁극적으로 추구하는 경력을 쌓기 위한 노력은 멈추지 마라. 이러한 움직임을 통해 얻은 지식과 경험, 기술을 응용할 때, 당신은 한 단계 더 높이 도약할 것이다.

일이 어떻게 돌아갈지 확실히 아는 방법은 오로지 당신이 처한 환경을 정확하게 파악하고, 자신의 선택 범위를 객관적으로 살핀 다음, 당신이 그 일을 가장 잘할 수 있게 하는 해법을 임기응변으로 즉시 실천하는 것이다. 그렇게 계속해서 반복하라. 그리고 그렇게 노력할 때마다 당신의 경험과 지식, 기술, 기회가 급속도로 늘어나는 것을 지켜보라.

적용은 새로운 교육의 시작이다

그러나 임기응변은 오직 시장을 선도하는 기업이나 숙련된 직장인들만이 변화하는 시장 환경에서 살아남기 위해 반드시 갖춰야 하는 새로운 생존 기술은 아니다. 임기응변은 직업 세계에 새로 진입할 준비를 하는 새내기들에게도 마찬가지로 꼭 필요하다.

이렇게 빠르게 움직이고 인력 공급이 지나치게 많은 시장에서는 당신의 생각을 바꿔야 한다. 미래는 학점이 B+인 학생의 것이기 때문이다. 앞으로 승리는 박식하거나 완벽한 사람들에게 돌아가지 않는다. 미래는 단순히 적절한 기준(경제학자들이 말하는 기본적인 필요조건)을 충족하는 정도만 노력하며, 쓸데없는 데 시간을 낭비하지 않고(현실 세계에서 A-와 B+의 차이는 무엇인가?) 더욱 생산적인 데 사용하는 사람들에게 돌아간다. 요컨대 앞으로 끊임없이 나아가는 데 성공하는 사람들은 길을 가면서 자신을 위한 교육과 경험, 경력 경로를 그때그때 곧바로 헤쳐가며 쌓아갈 수 있는 기회를 더 많이 만들어낼 것이다.

미래를 이끌어갈 인재들은 단순히 외운 정답을 쉽게 되뇌거나 과거의 해법들을 그대로 적용(오늘날 좋은 점수를 받는 학생들의 재능)하기보다는 옛날처럼 칭찬을 받기 위한 노력을 기울이면서 동시에 새로운 아이디어를 임기응변으로 착안할 줄 알아야 한다. 그들은 또한 통찰력을 갈고 닦고 창조력을 향상시키고 더욱 획기적 발명을 할 수 있는 방법들을 창안해내는 데 더 많은 시간을 할애할 것이다. 그러고 나서 창안한 새로운 방법들을 적용하고 그 과정에서 많은 것을 배울 수 있는 새로운 기회를 만들어낼 것이다. 사실상 졸업은 교육의 끝이 아니라 새로운 시작을 의미한다.

더욱 그럴싸한 능력을 가진 사람들(모든 부모는 아이들이 모든 과목에서 만점 받기를 원한다)도 성공하기가 점점 어려워지는 상황에서, 독학으로 성공해 우리를 놀라게 하는 경우가 점점 더 늘어나는 현실은 왜 발생하는가? 기술과 통신의 획기적 발전이 그들에게 고른 학습 기회를 제공했기 때문이다. 게다가 그들은 이렇게 변화하는 환경에 발맞추어 전술을 다시 짜고 경쟁자를 앞지르기 위한 새로운 방법을 끊임없이 찾고 있다. 오늘날 그렇게 많은 사람이 경쟁하고 도전하는 환경에서 성공하는 방법은 (시각적으로) 독특하고, (이익 차원에서) 최대로 유용하고, (다른 것과 바꿀 수 없을 정도로) 최고의 부가가치를 창출하는 것이다. 기업 환경이 변했고, 과거의 방식은 이미 누구나 예상할 수 있게 되었기 때문에, 전과 다름없이 행동한다면 점점 더 구태의연하고 무용한 결과를 낳는다. 혁신적인 사람들은 경쟁자들이 사생결단을 하고 달려들 때도 더욱 융통성 있고 창조적으로 행동함으로써 날마다 경쟁에서 이기기 위한 새로운 방법들을 만들어내고 있다.

다시 말하자면 더 똑똑해지거나 더 많은 경험을 해야 한다는 의미가 아니라, 더 실용적이고 융통성이 있어야 한다는 뜻이다. 따라서 영리함, 실용성, 리더십 같은 특성이 재능이나 영예보다 성공을 결정하는 더 중요한 요소가 되고 있다.

이제 스스로에게 물어보라. 우리가 누구보다도 더 혁신적인 사람들을 칭송하면서 실제로는 혁신적인 사업가처럼 생각하려고 애쓰지 않는 이유는 무엇인가? 모든 대학생이 마크 주커버그처럼 능력이 뛰어날 수는 없다.(또한, 모두가 그렇게 되기를 바라는 것도 아니다.) 그러나 그들이 그런 훈련을 받는다면 더 많은 사람이 그렇게 될 수 있을 것이다.

교육개혁을 선언한 『꿈을 훔치지 마라Stop Stealing Dreams』를 쓴 베스트셀러 작가 세스 고딘은 우리 스스로에게 묻는 것에서 시작해야 한다고 말한다. 무엇을 위한 학교인가? 그의 주장에 따르면, 우리에게 반드시 필요한 기술—어려움이 닥쳤을 때 그것을 이겨내고 상황에 맞게 창조적으로 해결할 줄 아는 방법—은 학교에서 가르쳐주지 않는다. 고딘은 아이들이 보다 균형잡힌 교육을 받기 위해서는 부모들이 자녀들에게 교과과정 이외의 과제들을 수행하면서 경험과 익숙한 영역을 넓힐 수 있게 하되, 위험은 여전히 최소화하도록 배려할 것을 강력히 촉구한다. 동시에 고딘은 현실이 다르게 돌아가는 이유를 지적한다. "많은 사람(젊은이)이 이런 기회를 이용하지 않고 있다는 거예요. 학교에서 A학점을 받느라 너무 바쁘기 때문이죠."[13]

과연 A학점이 얼마나 젊은이들에게 도움이 될지 의문이 아닐 수 없다. 퓨리서치Pew Research에서 조사한 바에 따르면, 대졸자 가운데 대학이 취직을 준비하는 데 도움을 주었다고 생각하는 사람은 55퍼센트에 지나지 않았다. 또한 현재 대학에 다니는 학생과 고용주 가운데 대학이 직장 생활을 잘할 수 있도록 준비시키고 있다고 생각하는 비율은 절반도 안 된다.[14]

고딘은 미래의 리더들은 정규 교육보다 임기응변의 능력을 통해 성공할 것이라고 말했다. 아타리Atari(스티브 잡스가 한때 일했던 세계 최초의 비디오게임 회사—옮긴이)의 설립자이자 『나는 스티브 잡스를 이렇게 뽑았다Finding the Next Steve Jobs』의 공동 저자(이자 애플의 설립자가 처음으로 능력을 발휘할 기회를 준 사람)인 놀런 부슈널도 그 의견을 지지한다. 그는 교과서 앞에 앉아서 배우는 것보다 직접 체험하고 취미를 즐기고 새로운 실험을 시도하면서 배우는 것이 더 많다고 주장한다.

당신도 알다시피, 앞으로의 성공은 똑똑한 머리만으로는 충분하지 않다. 현실감각이 있어야 한다. 일을 추진하면서 끊임없이 배우고 관점과 접근방식을 재조정하며 그 감각을 길러야 한다. 공부를 잘하는 학생이 아니라, 현실 적응력이 뛰어나고 창조적이며 실용적인 학생이 되는 것을 목표로 해야 한다.

임기응변에 뛰어난 사람이 되기 위해 노력하라. 그러면 시험에서 몇 점을 받든 교육에 얼마나 많은 돈을 쏟아붓든 상관없이, 당신은 인생과 기업 활동에서 A+를 받을 수 있다. MBA나 박사학위를 반드시 받아야 하는 것은 아니다. 하지만 목표는 반드시 완수할 줄 알아야 한다. 다만 여기서 필요한 것은 살면서 부딪히는 숱한 문제에 기꺼이 적응하고, 처리할 수 있게 하는 변화와 혁신을 향한 자신의 의지다.

풀리지 않는 어려운 수수께끼는 없다

기업을 하는 사람은 누구나 아는 것처럼, 성공으로 가는 길에는 수많은 도전과제가 깔려 있다. 그 가운데는 유독 어려운 문제가 있지만, 아무리 어렵더라도 풀리지 않는 것은 없다. 신제품이 개발될 수도 있고, 막강한 경쟁업체를 만나 시장에서 철수할 수도 있고, 고객을 빼앗길 수도 있지만, 사람의 능력에는 한계가 없다. 우리의 끝없는 임기응변 능력을 볼 때 특히 그렇다. 모든 문제와 도전과제는 누군가 풀어주기만을 기다리는 수수께끼에 불과하다. 다음을 참고하면 당신도 그러한 수수께끼들을 풀 수 있다.

- 결정을 내리기 전에 그 가능성과 문제점을 심사숙고한다.
- 스스로 실험하고 실패하고 다시 도전할 수 있는 기회를 준다.
- 행동 계획을 수립하고 실행한다.
- 어느 부분에서 실패하고 있는지, 그 이유는 무엇인지 생각한다.
- 이러한 통찰을 바탕으로 전략을 수정한다.
- 필요할 때마다 이런 과정을 반복한다.

우리 내부의 두려움과 당면한 문제를 알게 되었을 때, 임기응변으로 즉각 대응하고 해결책을 제시함으로써 생산적으로 반응할 줄 아는 능력은 오늘날 우리가 수수께끼 같은 어려운 문제들을 성공적으로 해결하기 위해 반드시 갖춰야 할 재능이다.

리더십 강사인 제이크 브리든의 말에 따르면, 조직이든 개인이든 그렇게 하기 위해서는 기존의 관점을 바꾸어야 한다. 문제가 생긴 다음 준비하는 것이 아니라, 늘 문제가 생길 것을 대비하고 경계를 늦추지 않는 상태를 유지하는 것이 중요하다. 어떤 상황이 닥쳐와도 대응할 준비를 하라. 완벽함을 추구하다 아무것도 못하는 어리석은 짓은 하지 마라. 문제가 발생할 때마다 당신만의 창조적인 해법으로 역동적으로 대응하기를 주저하지 마라. 한 가지 해답만 있는 것은 아니다. 하지만 아무것도 하지 않는 것은 답이 아니다.

1980년대에 한창 유행했던 루빅큐브 장난감을 기억하는가? 정육면체의 각 면을 같은 색깔로 맞추는 것은 불가능해 보였다. 하지만 요령만 익히면 실제로는 매우 쉽다. 잘 알려진 대로 우선 한 면을 선택해 색깔을 맞추고, 차례로 한 층씩 풀어나가면 된다. 인생도 이와 비슷하다. 풀리지 않는 더 큰 난관에 봉착하더라도 겁먹지 말고, 작은 조각들에 집중하면서 차례로 그 조각들이 제자리를 찾을 때까지 천천히 꾸준히 돌려라.

그러나 더 중요한 것이 있다. 그 방식은 여러 가능한 방식 가운데 하나일 뿐이라는 사실이다. 당신 앞에 닥친 문제, 해결하려고 애쓰고 있는 것, 동원할 수 있는 자원들이 무엇인지 잠시 숨을 고르고 차분히 바라보라. 그러면 그 수수께끼를 풀 수 있는 많은 다른 방법을 발견할 수 있을 것이다.

한 가지 간단하게 예를 들어, 당신이 어떻게 동시에 두 곳에 있을 수 있는지 스스로에게 물어보라. 돈만 날리고 다니는 그래비티 킬스Gravity Kills라는 밴드의 드럼 연주자인 커트 컨스는 그 답을 잘 알고 있다.

컨스는 4년 동안 3개의 음반을 내고 1,000번의 공연을 다니면서 로큰롤의 꿈을 키워가야 했지만, 밴드는 연주 여행 지원금과 음반 판매 인세를 받지 못해 6만 달러의 빚을 지고 말았다. 그는 그나마 아내가 벌어오는 연봉 2만 4,000달러의 수입에 기대어 살고 있었다.

그러던 어느 날, 재앙이 들이닥쳤다. "갑자기 수표 지불이 정지되었죠. 수십만 장의 음반을 판 뒤에 말이죠…… TVT[망해가는 그의 음반회사]는 우리에게 더이상 줄 돈이 없으며, 이제 집으로 돌아가라고 통보했어요."[15] 게다가 냅스터(최초의 MP3 음악 파일 공유 서비스로 초기에 폭발적 인기를 얻었으나 저작권 분쟁으로 폐쇄됨—옮긴이) 서비스가 막 개시되면서 라디오를 통한 음악 청취가 줄어들자, 라디오 음악 방송도 급격하게 줄어들기 시작했다. 그때 그의 나이는 벌써 서른에 접어들고 있었고, 딸아이도 태어난 상황이었다.

컨스가 곤경에 처한 적은 그때가 처음이 아니었다. 이전에도 지방 공연 담당자가 4만 달러를 횡령해 도망가는 바람에, 컨스가 직접 계약을 맺고 티셔츠를 제작하고 지방 공연 담당자를 뽑고 자르는 일을 해야 했다. 그러나 살면서 또다시 갑자기 멈칫한 순간이 왔다고 해서 인생이 다 끝난 것은 아니었다. 컨스는 드럼 연주를 그만두고, 자신의 삶을 다시 설계했다. 음악에 대한 사랑, 음향을 이해하는 뛰어난 청각, 건축학 전공자로서의 능력을 이용해 고품격 공연 공간을 만드는 일에 뛰어들었다. 현재 그는 워싱턴 대학과 워싱턴 미술박물관, CBS 라디오를 고객으로 둔, 본사가 세인트루이스에 있는 일류 디자인 회사인 V3 스튜디오를 운영하고 있다. 성공에 대해 이야기할 때, 컨스는 히트 친 음반의 판매 수치를 믿지 않는다. 오히려 그가 믿는 것은 중소기업가였던 아버지에게서 은연중에 배운, 위기 상황에서 임기응변을 발휘할 줄 아는 현실감각이다. 컨스가 지적하는 것처럼, 기업이든 개인이든, 오늘날 직업 세계에서 성공의 길을 헤쳐나가는 일은 그 어느 때보다 더 복잡하고 불확실해졌다. 그 어느 세대가 보았던 것보다 더 구불구불하고 울퉁불퉁한 길이 앞에 펼쳐져 있다.

그럼에도 불구하고 컨스는 그러한 걱정들을 해소할 수 있는 아주 간단한 방법이 있다고 주장한다. 마음을 열고 변화를 받아들이고 행동하면서 배워라. 그러면서 끊임없이 진로를 수정하고, 늘 기존 관념을 10퍼센트나 20퍼센트 넘어서는 생활을 추구하라. 요컨대 끊임없이 변화하는 환경에 발맞추어 당신도 끊임없이 임기응변의 자세를 늦추지 마라.

행동 지침

과거의 규칙이 과거에는 성공을 보장했을지 모르지만, 지금은 더이상 그렇지 않다. 장기적으로 스스로 미래 경쟁력을 갖추기 위해서는, 개인이든 조직이든 새롭게 일하고 일을 벌이는 방법을 창조하기 위해 임기응변의 능력을 발휘할 줄 알아야 한다. 그러나 임기응변은 그냥 생기는 것이 아니다. 끊임없이 새로운 것을 배우고 환경 변화에 늘 적극적으로 대처할 준비를 해야 한다. 임기응변의 능력을 발휘하기 위해 다음과 같이 행동하라.

- **기업 활동이나 경력 관리에서 변화의 긍정적 측면에 집중하라.** 성장이나 학습, 적응의 기회 같은 것들이 이에 해당한다. 그러한 기회를 적극적으로 찾고 이용하기 위해, 또는 자신에게 유리하게 작용하도록 하기 위해 필요한 것은 무엇이든 하라.
- **감정 때문에 일을 그르치지 마라.** 당신이 앞으로 직면할 많은 문제와 상황을 직시하고 최선의 방법으로 다룰 줄 알아야 한다.
- **혼돈처럼 보이는 상황에도 질서가 있음을 알라.** 기존의 사고방식이나 관점을 조금만 바꿔도, 변화의 파도에 휩쓸리지 않고 오히려 그 파도를 타는 임기응변의 능력을 배울 수 있다.
- **예측 불가능성을 받아들여라.** 좀더 객관적으로 관찰하고, 인내하고, 결단은 신속하게 내리는 사람이 되어라.
- **더 많은 자원과 능력, 지식을 배우고 얻기 위한 새로운 기회를 찾아내라.** 당신이 마음대로 다룰 수 있는 수단이 많을수록, 더 유연하고 효과적으

로 행동할 수 있다.

- **끊임없이 경력을 쌓아나가라.** 상황에 따라 임기응변을 발휘하면서 때로는 옆으로, 때로는 뒤로 물러서기도 하고, 때로는 팽팽한 긴장 상태를 유지하더라도, 늘 성공을 향해 앞으로 나아가라.
- **예측할 수 있는 것은 아무것도 없음을 인정하라.** 당신의 힘으로 영향을 끼칠 수 있는 변수들만 통제하려고 하라.
- **두려움과 친해져라.** 그러면 더욱 총명하고 신속하게 변화에 대응하고 적응할 수 있을 것이다.

파변창

8장

파변창 전략 6: 승부를 걸어라

승부를 걸어라 | 위험을 감수하는 것이 다른 한편으로 오히려 안전하다 | 경력 관리에서 승부 걸기 | 새로운 경력 관리 8원칙 | 전략을 바꿔야 하는 이유 | 저돌적인 사람들은 어떻게 승부를 거나 | 가장 혁신적인 회사들은 어떻게 성공하나 | 공격과 방어: 완벽한 게임 운영 방식 | 더 슬기롭게 승부를 걸어라 | 행동 지침

破變創

당신 회사의 최고경영자를 화나게 할 좋은 방법을 찾고 있다면, 동료들에게 보내는 이메일에 상급자를 참조로 넣어 최고경영자의 견해를 비판하는 내용을 써보라. 특히 그 최고경영자가 마이크로소프트의 설립자 빌 게이츠라면 더욱 효과적일 것이다.[1]

제이 앨러드가 네트워크 기술자로 마이크로소프트에 입사했을 당시, 스물네 살에 불과한 그는 이후 역사적인 문건이 된 "윈도: 차세대 인터넷 핵심 애플리케이션"[2]이라는 메모를 사내에 돌렸다. 그러나 그는 그 문서 때문에 회사에서 파면되기는커녕, 오히려 빌 게이츠의 눈에 띄어 승진했다. 그리고 그 문서는 마이크로소프트가 연결성Connectivity에서 기회를 포착하고 넷스케이프의 온라인 브라우저 모자이크에 주목하게 함으로써 첨단기술의 역사를 완전히 뒤바꾸는 계기를 마련했다.

그다음에 등장한 것은 마이크로소프트를 전설적인 기업으로 만들어준 것이었다. 마이크로소프트가 도스 판매에서 인터넷 익스플로러(2003년 시장점유율이 95퍼센트에 이르렀다) 무료 배포로 꾀한 변화는 사업 전략의 엄청난 대변혁이었다. 앨러드가 일약 슈퍼스타로 떠올라 초고속 승진을 한 것은 물론이었다. 그런 대담한 도박을 벌였음에도, "그 메모를 쓰면서 위험한 일을 하고 있다는 생각은 전혀 하지 않았어요"라는 그를 보면 놀라지 않을 수 없다.

대다수 직원에게 앨러드의 행동은 돌발적으로 보였을지도 모른다. 사람들은 앨러드가 공개적으로 창피를 당하거나 혼쭐이 나거나 배척을 당하거나 심지어 해고될 수도 있을 거라고 생각했다.

그러나 앨러드는 전혀 두렵다고 생각하지 않았으며, 아무것도 안 하는 것이 오히려 더 위험한 단계라고 봤다.

"마이크로소프트 입사를 위해 면접을 봤을 때, '이제 어디를 가든 책상 위에 컴퓨터가 없는 곳이 없습니다. (중략) 다음 단계는 그러한 컴퓨터들이 모두 연결되는 것입니다'라고 말했죠. 그러나 저 혼자 힘으로는 그런 일을 할 수 있는 영향력이 없었어요. 그래서 더 많은 사람을 적극적으로 끌어들일 필요가 있었어요. 최악의 경우는 내가 회사의 방향과 정반대되는 엉뚱한 짓에 몰두하고 있거나, 아니면 우리의 목적 달성을 위해 내가 최선을 다해 일하지 않는 것처럼 느껴지리라는 것이었죠. [그 메모를] 쓰는 것은 아주 쉬운 일이었어요."[3]

앨러드는 자신의 메모에 대해 회사가 다음과 같이 반응할 거라고 생각했다.

1. **그냥 무시할 수도 있다.** 그 결과는 메모를 쓰지 않았을 때와 같다.
2. **내 주장에 반박하고 인터넷과 전쟁을 선포할 수도 있다.** 그 결과는 내 목적과 회사의 목적이 더이상 일치하지 않는다는 것을 확인시켜준다. 퇴사

하면 된다.

3. **내 주장에 화를 내며 나를 징계할 수도 있다.** 그 결과는 2번과 같다.
4. **내 주장을 천천히 받아들이되, 나를 거기서 배제할 수도 있다.** 그 결과는 1~3번보다 나을 수 있다.
5. **내 주장을 곧바로 받아들여 내가 그 일을 돕도록 참여시킬 수도 있다.** 내가 바라는 결과다.

그는 이러한 여러 상황의 가능성을 마음속으로 저울질하면서 "이렇게 된다고 한들 '위험' 할 게 무엇이란 말인가?"라고 자문했다.

앨러드는 자신이 꿈꾸는 것에 대한 신념과 목표 실현을 향한 불타는 의지 덕분에 "마이크로소프트 인터넷의 원조"[4]라는 칭송을 받았지만 그것에 만족하지 않았다. 그는 나중에 비디오게임 시스템인 '엑스박스'와 휴대용 음악 플레이어인 '준' 부문의 개발 책임을 맡았다.

그의 사례에서 깨달음을 주는 귀중한 선택들을 찾아볼 수 있다. 무엇보다도 중요한 것은 온갖 두려움을 담담하게 직시하고, 일을 바로잡기 위해 필요한 조치를 취하고, 매우 재빠르게 승부를 거는 것이다.

당신도 앨러드처럼 행동할 수 있다. 그보다 훨씬 덜 위험하게 행동하면서 말이다. 어떤 위험한 상황에 빠진다고 해도, 계획한 대로 신중하게 행동하기만 하면 된다. 먼저 당면한 문제가 무엇인지 명확히 확인한다. 발생 가능한 결과를 모두 나열한다. 그리고 동원할 수 있는 자원를 추려본다. 그런 다음, 성공 가능성이 가장 크다고 생각하고 최종 목표를 달성할 때까지 반복해서 할 수 있는 방법을 선택해 정면 승부를 걸어라. 성공할 가능성은 생각보다 크다.

앨러드가 잘 표현한 것처럼, "사람들이 '위험한 짓'이라고 생각하거나 '스스로 경력을 망치는 행위'라고 말할 때, 나는 오히려 그들이 이상하다고 생각해요. 당신과 회사가 같은 목적을 추구하며, 한 팀으로서 서로에게 투자하는 사이라면, 그런 생각을 할 리가 없어요."

앨러드는 회사의 임원들에게 두려움과 위험을 콜레스테롤처럼 생각하라고 촉구한다. 그의 설명에 따르면, 건강한 위험은 자신의 고정관념을 뛰어넘지만 충분히 다룰 수 있다고 생각하는 어떤 의제나 아이디어, 책임의 추구라고 정의할 수 있다.(비록 약간의 도움과 학습이 필요하더라도 말이다.) 반면에 건강하지 못한 위험은 두려움 때문에 위험한 상황에 도달하거나 스스로 목표를 달성할 수 없다고 생각할 때를 말한다.

하지만 우리는 대개 공통적으로 부딪히는 온갖 두려움으로 인해 건강한 위험은 물론이고 중요성이 분명한 어떤 위험도 감수하지 않으려고 한다.

승부를 걸어라

변화, 불확실성, 실패와 관련된 위험(그리고 그에 따른 두려움)이 기본적으로 운에 좌우되는 도박과 같다면, 마음 편히 그 가능성을 믿고 게임에 임할 준비를 하라. 속담에서 이르듯이, "행운은 열심히 노력하는 자에게 온다". 100번 투자해서 1번 성공한다면, 100번 투자하라. 당신의 평균 매매 계약 성공률이 10퍼센트이고, 20개의 새로운 계약을 따내는 것이 목표라면, 200번 전화를 걸어라. 성공하는 사람들은 언제나 기회가 있는 곳을 찾아다니고 기회를 포착하면 반드시 자신에게 유리하게 작용하도록 만든다. 우디 앨런의 말처럼, 인생에서 성공의 80퍼센트는 자신의 모습을 남들 앞에 드러내는 데 있다. 또다른 10퍼센트는 지극히 당연한 말이지만, 언제 무슨 말을 해야 할지 알아야 한다는 것이다. 당연한 사실이다.(우리 경영컨설팅 회사인 테크새비TechSavvy는 가장 중요한 고객과 거래를 성사시켰던 때와 똑같은 방식, 다시 말해서 단순히 잠재 고객에게 전화를 걸어서 가장 큰 계약을 따냈다.)

혁신적인 기업가들은 궁극적으로 사업을 통해 도박을 하는 사람들일 수도 있다. 노련한 사업가들은 자기 자신과 돈, 심지어 투자자의 돈도 큰 위험에 빠뜨리는 경우가 거의 없다. 그러나 사업을 시작하는 것은 그 자체가 위험한 행위다. 미국에서는 매달 약 54만 3,000개 회사가 새로 설립된다. 그 가운데 약 70퍼센트가 2년밖에 살아남지 못한다. 또 그중에 50퍼센트가 5년, 다시 또 그중에 33퍼센트가 10년간 버틴다.[5] 즉, 매우 승률이 낮은 내기다. 그러나 기업가들은 기꺼이 주사위를 던진다. 맥도날드에서 월마트, 피닉스 대학에서 에디블 어레인지먼트Edible Arrangements에 이르기까지, 세계 최고의 기업들 가운데 다수가 이 과정을 거쳐 탄생했다.

직장인들도 날마다 회사에서 승부를 건다. 직원들은 회사와 시장 상황이 자신들에게 지속적으로 소득과 편익을 제공할 만큼 충분히 안정된 상태를 유지하기를 바란다. 전문가들도 새로운 마케팅 캠페인을 벌이거나 새로운 연구 프로젝트에 착수하거나 새로운 시장을 조사할 때 승부를 건다. 임시직과 인턴사원에서 고위 임원에 이르기까지 모든 직장인은 자진해서 새로운 역할과 책임을 맡을 때마다, 주사위를 던진다. 누구나 앞으로 발생할 이익이 잠재적 위험보다 훨씬 더 크다고 판단 내리고 일을 추진하려면 용기가 필요하다. 이런 이익은 그들이 중요한 기여자라는 사실을 보여주는 귀중한 새로운 경험, 각종 계약과 기회 같은 여러 형태로 나타날 수 있다.

여기서 배울 수 있는 교훈은 다음과 같다.

- 만사를 객관적으로 본다.
- 당면한 문제를 정확하게 이해한다.
- 성공 가능성을 가늠한다.
- 잠재적 이득 대비 손실을 비교한다.
- 신중하게 생각해서 기꺼이 위험을 감수한다.
- 기회를 잡을 수 있는 방법을 찾는다.
- 기회를 포착하면 바로 행동한다.

요컨대 불확실성, 실패, 거부와 같은 일상적인 두려움 때문에 걱정하지 말고, 변화와 낭패, 불안, 소외의 두려움과 같은 부정적 요소들을 머릿속에서 지워라. 오히려 당신이 안주하고 있는 고정관념을 흔들어 털어버려라. 끊임없이 기회를 포착하기 위해 노력하고, 슬기롭게 승부수를 던지고, 확실히 앞으로 나아갈 수 있는 기회가 왔을 때 곧바로 그 기회를 이용할 준비를 하라. 그것이 바로 계속해서 성공할 수 있는 유일한 방법이다.

벤처캐피털 사업가들을 생각해보라. 이 돈 많은 투자자들은 이러한 원칙 말고는 다른 방도가 없기 때문에 그것에 정통하다. 하버드 경영대학원이 조사한 바에 따르면, 벤처캐피털에서 투자한 벤처기업 네 군데 가운데 세 곳이 문을 닫는다. 그리고 95퍼센트의 벤처기업이 손익분기점에도 도달하지 못한다.[6] 캘리포니아 대학 버클리캠퍼스의 토비 스튜어트 교수가 지적하는 것처럼, 이러한 벤처기업들은 위험성이 높은 사업을 많이 하기 때문에 이익을 내는 경우가 매우 드물다. 그러나 그 사업 하나하나는 성공 가능성이 적음에도 불구하고 실제로 성공할 경우 매우 큰 영향력을 발휘하므로 정면으로 승부를 걸 만큼 충분한 가치가 있다.

개인적 차원에서 당신도 이와 비슷한 승부 전략을 써서 성공할 수 있다. 오늘날 성공한 사람들은 많은 문을 두드리지만, 실패 때문에 안절부절하지 않는다. 앞서 본 것처럼, 우리는 실수하고 좌절하고 다시 일어나면서(다시 말해서, 새로운 전술과 접근방법을 적용하고 새로운 관점에서 바라보면서) 배운다. 내기는 이길 때도 있고 질 때도 있다. 하지만 사업 전략을 잘 운영하고 사업을 현명하게 다각화하는 한, 이기나 지나 결론은 똑같다. 게다가 모든 상황에는 성공 조건들이 있기 마련이다.(심지어 법적으로 실패한다고 해도, 당신은 그 모든 시도로부터 아주 중요한 통찰과 인맥, 깨달음을 얻을 수 있다.) "노"라는 말은 대개 "지금은 노"를 의미한다. 전략과 환경은 늘 변하기 때문이다.

개인이든 기업이든, 여기저기 문을 두드리고 씨를 뿌려라. 당신이 승부를 걸고 끈질기게 버틸 때 얼마나 많은 기회가 문을 활짝 열고 모습을 드러낼지 안다면 깜짝 놀랄 것이다. 그 모든 것은 당신이 슬기롭게 승부수를 던지고 끊임없이 그 과정을 반복하려는 의지가 얼마나 강한가에 달려 있다. 도박에 쓸 칩을 모으고 저장하는 데 모든 시간을 허비하기보다, 오히려 실제로 도박할 준비를 하라.

위험을 감수하는 것이 다른 한편으로 오히려 안전하다

지나치게 몸을 사리고 아무것도 안 하는 것보다는 기꺼이 위험을 감수하는 편이 사실상 더 안전하다. 이 말은 우리의 상식을 뒤엎는 것처럼 보인다. 하지만 성공하는 기업들은 본디 일부에서 반대 의견이 있더라도 위험을 무릅쓴다. 그들은 새로운 제품, 시장, 기회가 저절로 만들어지지 않는다고 생각한다. 그것은 단호한 결정과 행동—변화와 혁신을 주저하는 사람들에게는 전혀 불가능하지는 않지만 기대하기 힘든 행동—을 통해 생성되기 때문이다.

성공하는 개인들 또한 승부사이기는 마찬가지다. 그들은 끊임없이 기존의 상태에 안주하지 않고 자기 영역을 넓히려고 애쓰며, 신중하지만 기꺼이 위험을 감수하고, 여러 승부수를 만지작거리며 자신만의 성공 방식을 준비하기도 한다.

우리는 이제 당면한 각종 도전이나 문제를 해결하려면 끊임없이 변화하는 상황과 도전과제에 적응해서 그에 맞는 전략과 해법을 도출해야 한다는 점에 동의한다. 잠재적 문제를 해결할 해법을 많이 가지고 있더라도, 막상 필요할 때 곧 효력을 발휘할지는 아무도 장담하지 못하기 때문이다. 많은 리더가 깨달은 것처럼, 실제로 가장 좋은 약은 당면한 문제를 가장 잘 해결할 수 있는 약이다. 끊임없이 변화하는 시대에 직장인과 기업들은 경쟁에서 앞서기 위해서는 물론이고 뒤지지 않기 위해서라도 반드시 혁신해야(즉, 승부를 걸어야) 하며, 대개는 그렇게 한다.

테니스 경기를 예로 들면, 수비만 해서는 이길 수 없다. 점수를 따기 위해서는 끊임없이 공격해야 한다. 상대방이 넘긴 공을 강타하려면 수비를 하면서 상대방의 허점을 끊임없이 노려야 한다. 그러나 허점을 찾아내는 것만으로는 충분하지 않다. 그런 기회가 오면 놓치지 않고 경쾌하게 라켓을 힘껏 휘두르면서 늘 지체 없이 앞으로 달려나가—한 발은 현실을 굳게 딛고, 다른 한 발은 미래를 향해—공세를 취해야 한다.

당신과 당신 회사도 비슷한 선택의 기로에 직면한다. 점점 더 뜨거워지는 경기장의 열기를 느끼면서, 경쟁은 치열해지고 얻는 것은 별로 없는 가운데 당신은 몸을 사릴 수도 있다. 하지만 교전 원칙을 다시 작성하고, 사전에 자신에게 유리한 상황을 만들 수 있게 준비하고, 앞으로 돌진함으로써 늘 경쟁자들을 능가할 수도 있다. 펩시콜라 최고경영자 인드라 누이가 최근에 비즈니스 잡지 『패스트컴퍼니』에서 언급한 것처럼, "시장이 성장한다고 해서 당신 회사에도 덩달아 [성공과 성장을 지속시키는] 순풍이 부는 것은 아닙니다. (중략) 자기 회사의 성장은 자기가 책임질 수밖에 없습니다".[7]

위험을 감수하면서 행동하는 것이 두렵게 느껴질 수도 있다. 하지만 위험을 무릅쓰고 행동하는 것과 무모하게 행동하는 것은 전혀 다르다는 것을 기억하라.

우리는 이른바 독창적인 기업가들로부터 교훈을 얻을 수 있다. 방송업계의 중심인물 테드 터너를 비롯해 헤지펀드매니저 존 폴슨에 이르기까지,[8] 오늘날 가장 널리 알려진 모험을 즐기는 기업가들에 대한 놀랄 만한 진실이 여러 연구에서 드러났다.[9] 성공한 기업가들은 당신이 상상하는 것 같은 그런 투기꾼이 아니다. 실제로 그들은 신중하게 방책을 고른다. 위험은 극소화하되 기회는 극대화하여 자신에게 유리한 조건을 마련함으로써, 어느 상황에서도 위험을 무릅쓰는 경우는 거의 없다.

우리는 모두 아주 사소한 문제일지라도 어떻게 행동하고 결정할지를 두고 날마다 전투를 벌인다. 많은 기업가의 생각대로, 성공의 가능성을 판단하고 교전규칙을 충실히 이행하고, 언제 어디서 어떻게 일상의 전투가 일어날지 결정할 수 있다면, 지는 것이 오히려 더 힘들 것이다.(이 문제는 나중에 10장에서 더 자세히 다룰 것이다.)

그러한 전투들 가운데서도 가장 중요한 것은 무엇일까? 변화하는 상황에 맞서 행동할 것인지(신중하되 단호히 위험을 무릅쓸 것인지), 아니면 가만히 움직이지 않고 있을 것인지(마치 승패를 건 모험을 하지 않는 척하지만, 결국에는 어쨌든 소극적으로 승부에 임할 것인지)를 결정하는 선택이라고 말할 수 있다. 당신은 승산을 따져, 실행 가능한 전략을 짜고, 용기를 내 생각한 바를 실행할 수 있다. 반대로, 남들이 먼저 하는 것을 보고 따라하는 식으로 안전을 먼저 생각해가며 신중하게 처신할 수도 있다. 그러나 세상은 변하고 있고 경쟁자들도 끊임없이 움직이고 있는데 홀로 가만히 앉아 있어서는 절대로 안 된다.

어떤 선택을 하든, 늘 승부를 건 행동이라는 사실을 잊지 마라. 이왕이면 당신이 무엇에 승부를 걸고 있는지 아는 편이 더 좋지 않을까.

경력 관리에서 승부 걸기

전통적인 경력 경로를 따르면—대학 졸업장을 받고 안정된 일류 회사에 취직하는 것— 안정과 만족감을 느낄지도 모른다. 하지만 성공의 가능성이 급변하고 있는 작금의 상황 속에서 더이상 장기적으로 행복과 성공을 보장하는 곳은 그 어디에도 없다. 따라서 오늘날 자기 나름의 경력을 쌓고 있는 사람들은 당연히 기존의 가능성을 재검토하고, 그동안 사람들이 꺼렸던 길들을 모색함으로써 새로운 대책을 세우고, 지금까지의 경험과 기술, 교육에 더해 특별한 경험과 지혜를 보완하는 위험을 감수해야 할 것이다.

페이스북의 최고운영책임자이자 『린인Lean In』의 저자인 셰릴 샌드버그는 오늘날 최고의 자리에 이르는 길은 사다리보다는 정글짐에 더 가깝다고 주장한다. 그러나 이 생각에는 사다리의 가로대들이 타고 오르기 위해 존재하며, 다른 사람들이 당신을 위해 사다리를 잡아준다는 전제가 필요하다. 그러나 그것은 올바른 생각이 아니다.

오늘날 경력을 쌓아 정상에 오르는 과정은 깎아지른 암벽을 맨손으로 기어오르는 것에 더 가깝다. 암벽을 오르려면 손으로 붙잡을 곳을 찾아서 새로운 등반길을 개척하고, 계속해서 위를 향해 올라가면서 돌출된 부분을 잡을 때마다 안전한지 여부를 확인해가면서 매달려야 한다.

때로는 당신이 선택한 경로 주변을 빙빙 돌 때도 있고, 때로는 되돌아가야 할 때도 있다. 앞서 살펴본 것처럼, 당신은 새로운 기술을 익히기 위해 다른 부서로 전출되어 승진이 느린 직책을 맡을 수도 있고(심지어 임금까지 깎이며), 더 빠른 승진의 기회를 잡기 위해 역할이나 조직을 바꿔야 할 때도 있다. 뜻밖의 실패나 궁지를 극복하려면 끊임없이 가능성을 평가하고, 보수를 어느 정도 받을 수 있는지 고민한 끝에 가장 전망이 좋은 새로운 길을 선택해야 한다. 더군다나 자신을 보호할 유일한 안전벨트는 자기 스스로 만들어내야 한다. 미래를 내다보고 계획을 세워 지혜롭게 승부를 건다면, 번지점프를 뛸 때 매는 줄처럼 바닥에 충돌하지 않도록 잡아줄 뿐 아니라, 튕겨올라올 때 예상치 못한 높이까지 튀어오를 수 있게 도와줄 것이다.

앰버 케이스는 이 경로를 잘 안다. 평범한 대학 4년생인 그녀는 2009년 이후 대침체기에 대학을 졸업한 다른 많은 사람과 똑같은 난관에 부닥쳤다. 현실의 경험이 거의 없는 인류학과 사회학 전공자인 그녀는 치열하게 경쟁하는 고용 시장에 머리를 들이밀고 뛰어들 생각을 하니 겁이 났다. 그러나 그녀에게 더 걱정스러운 것은 낮은 임금에 장래성도 없는 직업의 덫에 빠져 허우적거릴지도 모를 미래였다. 대학 졸업장 하나로 무엇을 하겠나 하는 의구심도 마음 한 편에 있었다. 그래서 그녀는 자기 주도적인 삶을 살기 위해 MBA 학위를 받아 인생 전환을 시도하기로 마음먹었다.

그녀는 5년 동안 철저한 학습관리를 통해 한결같은 마음으로 스스로에게 부과한 도전과제를 해결해나가면서, 성공의 가능성은 담대한 행동을 좋아한다고 결론지었다. 케이스는 처음에 생각했던 학문과 취업의 세계와는 결별한 뒤, 자신이 약점이라고 생각하고 의심하고 두려워하는 것을 완전히 제거하기 위해 자신에게 맞는 전문적인 능력을 개발할 계획을 세웠다.

케이스는 자신이 매우 내성적이라 문제라고 생각했지만, 자신에게 부족한 경험과 기술을 보완하기로 결심했다. 정규직 취업을 포기하는 대신에 월세를 내기 위해 한 주에 20시간 정도 일했다. 그리고 한 주에 80시간은 온전히 자기 주도적 목표를 달성하기 위해 사용했다. 그녀는 직접 체험을 통해 얻은 교훈과 인맥이 틀에 박힌 정규직 취업을 통해 얻는 가치보다 훨씬 더 크다고 생각했다.

위험하냐고? 그렇다. 그만한 가치가 있냐고? 확실히 있다.

신문과 방송에서 불완전 고용 상태에 놓여 있거나 취업을 못한 20대 청년들에 대한 이야기로 시끌벅적함에도, 케이스에게는 자신만의 기회와 자신감이 점점 커져갔다. 그녀는 예상보다 앞서 자신이 세운 목표를 달성한 뒤, 기술 벤처업체를 세워 키운 뒤 팔기로 계획하고 추진했다.(그녀는 또한 루이스앤클라크 대학 평의회의 최연소 평의원이 되었다.) 케이스가 설명하듯이, 그녀가 던진 승부수는 그녀와 함께 공부했던 동기들이 망가진 금융시스템을 믿고 벌인 도박판만큼 대담하거나 위험한 것은 아니었다.

그녀는 자신과 동기들을 가르는 유일한 차이는 미지의 것을 기꺼이 받아들이고 승부를 걸고 위험을 감수하고자 하는 의지라고 말한다. 그녀는 자신에게 이렇게 약속했다. **주어진 과제나 상황이 아무리 낯설고 곤란해 보일지라도, 남의 눈을 의식해서 피하지 말고 어쩔 수 없이 해결해야만 하는 일이라고 생각하자고** 말이다. 성공하든 실패하든, 그녀는 새로운 시도를 할 때마다 자신감과 능력이 증대하리라는 것을 알았다.

금융시스템이 붕괴된 이후 수년 동안 수백만 명의 직장인들, 특히 젊은 전문직업인들은 케이스와 그녀의 동료들과 비슷한 난관에 부닥쳤다.[10] 미국의 비영리공공단체 경제정책연구소에 따르면, 난관들 가운데 특히 힘든 것이 바로 치솟는 경쟁과 소득 감소, 승진 기회의 제한으로 대변되는 극도로 어려운 취업 시장이다.[11] 관련 연구를 수행한 연구원들은 경제적 불확실성 때문에 대학에서 학업 성적이 얼마나 높은지, 얼마나 가방끈이 긴지는 취업과 크게 상관없어지고 있다고 지적한다. 케이스가 발견한 것처럼, 중요한 것은 실제 현실에서 필요한 능력이 있느냐 없느냐다.

좋은 뜻으로 듣게 되는 여러 전통적인 조언—열심히 일해라, 열심히 공부해라 같은 말들—에도 불구하고, 지금은 잠에서 깨어나 게임이 근본적으로 바뀌었다는 것을 깨달을 때다. 과거의 규칙으로 경기에 임하고 과거의 가능성을 아직도 기대하고 있다면, 절대로 성공하지 못할 것이다.

새로운 경력 관리 8원칙

경력을 쌓는 것이 이제는 더이상 일련의 단계가 있는 것도 아니고 예측할 수도 없다는 사실을 알고 있다면, 경력을 쌓기 위해 결정을 내릴 때 좀더 유연하고 신중해질 필요가 있다. 다음에 나오는 원칙들을 이해하고 따른다면, 사전에 당신에게 유리한 조건들을 다질 수 있을 것이다.

- **무난한 것만으로는 이제 충분하지 않다.** 오늘날 두려움을 줄이고, 경쟁력을 유지하면서 성공하기 위해서는 어디서든 반드시 필요한 사람이 되어야 한다. 성취 욕구는 더 높으면서 비용은 덜 들어가는 사람으로 쉽게 대체될 수 있는 평범한 톱니바퀴 같은 존재로는 안 된다. 복잡한 규제 문제들을 조정하는 부서의 전문가가 될 수도 있고, 조직 내부에서 매우 인기 많은 이론가나 조언가가 될 수도 있고, 신제품 기술개발팀의 핵심 인재가 될 수도 있다. 당신이 해결책을 제공하는 각종 문제와 당신이 생산하는 결과물들이 쉽게 기록되고 평가되고 복제된다면, 당신보다 더 훌륭하게, 더

빠르게, 더 저렴하게 그 일들을 수행할 수 있는 다른 사람이 틀림없이 있을 것이다. 그리고 그 일들의 가치는 떨어질 것이다. 따라서 당신이 보유한 전문지식과 기술들이 교재에 실려서 교육되고 있다면, 이미 당신은 시대에 뒤떨어진 것이다. 당신이 성공하기 위해서는 남들이 포착하지 못하는 기회들을 보아야 한다. 대다수 사람이 인식하지 못하고 있는 문제를 해결해야 한다. 그리고 각종 관계를 엮어서 그 과정이 성숙될 때까지 기다려야 한다. 당신은 기계에 달린 톱니바퀴의 이름 없는 일개 톱니가 아니라, 세스 고딘이 말한 전체 시스템을 하나로 연결하는 체인의 핵심 연결부품인 린치핀 같은 존재, 특히 근본적으로 교체하기 힘들고 비용이 많이 들어서 근무기간을 연장할 가능성이 매우 높은 핵심 인재가 되어야 한다.

- **늘 자기 자신과 주변의 관계된 사람들에게 새로운 가치를 창조하려고 노력하라.** 끊임없는 연구와 반복, 자기 개발은 의심을 줄이고, 가치를 재확립하고, 경쟁력을 유지하기 위해 반드시 필요하다. 늘 가장 중요한 투자는 주식이나 뮤추얼펀드가 아니라, 당신 자신에 대한 투자다. 프로그래머라면 그저 프로그램을 짜는 것에 만족해서는 안 된다. 디자인 교육도 받고, 더 편리한 사용자 인터페이스와 접속 기술을 구축하는 법도 배우고, 마케팅에 대해서도 공부하고, 새로 개발한 것을 가장 잘 포장하고 설명하는 방법도 찾아야 한다. 또 홍보전문가라면 기존 매체들을 통한 광고 선전 전략에 만족해서는 안 될 것이다. 새로운 고객에게 회사의 서비스를 알리기 위해 제품 담당 책임자에게 제품에 대해서 자문을 구하기도 하고, 최첨단의 창조적 접근방식과 소셜미디어 매체, 하이테크 플랫폼들을 이용하는 새로운 방법을 찾아내야 한다. 실력 있고 다재다능한 사람은 어떤 기업 환경에서도 장기적으로 성공할 가능성이 크다.

- **적절성, 영향력, 효과는 움직이는 과녁과 같아서, 당신도 마찬가지로 늘 변화하고 진화해야 한다.** 따라서 당신은 지금부터 미래를 뒷받침할 성장과 발전을 촉진하기 위해 필요한 능력, 자원, 기술, 인맥을 개발하면서 한층 더 멀리 앞날을 내다볼 줄 알아야 한다. 당면한 문제에 적절한 새로운 기술에 대한 최신 정보를 얻기 위해, 또는 업계 인맥을 넓히기 위해 관련 산업에서 개최하는 토론회나 전시회에 적극 참여해야 한다. 선제적 대응은 필수적이다. 당신은 더 용감해져야 하며, 문제가 발생하기 전에 먼저 적극적으로 다양한 조치를 취함으로써 두려운 감정을 사전에 막아야 한다. 다가올 미래가 오늘날 초래할 변화에 잘 대응하기 위해 필요한 선택을 함으로써 당신이 성공하는 데 더 유리한 조건을 마련하라.
- **기회가 올 때까지 기다리지 말고 스스로 기회를 만들어내라.** 끊임없는 참여와 실험, 반복은 이제 필수적이다. 어디서든 획기적인 변화가 일어날 수 있기 때문에, 혁신은 어떤 배경과 경험을 보유한 전문직업인들도 늘 수행해야 할 임무다. 더이상 특정 개인이나 부서만 해야 할 일이 아닌 것이다.(대개는 그 문제와 가장 가까운 사람들이 가장 잘 처리할 수 있기는 하지만 말이다.) 이 시대는 비숙련노동자가 아니라 리더—요컨대 기꺼이 문제에 맞서 시도하고 행동하는 사람—를 더 많이 요구한다. 새로운 사람들과 새로운 일을 해야 하는 낯선 과제들을 수행할 때처럼, 고정관념을 깨고 자신이 안주하고 있는 곳에서 벗어나라. 더 많이 마음을 열고 더 유연하게 더 많은 것을 빨아들이기 위해 스스로 노력하라. 가능한 한 많은 지식과 깨달음을 내면 깊숙이 흡수하고 그것을 강력하게 적용하라. 그리고 (당신이 만들어내는 바로 그 결과들처럼) 당신이 찬란하게 빛을 발하기 시작하는 모습을 지켜보라. 그렇게 하면 할수록 기회의 땅에 더 가까이 다가

가고, 더 많은 기회를 잡을 수 있게 될 것이다.

- **늘 학습하라.** 전문화 시대는 끝났다. 어떤 틈새시장을 선택해 거기서 성공하면 돋보일 수도 있지만, 다른 한편으로는 그 성공이 당신을 좁은 범주에 가둬둘 수도 있다. 마찬가지로 당신이 특정한 사업이나 주제를 파고들려고 한다면, 거기로 들어가는 갱도가 무너지지 않게 굴벽을 갱목으로 단단히 받치면서 동시에 그 옆에 나란히 또다른 통로들을 파두어야 한다. 그 벽이 무너지려고 하면 다른 안전한 통로들로 옮겨타야 하기 때문이다. 오늘날 가장 유력한 리더들은 끊임없이 지식 기반과 기술, 지원 네트워크를 넓히려 애쓰며 늘 공부한다. 그들은 또한 자신의 재능을 새롭고 독창적인 방식으로 사용할 기회를 항상 모색하고 있다. 야간대학을 다니며 MBA를 따기 위해서는 2년의 기간과 5만 달러의 돈이 필요하거나, 아주 멋진 새로운 앱을 개발하기 위해서는 최소한 6개월 동안 날밤을 새우고 주말을 반납해야 할지도 모른다. 그러나 그것이 당신의 경력을 다음 단계로 도약시키기 위해 필요한 경험과 능력, 인맥을 제공할 수 있다면, 충분히 투자할 만한 가치가 있다. 경력을 쌓으면서 생기는 두려움과 도전과제들을 극복하기 위해서는 깊이 파고드는 것뿐 아니라, 널리 경험하는 것도 중요하다는 사실을 잊지 마라. 교육도 당연히 중요하지만, 경험 또한 무시해서는 안 된다. 무엇보다도 먼저 수많은 상황 속에 적용할 수 있는 다양한 재능을 개발하고 관계를 맺으면서 끊임없이 지식과 인맥을 쌓아가야 한다. 그리고 당연한 말이지만, 미지의 세계를 난관이 아니라 기회로서 볼 줄 알아야 한다. 아직 겉으로 드러나지 않은 문제들에 대해 더 많이 알려고 애쓰면서, 그것들이 보여주는 기회에 지속적으로 기민하게 승부를 걸어라.
- **어려운 상황을 두려워하지 말고 기꺼이 받아들여라.** 남들이 피하는 과제

와 문제들을 반드시 찾아내야 한다. 다른 사람들이 멀리 돌아가는 장애물을 과감하게 뛰어넘는 것에 익숙해질수록, 고통을 인내하는 힘도 커지고 그 너머에 있는 달콤한 보상의 열매도 따먹을 수 있다. 6장에서 본 것처럼, 경쟁자들이 무엇인가를 꺼린다는 사실은 거꾸로 당신이 성공할 가능성이 더 높다는 점을 알려주는 신호이며, 당신이 경쟁에서 우위에 설 수 있는 더 많은 기회를 제공한다. 또한 그들이 할 수 없는 과제들을 완벽하게 수행해내면 당신은 더 큰 가치가 있는 기술들을 확보하고 성공의 가능성을 더욱 높일 수 있다. 운동선수가 전신의 체력을 강화하기 위해 다양한 근육을 모두 단련하는 것처럼, 오직 제한된 안목과 재능만 써서 당신의 기술이 약화되지 않도록 노력해야 한다. 자기 단련은 성공을 위해 필요한, 그리고 고통을 피하고 싶어하는 조건반사적 본능을 극복하도록 도와줄 지식과 자제력을 제공한다. 당신에게 두려움과 불안 같은 많은 문제를 야기하는 단기적인 어려운 상황을 기꺼이 수용하고 마침내 그 상황을 극복함으로써, 지속적이고 장기적인 전망 위에서 더욱 용감하고 자신 있고 유능하게 인생을 살고 경력을 쌓아갈 준비를 하라.

- **여가 시간에 하는 일이 근무시간에 일어나는 일보다 더 중요하지는 않다고 해도, 그에 못지않게 중요하다는 사실은 틀림없다.** 고용주들은 회사 운영을 지속하기 위해 대체 가능하고 쉽게 통제할 수 있는 인력을 필요로 한다. 좀더 자세히 말하자면, 그들은 각 부서에서 일하는 사람들이 더욱 효과적이고 효율적이며 긍정적인 성과를 낼 수 있도록 그들을 지도하고 조종할 줄 아는 리더들을 필요로 한다. 그렇다면 당신은 남이 내린 결정과 지시를 따르거나, 아니면 그러한 결정과 지시를 내리는 사람으로 선임되거나 둘 중의 하나가 될 수밖에 없다. 일을 하기 전과 후 당신의 삶이

어떻게 바뀌었는지 평가하는 시간을 잠시 가져라. 당신은 지금 무엇을 추구하고 있는가? 지금 하고 있는 일이 당신의 궁극적 목표를 향해 나아가고 있는가? 아니라면, 당신의 성공 가능성을 급격하게 높일 수 있는 활동이 무엇인지 찾아서 실천하라. 예를 들면, 대중 연설 능력을 높이기 위해 토스트마스터스Toastmasters(참석자들이 돌아가며 연설하고 토론하는 세계적인 동호회 모임—옮긴이)에 가입하거나 마스터마인드 그룹mastermind group(회원들의 성공을 위해 서로 조언하고 협력하는 모임—옮긴이)에 참여하라. 앞으로는 당신의 업무와 명성, 기여도가 당신의 이력서가 될 것이다. 그렇지 않으면, 당신은 조직에서 잊힌 존재가 될 것이다. 평범한 사람이 아니라 비범한 사람에게 상을 주는 세상에서 당신의 재능을 어떻게 사용할 것인가? 수많은 사람이 비슷한 재능을 가지고 있거나 동일한 업무를 수행한다면, 당신은 무엇으로 자신을 남들과 구분하거나 쉽게 교체될 수 없게 할 것인가? 너무 많은 사람이 경쟁하고 (이기기 위해 무슨 일이든 다 하려고 하고) 있어서 겁이 나지 않을 수 없다면, 끝까지 경주에 참여하라. 당당하게 행동을 취하고 당신이 할 수 있는 것을 그들에게 보여줘라. 다른 사람들이 하던 일을 멈추고 당신을 바라보지 않을 수 없게 하라. 사람들이 당신을 보러올 때까지 기다리지 마라.

- **당신에게 주어진 기회를 면밀히 검토하고, 위험 요소들을 평가하고, 드러난 정보들을 바탕으로 슬기롭게 행동하라.** 모든 선택에는 위험 요소가 있기 마련이라면, 당신에게 남은 것은 그 위험을 감수할지 말지의 선택뿐이다. 적극적으로 위험을 감수하려는 마음가짐이 무모함을 의미하는 것은 아니다. 오히려 당신이 어디에 승부를 걸지 안다는 것을 의미한다. 모든 선택에는 두 가지 대가(곤경과 기회)가 따르기 마련이므로, 결정을 내릴 때

는 언제나 신중해야 한다. 행동의 우선순위를 정하고, 성과가 낮거나 바람직하지 않은 결과를 낳는 기회들은 외면하는 동시에 장기적 투자에 공을 들인다면, 성공의 가능성은 크게 높아질 것이다. 보통은 바쁜 삶이 좋다고들 한다. 하지만 그렇지 않다. 당신의 역량을 더 커다란 장기적 목표를 향해 적극적으로 돌리지 않는다면, 아무리 바삐 움직인다 해도 그저 단조롭고 고된 일의 반복이거나, 아니면 자기 역량을 남들의 목표 달성에 탕진하는 꼴이 된다. 따라서 당신은 지속적인 유대 관계와 긍정적 성과, 그리고 자기 자신과 함께 주변 사람들에게 끊임없이 가치를 창조하는 실체적인 자산을 만들어내기 위해 쉬지 않고 노력해야 한다. 위험을 감수하라. 당신을 기회의 길로 이끌어 성공할 수 있는 기회를 제공할 것이다.

전략을 바꿔야 하는 이유

당신이 지금 개인적으로 얼마나 성공했든 당신의 회사가 지금 시장에서 얼마나 튼튼하든, 미래에도 당신과 당신 회사가 건재하리라는 보장은 없다. 믿지 못하겠다면, 수많은 일자리가 외부 용역으로 돌려진 뒤, 해당 직무를 수행하는 회사 내 직원이 사라졌다는 사실을 기억하라. 또한 그 문제와 관련해서, 닷컴 시대에 우후죽순으로 생겼던 기업들이 흔적도 없이 사라진 현실을 생각해보라. 이는 치열한 경쟁과 변덕스러운 소비자, 끊임없이 발전하는 기술이 상존하는 직장에서 다윈의 진화론을 확인할 수 있는 생생한 사례다.

코즈모닷컴Kozmo.com, 팻츠닷컴Pets.com, 플루즈닷컴Flooz.com을 기억하는가? 모두 사라졌다. 변화하는 시대를 따라잡지 못했거나 지나치게 자족감에 빠졌거나 진로를 수정하는 데 적극적으로 나서지 못했거나, 아니면 그 세 가지 모두가 원인일 수 있다. 우리가 지금 가만히 앉아서 그와 같은 행태를 되풀이하다가는 그들과 똑같은 결과, 즉 거품경제 속에서 허우적대거나 허망하게 사라지고 말 것이다. 다른 결과를 얻고 싶다면, 근본적으로 방식을 바꿔야 한다.

최근 몇 년 동안, 야후!, 베스트바이, 블록버스터처럼 다양한 분야에서 매우 안정을 유지했던 기업들이 급격한 변화에 휩싸이면서 치열하게 경쟁하지 않을 수 없게 되었다. 마찬가지로 수많은 숙련노동자도 어느 순간 문득 잠을 깨우는 시계가 울릴 때까지 몽유병 환자처럼 꿈길을 헤매면서, 바뀌고 있는 시대와 산업의 추세를 따라잡는 데 실패했다. 수시로 시계를 살폈다면 좋았을 텐데 말이다.

그러나 이렇게 불안하게 다가오는 위협에도 불구하고, 미래에 대한 희망은 여전히 접을 수 없을 정도로 명백하고 강렬하다. 사람들의 행동이 바뀔 수 있는 것과 마찬가지로 조직 또한 그렇다. 필요한 것은 오로지 슬기롭게 위험을 감수하는 것뿐이다. 무엇보다 중요한 것은 사람이든 조직이든, 위험을 감수하는 데 따르는 걱정들(실패, 변화와 불확실성, 통제력 상실의 두려움 같은 것들)을 극복하고 더 나은 결과를 낳는 쪽으로 돌리는 방법을 배울 수 있다는 사실이다.

명심하라. 변화가 쉽다고 한 사람은 단 한 명도 없다. 승부를 걸라고 말한 사람도 없기는 마찬가지다. 그러나 승부를 거는 것은 그다지 어려운 문제가 아니다. 누구든 남보다 더 많이, 더 슬기롭게 위험을 무릅쓰고 그에 따른 이익을 얻을 수 있다. 성공의 기회를 잘 포착해서 기민하게 승부를 걸어라. 그러기 위해서 다음을 실천하라.

- 당면한 문제들을 심사숙고한다.
- 위험 요소들을 재평가한다.
- 전략을 다시 논의한다.
- 자기 자신에 재투자한다.
- 승부를 걸 대상을 수정한다.
- 전술을 재조정한다.
- 이러한 과정을 끊임없이 반복한다.

함께 경쟁하는 사람들이나 경기 규칙이 끊임없이 바뀌고 있는데도 똑같은 방식을 고수할 것인가. 반대로 그러한 변화에 발맞추어 전략을 재조정하고 자신에게 싸울 기회를 줄 것인가.

저돌적인 사람들은 어떻게 승부를 거나

클라리틴 같은 의약품과 코퍼톤 같은 피부치료제를 생산하는 거대 제약회사 머크Merck는 리더십에 대한 새로운 교훈을 일찌감치 만들어가고 있다.

머크는 최첨단 신규 사업을 추진할 팀을 새로 조직할 때, 대개 관리자 선발 과정에서 기존에 확립된 전통을 무시한다. 머크의 기술혁신 담당 이사인 샌조이 레이는 성취도가 높은 유능한 인재가 많은 조직에서 "성과가 가장 우수하거나 높은 성취를 이룬 사람을 가리는 일은 불가능해요. 그 사람과 조직 내의 나머지 사람들 사이의 차이는 세계적 차원에서 보면 그다지 크지 않기 때문입니다"[12]라고 말한다.

따라서 머크는 미래 지향적인 사업들을 앞장서 추진할 팀을 조직할 때(약을 제조하는 일은 여전히 세계적인 과학자들에게 맡겨져 있으니 걱정할 필요가 없다), 자격 조건을 가장 잘 갖춘 직원들을 선발하지 않는다. 서류상으로는 더 훌륭한 직원들이 있지만, 그들보다는 그 일에 승부를 걸고 더 기민하고 안전하게 처리할 줄 아는 열정과 열의가 있는 직원들에게 책임을 맡긴다.

그는 "우리가 깨달은 교훈 가운데 하나는 '당신이 원하는 일을 할 수 있었다면, 어떤 일이었을까?'[직원들에게 묻는 것]이었어요"라고 설명한다. "이제 당신이 할 일은 그런 것[생각]들을 잘 정리해두었다가 때가 오면 기회로 만드는 것입니다. 그렇게 할 수 있다면, 당신은 엄청나게 뛰어난 성과를 이룰 겁니다."

확실히 위험을 무릅쓰는 사람들은 오늘날 어떤 조직에서도 없어서는 안 될 귀한 존재다. 그들은 현재의 상황에 문제를 제기하고 혁신을 추진하고 아직 망가지지 않은 것도 손대기를 두려워하지 않는 사람들이다. 자수성가한 사람들의 성공 사례에서 보는 것처럼, 그들의 창조성, 문제 해결 능력, 기존의 틀을 깨는 능력은 성장과 추진력에 힘을 보태는 필수 요소들이다. 그것이 바로 이른바 저돌적인 사람들(현실에서 끊임없이 융통성 있고 실용적으로 생각을 하는 사람들)이 졸업식장의 학생 대표나 노련한 회사 임원들 같은 전통적으로 뛰어난 인물들을 능가하기 시작하게 된 이유다. 그들은 현실적 경험에 비판적 사고를 보태고, 이론적 지식에 독창성을 겸비함으로써 사전에 상황이 자신에게 유리하게 전개되도록 준비하여 마침내 사업에서 성공하는 조건들을 만들어낸다.

포커게임 프로선수인 필 고든은 이러한 과정을 **선택적 공격**이라고 부른다. 라스베이거스의 도박장에서처럼, 인생과 기업 활동에서도 잠재된 선택과 기회의 가능성을 탐색하기 위해 자잘한 승부들을 걸어야 할 때가 많다. 그 가능성이 당신에게 유리하다는 확신이 설 때 비로소 정면으로 승부수를 던져야 한다.

시애틀에 있는 앱 개발업체 조피시 게임스Jawfish Games의 소유주이기도 한 고든은 이 원칙을 회사에도 적용한다. 새로운 스마트폰 앱 개발을 검토할 때면, 그 프로젝트에 대한 조사를 두 명의 직원(한 명은 프로그래머, 또 한 명은 브랜드 관리자)에게 맡긴다. 실제로 그는 나중에 50만 달러짜리 실패를 맛보기보다는 아이디어를 미리 시험하는 데 5,000~5만 달러의 비용을 쓰는 편이 낫다고 생각한다. 그렇게 해서 얻은 피드백 정보를 수집하고 분석한 다음, 그 결과를 체계적으로 적용해 더 나은 미래의 성과로 이어지게 함으로써, 마침내 더 큰 시합에서 승리할 가능성을 높인다.

이러한 시스템은 당신의 경력을 쌓는 문제에 대해서든, 당신의 기업을 영위하는 문제에 대해서든 똑같이 적용될 수 있다. 성공의 기회들이 널려 있는 길들을 탐색하다 보면 정면으로 승부를 걸거나 순순히 손을 들어야 할 경우가 잦기 마련이다. 그러나 대개의 경우 작은 위험을 감수하고 배우고 향상시키고 끊임없이 기회를 노리는 고든의 통찰과 반대로 오로지 방어 자세만을 취한다.

당신은 기존 전략을 아주 잘 운영해(새로운 발전 앞에서 가치가 떨어지는 것을 막아) 경쟁자들과 보조를 맞출(현상을 유지하는) 수도 있고, 아니면 자신의 상황을 검토해(시장과 경쟁 구도를 잘 조사해서) 변화하고(다른 사람들의 욕구 충족에 더욱 부응하기 위해 적응하고) 혁신함으로써(경쟁자들의 의표를 찔러 그들이 따라잡지 못하게 훨씬 앞서 나아감으로써), 공격적으로 경기를 주도할 수도 있다. 두 가지 전략은 모두 당신의 인생과 경력, 기업을 성공적으로 운영하기 위해 필수적이다. 위험을 줄이려고만 하지 말고 슬기롭게 승부수를 던질 줄도 알아야 한다. **상황에 따라 공세 전략을 다르게 하라.**

이 게임에서 이기는 비결은 더이상 완벽해지려고 하지 않는 것이다. 오히려 유연하고 융통성 있고 실증적으로 행동하되, 아직도 여전히 적절성과 가치를 요구하는 중요한 문제에서 경쟁력을 유지해야 한다. 적절성과 가치는 움직이는 과녁이다. 화살이 과녁에 적중하려면 시선을 고정하고 조준하다가 쏴야 한다.

당신 자신과 조직이 더욱 성공적으로 변화하고 적응해서 거듭나기를 바라는가? 포커게임 프로선수 필 헬무트를 비롯해 포커월드시리즈 팔찌를 찬 우리의 친구들이 조언하는 것처럼, 현재 당신의 손에 들어온 패를 최대한 활용해서 당신의 배팅이 성공할 때까지 지혜롭게 행동하기를 멈추지 마라.

헬무트는 만면에 미소를 지으며 "그저 꾸준히 연습해서 익숙해지는 수밖에 없어요"[13]라고 말한다.

가장 혁신적인 회사들은 어떻게 성공하나

오늘날 시장에서 가장 성공한 선두 주자들은 사업을 일종의 도박으로 생각하고 끊임없이 기민하고 신중하게 다양한 배팅을 시도한다. 사람들은 그들을 저돌적인 사람, 별난 사람, 꿈꾸는 사람이라고 부른다. 하지만 실제로 그들은 매우 실용적이다. 그들은 배팅을 할 때 끊임없이 일관되게 일의 진행 과정을 작게 쪼개서 현명하게 대응하기 때문에 보통 사람들이 생각하는 것보다 훨씬 더 보수적이고 신중하게 움직인다.

개인용 금융소프트웨어 개발업체 인튜이트Intuit의 경영자들은 개혁을 방해하는 (부족한 지원과 자원, 승인받지 못한 제안 등) "과속방지턱을 제거하고" 비용이 좀 들더라도 모든 직원에게 유용한 실험을 독려하는 것이 자신들의 역할이라고 말한다. 실제로 직원들이 많은 의견을 제안하고 시험함으로써 상당한 수입을 창출하는 아이디어들을 창안했다. 그 아이디어들은 재빠르게 현실 세계에 출시된다.

온라인 숙박 서비스 에어비앤비는 직원들에게 첫날부터 새로운 기능을 찾아내라고 독려한다. 그 결과 별 모양 아이콘을 하트 모양으로 바꾼 한 디자이너 덕분에 고객 참여도가 30퍼센트 증가했고, '위시리스트'기능도 새로 추가했다.

디지털 뉴스 서비스 플립보드Flipboard는 새로운 제품 개발을 멈추지 않는다. 각 부서는 이용자들이 필요성을 깨닫기 전에 그러한 기능을 끊임없이 보여주고 있다.

세계적인 정보기술업체인 EMC가 해마다 개최하는 혁신대회(직원들의 아이디어 사랑이 지극해서 실패한 벤처사업까지 다시 살려내기 위해 독립적으로 팀을 짜기도 한다)를 비롯해 직장 동료들끼리 서로의 아이디어를 검토하고 토론하는 퀄컴Qualcomm의 온라인 네트워크에 이르기까지, 널리 호평을 받는 혁신방법은 무수히 많다. 직원들에게 자유롭게 의견을 개진하고, 서로의 아이디어를 공유하고, 도와줄 사람을 채용하고, 실수를 통해 배울 수 있도록 자유를 부여하는 회사들은 경쟁이 치열한 기업 세계에서 늘 승자가 되고 있다.

공격과 방어: 완벽한 게임 운영 방식

도박꾼, 위험을 무릅쓰는 모험가, 미래를 생각하는 사람들—오늘날의 별난 사람들—은 안전한 배팅이 중요하다는 사실을 알고 있다. 그러나 그들은 또한 대성공을 거두기 위해서는 자잘한 배팅의 보조를 받으면서 정면 승부의 모험을 건 배팅에 명운을 걸어야 한다는 점도 알고 있다. 야구 경기에서 안타를 많이 치면 결국 승리할 수 있지만, 담장을 향해 방망이를 휘두르지 않으면 홈런을 치기는 어렵다.

프로 포커 선수들과 마찬가지로, 조직들도 지구전을 펴면서 꾸준히 칩을 쌓아놓았다가 대형 패가 손에 들어오면 비축한 칩을 무기로 이용해 상황을 제어하는 데 쓸 수 있다. 그들은 기회를 포착하고 승부를 걸 시기가 오면, 한 방에 모든 것을 다 거는 데 주저하지 않는다. 차이가 있다면, 조직들은 돈만 배팅하는 것이 아니라 시간과 노력, 인력 같은 각종 자원과 아이디어를 똑같이 몽땅 배팅한다는 것이다.

보통 사람과 저돌적인 사람 사이에는 딱 한 가지 차이가 있다. 보통 사람과 마찬가지로 저돌적인 사람들도 걱정스러운 일이 생기면 불안해한다. 하지만 감정에 휘둘리지 않고 당면한 문제와 기회를 객관적으로 꼼꼼히 따질 줄 안다. 그들은 이성적으로 가능성을 평가하고, 위험 요소들을 관리하고, 결정적인 순간에 승부를 건다. 충분한 시간과 노력이 주어진다면, 이러한 배팅은 성공할 수밖에 없다.

최고의 기업 리더들은 두려움이 우리의 발목을 잡는 유일한 장애물이라고 말한다. 그들에게는 정지나 시작이라는 개념이 전혀 없다. 게임은 언제나 진행중이다.

저돌적인 사람들은 기회가 오든 실패에 직면하든, 아무 일도 하지 않는 것을 용납하지 않는다. 이성적으로 판단해서 어떻게 일을 진행할지 결정하고, 필요하면 진로를 수정할 뿐이다.

오늘날 가장 성공한 리더를 저돌적인 사람이라고 부르든 별난 사람이라고 부르든 혁신가라고 부르든 기업가라고 부르든 좋을 대로 하라. 명칭이 무엇이든 그들은 극도로 융통성이 뛰어난 현실주의자다.

그렇다면, 이제 우리는 그들에게서 무엇을 배울 수 있을까? 여태껏 노력했음에도 성공하지 못했다고 해서 포기하지 마라. 두려움이나 오해 때문에 배팅에 실패하는 어리석은 짓도 하지 마라. 현재 진행되는 변화 속도를 감안할 때, 적극적으로 유연하게 행동하고 선택적으로 공세 방식을 정하는 것은 미래의 성공을 위해 오늘날 갖춰야 할 가장 중요한 능력들이다.

그런 게임을 하되, 이성적으로 임하라. 상황에 따라 전략과 방식을 바꿔가라. 모든 것은 당신이 하기에 달렸다.

더 슬기롭게 승부를 걸어라

지금까지 본 것처럼, 살아남고 성공하기 위해서는 위험을 무릅쓰고 더욱 슬기롭게 대처해야 한다. 앞날이 캄캄하게 보일지 모르지만, 성공으로 가는 길이 하나만 있는 것은 아니다. 곧게 뻗었던 좁은 길이 갑자기 넓고 구불구불해질지도 모른다. 승부를 건 싸움에서 성공하기 위해 모든 기회를 무작정 잡을 수는 없다. 얻을 수 있는 것과 잃을 수 있는 것을 비교해서 신중하게 선택해야 한다. 성공을 위한 자기만의 올바른 길을 발견하려면, 다음을 주목하라.

- **진로 설정을 두려워하지 마라.** 놀면서 저절로 기회가 오기를 기다릴 여유가 없다. 언제 어디서 어떻게 당신의 시간과 돈, 노력을 가장 효과적으로 투입할지 생각하면서 자기만의 기회들을 만들어내라. 기회가 오면 주저하지 말고 정면으로 승부를 걸어라. 결국 그것은 당신의 진로이고 당신의 인생이다. 그것을 잡아라. 그것을 소유하라. 바로 그것이다. 기회를 당신의 것으로 만들어라. 그리고 추진하라.
- **가만히 앉아 있지 마라.** 회전식 관람차나 회전목마처럼, 세상은 끊임없이 움직이고 있다. 당신이 있든 없든 상관없이 계속해서 돌아갈 것이다. 세상은 계속해서 앞으로 나아가는데 따라가지 못하면 뒤처질지도 모른다는 두려움을 마음속에 늘 간직하라. 게임에 참여하지 않으면, 게임에서 이길 수 없다. 게임이 어떻게 전개되는지 끊임없이 주시하고 적극적으로 대응하지 않으면, 판이 불리해질 것은 불 보듯 뻔하다.
- **이길 기회를 더 많이 만들어내라.** 저돌적인 사람들은 이길 기회를 더 많이

만들어내고 성공에 이르는 길로 더 자주 가기 때문에 게임에서 이긴다. 첫 타석에서 또는 세번째 타석에서도 홈런을 치지 못할 수 있다. 하지만 작은 안타라도 여러 번 치면 언제나 승점을 유지하며 최종 승리라는 더 큰 목표를 향해 점점 더 다가갈 수 있다.

미래의 리더가 되기 위해서는 두 가지 재능이 필요하다. 문제 해결 능력과 의미 있는 결과를 창출할 줄 아는 능력. 그런 사람들이 바로 저돌적인 사람들이다. 그러나 그들이 대다수 사람에게 위험해 보일 수 있는 일을 하고 변화하는 세계와 함께 변화하고 있음에도, 실제로는 위험하거나 깜짝 놀랄 결정을 내리지 않는다는 사실은 역설이 아닐 수 없다. 그들은 승부를 거는 것이고, 이기기 위한 싸움을 하고 있는 것이다.

행동 지침

미래는 분명 저돌적인 사람들—위험을 무릅쓰는 것을 자신들의 변치 않는 특징으로 기꺼이 만드는 개인과 조직들—의 것이다. 당신도 몇 가지 간단한 원칙만 마음에 새겨둔다면, 지금부터라도 자기 내부에 숨어 있던 별난 사람을 만나 지혜롭게 위험을 무릅쓸 줄 아는 사람이 될 수 있다.

- **가능성을 깨달아라.** 그리고 가능성을 이해했다면, 이제는 작은 것들에도 더 지혜롭게 승부를 걸어라.

- **위험을 무릅쓸 때 늘 신중을 기하라.** 그러나 위험 요소가 너무 많거나 비용 대비 이익이 낮다면, 다음 기회를 노려라.
- **성공을 향해 가다 구불구불한 길을 만날 수도 있으니 그때를 대비하라.** 성공의 기회가 보인다면, 장애물들을 이리저리 돌아갈 수도 있고 필요에 따라 뒤로 물러설 수도 있다.
- **손에 든 패를 최대한 활용하라.** 그러나 당신의 배팅이 성공할 때까지 지혜롭게 대처하기를 멈추지 마라.
- **자신만의 사업과 경력, 인생 경로를 정하라.** 다른 사람이 정해준 경로를 따르지 마라.
- **이길 기회를 더 많이 만들어내라.** 당신이 이겨야만 하는 기회가 많을수록, 이길 가능성은 더 높아진다.
- **문제를 해결하라.** 두려움을 잊어버리고, 의미 있는 결과를 낳기 위해 필요한 최선의 결정을 내리는 데 집중하라.

파변창

9장

파변창 전략 7: 끊임없이 실험하라

끊임없이 실험하라 | 실패의 의미 | 실패를 다르게 보라 |
당신의 경력을 실험대에 올려라 | 진화중 | 행동 지침

破變創

멀티미디어 아티스트이자 작곡가인 데이브 스튜어트는 팝-록 음악계에서 가장 성공한 듀오 그룹 가운데 하나인 유리스믹스의 멤버(나머지 한 멤버는 유명한 가수 애니 레녹스)다. 그러나 그룹에서 발표한 노래들이 연이어 성공을 거두다 더이상 인기가 지속되지 않자, 스튜어트는 영화감독에서 작가, 프로듀서, 멀티미디어 광고회사 사장에 이르기까지 현실적으로 적응할 수 있는 모든 일을 했다.

스튜어트는 이후 비록 단명했지만 록그룹 슈퍼헤비의 일원이 되어 자신의 뿌리로 돌아왔다. 그는 한물간 스타들과 히트곡이 하나밖에 없는 반짝스타들로 넘치는 연예계를 30년이 넘도록 성공적으로 누비고 다녔다. 스튜어트는 거액을 뿌리고 다니거나 명사들과의 연고에 기대어 사는 대신 끊임없이 현실에 적응하고 방식을 바꿔가면서 엔터테인먼트 사업을 영위한다. 그는 시대와 사람들의 취향이 너무 빨리 변하기 때문에 가만히 앉아 있을 수가 없다고 주장한다.

지나치게 많은 일이 정신없이 일어나고 있기 때문에 성공하기 위해서는 늘 큰 위험을 무릅쓸 수밖에 없다고 하더라도, 변화하는 상황에 기민하게 대응하지 않으면 안 된다고 그는 말한다. 스튜어트가 만일 현실에 안주한 채 계속해서 현실의 처지를 바꾸기 위해 노력하지 않았다면, 그도 인정하듯이, "80년대에 신시사이저 하나 들고 록음악을 공연하며 돌아다녔을 거예요. 그리고 매우 불행했을 겁니다".[1]

끊임없이 달리고 움직이며 전술과 궤도를 바꾸는 과정에는 당연히 고통이 따르기 마련이라고 그는 지적한다. 우리 앞의 지형이 계속해서 바뀌고 있는데, 끊임없는 재평가와 대응 말고 별다른 수가 있겠는가? 여행 중에 급커브 구간이나 장애물이 갑자기 나타나면, 맞닥뜨린 상황에 맞춰 방향을 바꾸는 수밖에 없다. 스튜어트는 우리가 비록 여행중에 뜻밖의 암초를 만나 넘어졌다 다시 일어나서 가던 길을 계속 가야만 하더라도, 어쩔 수 없다고 말한다.

"내가 함께 일했던 정말 성공한 사람들은 모두 그런 특징이 있어요…… 믹 재거를 비롯해 리처드 브랜든에 이르기까지, 그들은 넘어지면 곧바로 일어설 거예요. 그들은 아이디어도 많아요. 사람들은 대개 한 번 시도에 모든 것을 걸고, 실패하면 다시는 아무것도 하지 않지요."

또한 스튜어트의 주장에 따르면, 심지어 자신이 누렸던 성공과 비교해 볼 때, 지금 당신의 방식이 통한다고 하더라도 그 방식이 앞으로도 계속해서 통할 거라는 보장은 어디에도 없다.

끊임없이 실험하라

당신이 평소 무심코 편안하게 생각했던 습관이 지나치게 편안하다는 느낌을 받은 적이 있는가? 먼저 스튜어트가 생각하는 것처럼 해보라. 그리고 한 가지 더 중요한 습관을 길러라. 끊임없이 자신의 시야를 넓히고 능력을 키우고 자신의 경력과 조직을 뒤흔드는 방법들을 이리저리 실험해보라.

앞서 본 것처럼, 실패와 거부에 대한 불안이나 두려움 같은 자기 내부의 장애물은 삶과 사업의 발목을 잡기 마련이다. 세상이 끊임없이 앞으로 나아가고 있는 가운데 이는 큰 문제가 아닐 수 없다. 그러나 이러한 장애물을 극복할 수 있는 한 가지 간단한 방법이 있다. 어떤 문제든 적용 가능한 방법이기도 하다. 무너뜨리거나 우회할 수 있는 더 효과적인 방법을 발견할 때까지, 당신 앞을 가로막는 장애물을 쑤시고 찌르며 용감하게 맞서는 것이다.(더 자세한 내용은 2장을 참조하라.)

'헤일로'나 '기어 오브 워'같은 인기 있는 공상과학 전투 비디오게임을 즐기는 사람들은 이 원칙을 잘 이해한다. 그들은 예기치 않은 놀라움에 익숙하다. 작은 유조선 하나쯤은 그냥 삼키고도 남을, 기갑 장비로 무장한 거대한 괴생명체가 갑자기 나타나 앞을 가로막더라도, 그들은 가만히 앉아서 똑같은 곳을 계속 조준하거나, 효과가 거의 없는 방식으로 마구 총을 쏴대지 않는다. 괴물의 약점을 찾는 동시에 주위에서 작전을 펼친다. 괴물의 방어에 치명적인 약점이 발견될 때까지 치밀하게 목표를 조준하고 발사한다. 약점을 발견하면 그 장애물이 사라질 때까지 화력을 집중한다.

다양한 대상을 살펴보고 접촉하면서 주변을 탐색하는 어린아이를 지켜보면, 현실 세계 또한 그렇게 움직인다는 사실을 눈치챌 것이다. 시도하고, 배우고, 또 시도하고…… 성공을 찾는 공식은 의외로 단순하다. 하지만 우리는 각종 걱정과 두려움 때문에 앞을 내다보지 못하고 자신을 틀에 가둠으로써 흘러가는 시간에 따라 성공으로 가는 길을 무심결에 잊어버린다.(낭패, 불안, 소외에 대한 두려움이 특히 그런 상황을 초래한다.) 그러나 오늘날 시장을 선도하는 리더들은 모든 차원에서 획기적인 혁신을 성공으로 이끌기 위해 위의 공식을 활용한다.

지난날(이를테면 1940년대와 1950년대), 3M과 HP 같은 기업은 누구나 잘 알다시피 직원들의 실험을 제도적으로 장려했다. HP는 금요일 오후에 점심시간이 끝난 뒤, 직원들이 다양한 실험을 할 수 있게 했고, 3M은 특별한 규칙 없이 기술자들이 근무시간 가운데 15퍼센트를 자신만의 프로젝트를 수행하는 데 쓸 수 있게 했다. 두 회사는 이러한 자유로운 실험 시간 덕분에 각각 포스트잇과 레이저프린터를 개발할 수 있었다고 한다.

오늘날 최고로 잘나가면서 전도유망한 회사들(세일즈포스Salesforce[세계 CRM 시장의 선두업체—옮긴이], 포스퀘어Foursquare[위치 기반 소셜네트워크서비스 회사—옮긴이], 밋업Meetup[지역 모임 네트워크 서비스 회사—옮긴이])은 변화하고 혁신하고 업계 판도를 바꾸는 발전을 이루기 위해 이와 비슷한 원칙을 이용하고 있다. 심지어 수많은 조직이 이익이 되는 새로운 아이디어들이 쏟아져나오기를 기대하면서, 일상적으로 진행되는 비공식적 브레인스토밍과 창의적 아이디어 회의를 지칭하는 해카톤hackathon(해킹과 마라톤의 합성어로 직원들이 마라톤 회의를 거쳐 새로운 아이디어와 생각을 쏟아내고 토론하는 행사—옮긴이)을 통해 그 과정을 제도화하고 있다.[2] 퓨리나Purina는 애완동물 친화형 앱을 개발하기 위한 해카톤을 개최했고,[3] 블룸버그 벤처스Bloomberg Ventures는 수익성 높은 투자 대상을 찾기 위해 그러한 유형의 행사를 활용했다.[4] 심지어 캠벨(미국 시장의 80퍼센트를 석권한 캠벨 수프로 유명한 인스턴트식품 제조업체—옮긴이)도 최근에 2만 5,000달러의 상금과 2만 5,000달러 상당의 계약 체결을 우승자들에게 수여하는 '부엌을 해킹하라'라는 행사를 열었는데, 이는 현재 연구개발비를 대폭 삭감하는 상황에서 지금까지 캠벨이 창조적 혁신을 위해 사용했던 방식 가운데 가장 획기적인 방식이다.[5] 오늘날 수많은 회사는 그동안 인정받지 (또는 채용되지) 못한 유능한 인재들을 발굴해내기 위한 각종 프로그램의 실험을 장려하고 있다. 그들이 제공하는 능력과 새로운 혁신의 중요성을 깨달았기 때문이다.

당신이 실험에 관심이 있다면 일부러 장벽을 세우지 않는 한, 어떠한 진입 장벽도 없다. 성공하고 싶은가? 컴퓨터 프로그래머가 하듯 모든 문제에 과감히 도전하라. 다양한 명령어를 입력하고, 시스템이 어떻게 반응하는지 살펴보면서 바라는 결과를 얻을 때까지 계속해서 피드백에 집중하라.

혁신은 남보다 더 뛰어난 유능한 인재나 첨단기술에 달린 문제가 아니라, 융통성이 있으며 창조적인가의 문제와 관련이 있다. 당신이 생각하는 발전 전망이나 전략이 다 낡아서 누전을 일으키기 시작하는 모습을 지켜보지만 말고, 그동안의 생각을 깨끗이 지우고 새로운 대안을 입력하라. 전자기기처럼, 우리의 사고방식도 정기적으로 새롭게 전원을 켜고 재설치하거나 업그레이드하는 것이 좋다.

지금의 방법이 당신의 길을 가로막는 장애물을 피해 가지 못한다면, 곧바로 다른 방법을 시도하라. 당신의 조직이 현재의 전략이나 프로그램으로 기대하는 결과를 얻지 못한다면, 지금까지와는 다르게 행동하라. 시장과 기업 환경은 빠르게 변하는데 당신과 당신의 접근방법은 시대를 따라가지 못한 채 가만히 아무것도 안 하고 있거나 전과 똑같은 행동을 반복하다가 점점 회사의 수익률을 떨어뜨리는 어리석은 행동은 하지 마라.

경로보다 목적지를 먼저 생각하라. 그런 다음, 길목을 가로막는 장애물을 통과하기 위한 해결책과 지름길을 찾아내면서 치밀하게 계획을 세워라. 과학자처럼, 가정을 세우고 그것이 틀렸음이 입증되지 않는 한, 그 가정을 전제로 행동하라. 무엇이든 가능한 것처럼 날마다 모든 일에 접근하면서 당신의 가정을 시험하라. 그 실험이 실패한다면 다른 방식으로 새롭게 실험하라. 당신은 새로 실험을 할 때마다 기술을 배우고 연마할 기회를 만들어내고 있는 것이다. 그렇게 끊임없이 스스로 배우고 능력을 향상시킬 때, 궁지에 몰리더라도 금방 빠져나와 더 잘 닦인 길을 찾아 앞으로 나아갈 수 있다. 따라서 가능성과 기회를 자신에게 유리하게 활용해 세계적으로 유명한 혁신자들이 한 것과 같은 방법으로 목표를 달성할 수 있다.

미래가 어디로 향하는지 알 수 없더라도, 위험을 감수하며 어둠 속에서 더듬거리고만 있을 까닭은 없다. 현재 상태를 타파하기 위해서는 현재 상태를 알아야 한다. 두려움을 떨쳐버리고 오늘 당장 시작하라. 인생은 거대한 실험이다. 한 발은 계속 현실에 단단히 묶어두고, 다른 한 발은 미지의 세계에 발을 내디디며 신중하게 주변을 살피고 안전하게 앞으로 나아갈 길을 발견할 때까지 승부를 걸어라.

실패의 의미

당신과 당신의 조직이 아직 실험이나 혁신을 수행하고 있지 않다면, 실패에 대한 두려움이 당신의 의사결정에 심각한 영향을 끼칠 가능성이 있다. 잠시 숨을 돌리고 이러한 두려움이 왜 당신의 발목을 잡는지 생각해보자. 또, 오늘날 가장 성공한 조직과 개인이 사람들에게 실수를 피하지 말라고 하면서, 오히려 실수를 받아들이지 않을 때 더 큰 실수를 하게 된다고 역설하는 이유를 살펴보자.

기업 환경이 점점 경쟁적으로 바뀌면서, 승자나 패자나 혼란스럽기는 마찬가지다. 경쟁자들은 모두 처한 현실에 따라 승자나 패자로 쉽게 갈린다. 늘 그렇듯이 모두가 승자가 될 수는 없다. 실제로 연구 결과는 신생 벤처기업 열에 아홉은 사라진다—따라서 승자가 될 수 있는 기회는 아주 드물다—는 사실을 보여준다. 그러나 가끔씩 발목을 잡는 실패가 반드시 파멸을 의미하는 것은 아니다. 그루폰Groupon(2008년 미국에서 창업한 세계 최초의 소셜커머스 기업—옮긴이) 이나 징가Zynga(2007년 샌프란시스코에 설립된 소셜 비디오게임 회사—옮긴이)처럼 시작하자마자 명성이 하늘 높이 치솟았다가 몇 달 만에 생존 투쟁을 벌여야 하는 상황으로 뒤바뀐 뒤, 또다시 갑자기 전망이 밝아진 사례가 많다.

실패는 누구나 할 수 있기 때문에 실패의 경험만으로 완전히 파멸했다고 단정 지을 수는 없다. 성공은 대개 관점에 따라 달라진다. 어떤 기업에게는 희망사항인 시장점유율 10퍼센트가 다른 기업에게는 결정적 패배일 수 있기 때문이다. 따라서 성공은 그것을 어떻게 보느냐 하는 문제이며, 과거 경험과의 단절을 선택하는 것이다.

당신은 언제나 현재 자신이 처한 위치를 재평가할 수 있다. 때에 따라 비용을 긴축할 수도 있고, 조직을 재정비할 수도 있고, 재기할 수도 있다. 계속 시도하고, 실패하면 다시 시도하라.(그것이 바로 실험이다.) 그렇게 하면, 세계적으로 유명한 기업이나 사상가, 산업계 거물들이 수십 년 동안 누렸던 것과 같은 방식으로 성공할 것이다.

전통적 의미에서 실패는 어쩌면 스스로 평가하기에 하나의 보잘 것 없는 선례처럼 보일지도 모른다. 이제 그것을 **교육**이라고 새롭게 정의하자. 실패는 불가피한 것이며 우리에게 깨우침을 주는 경험이다. 그 이상도 이하도 아니다. 당신이 학교 교육에 투자할지 결정하는 것처럼, 실패를 통한 교육에 실험 비용을 포함해 무엇을 얼마나 쓸지 선택할 수 있다. 실패는 이제 일종의 투자, 다시 말해 사람들과 조직이 중요한 교훈을 배우고 지혜로운 결정을 내리기 위해 기본적으로 거쳐야 할 과정으로 생각할 수 있다.

3,700만 달러 가치의 온라인 유머 블로그 제국인 치즈버거 네트워크 Cheezburger Network의 창업자 벤 허는 이 원칙을 잘 이해하고 있다. 그를 비롯한 회사 직원들은 끊임없이 새로운 제품, 사이트, 소셜미디어 전략을 실험하고 실패하기를 거듭하면서 맹렬한 속도로 변화하는 온라인 문화 요소의 특징이라 할 수 있는 역동적인 사업을 펼치고 있다. 오늘 대중의 마음을 사로잡는 것이 내일도 그러리라는 보장은 거의 없다.

따라서 그는 실패를 전혀 꺼리지 않는다. 그가 지독히 미워하는 것은 오로지 큰 실패뿐이다.

그는 "우리가 지금 이야기하고 있는 것은 위험의 규모입니다"라고 말한다. "큰 실패는 언제나 두렵습니다. 그러나 위험의 규모를 줄일 수 있다면, 회사는 위험을 무릅쓸 수 있어요. 작은 실패는 어떤 조직에서도 중요한 문화 요소이기 때문이죠."[6] 그를 비롯한 동료 직원들에게 실험은 단순히 일상적인 회사 운영의 일부가 아니다. 없어서는 안 될 필수 요소다.

"위험 감수와 새로운 아이디어의 시도는 성장하는 과정의 일부입니다"라고 허는 말한다. "[치즈버거 네트워크에서] 우리는 직원들이 위험을 무릅쓰거나 어떤 일에 실패했다고 해서 타박하지 않아요. 오히려 그들이 어떤 행동도 하지 않을 때 질책합니다."

실제로 근래 AMD나 어도비, 허브스팟Hubspot 같은 일류 기업들이 일반인에게 개발중인(이른바 베타테스트용의) 하드웨어나 소프트웨어를 공개적으로 배포해 문제점을 찾아내려는 시도는 흔하다. 제품의 결점들을 발견해 고치고 제품과 광고, 마케팅 전략을 재정립할 수 있기 때문이다. 결함이 있는 제품이 시장에 출시되어 회사에 큰 타격을 입히기 전에 더 나은 제품을 생산하기 위해서다.

모든 실패를 당신이 찾는 성공을 향한 일보 전진으로 생각하라. 인생과 기업 운영에 있어 실패를 두려워하기보다는 기꺼이 받아들여야 한다. 그리고 만일 당신이 리더라면, 실험을 많이 하는 직원들을 비난해서는 안 된다. 그들이 똑같은 실수를 되풀이하지 않는 한, 오히려 그들에게 상을 주어야 한다.

물론 실험을 기꺼이 수용하는 것은 늘 말처럼 단순하지 않으며, 진통이 없지도 않다. 실험하기 위해서는 불안과 실패의 두려움뿐 아니라 1장에서 소개된 다른 모든 두려움을 포함해 많은 이가 공통적으로 느끼는 걱정을 당연히 극복해야 한다. 그러나 시대와 사람들의 기대가 변화하는 가운데, 개인과 그들이 일하는 조직이 앞으로 나아가기 위해서는 실험을 멈추지 말아야 한다. 그렇지 않으면 경쟁자들에게 금방 압도당할 것이다.

실험과 그에 따른 실패를 고맙게 생각하라. 실험을 통한 문제점 발견은 회사가 제품을 정식으로 출시하기 전, 고객의 욕구를 더 폭넓게 충족시키기 위해 제품을 미세하게 조정하고 품질을 개선할 수 있게 한다. 기업들이 이러한 시행착오를 서둘러 겪을수록, 결함을 보완하거나 성능이나 기능, 인터페이스를 재조정해서 고객들에게 더 나은 서비스를 신속하게 제공할 기회가 생긴다. 또한 그러한 과정을 거쳐 최종 이용자들이 좋아하지만 회사가 간과하고 넘어갈 뻔한 기능도 발견할 수도 있다. 실제로 잘 알려진 구글의 지메일은 5년 동안 베타용으로 서비스되었다. 그동안 실험과 설계를 거듭한 수없이 많은 새로운 버전이 공개되었다. 이러한 실험과 시험, 미세 조정의 과정(불가피한 실패까지 포함해)이 없었다면, 지금 우리가 누리고 있는 유용한 기능 가운데 일부는 만나지 못했을지도 모른다.

우리는 실패를 통해 자신을 명확하게 알 수 있다. 또한 모든 시도가 당신을 성공의 길로 더 가깝게 인도하고, 실험이 변화와 성장, 미래 경쟁력을 위해 필수적이라는 사실을 알기 때문에, 당신은 실패를 통해 당신에게 적합한 성공 방식을 개발할 수 있다. 성공을 낚아채기 위해 더욱 노력하고 시행착오와 개선된 실험을 반복하면서 성공의 가능성을 향해 서서히 끈질기게 나아갈수록, 당신은 성공을 발견하는 길에 점점 더 가까워질 것이다.

실패를 다르게 보라

변화와 혁신을 성공적으로 수행하기 위한 열쇠가 단순히 시행착오를 거듭하는 것이라면, 실패에 주목하는 이유는 무엇인가? 도대체 뭐가 문제란 말인가?

요점은 바로 그것이다. 대개 사람들은 실패를 인생에서 지나치게 큰 문제로 생각한다. 우리는 실패를 두려워한다. 실패하면 괴로워한다. 그래서 위험을 무릅쓰려고 하지 않는다. 그래서 그냥 평범하게 지내는 편이 낫다고 생각한다.

이제 깨어나 커피 한 잔 하며 정신을 차려라! 실패는 인생의 일부다. 당신이 살아 있다면, 아무리 열심히 노력해도 실패를 경험하기 마련이다. 더군다나 실패는 누구나 성공을 위해 올라타야 하는 사다리의 한 가로대일 뿐이다. 실패했지만 최종 성공을 향해 가는 길을 멈추지 않은 사람들을 찾아보자.

- **스티븐 스필버그**는 서던캘리포니아 대학 영화예술학교에 세 번 응시했지만 모두 낙방했다.(그는 결국 1994년에 그 학교에서 명예학위를 받았다.)[7]
- **토머스 에디슨**은 상업용 백열전구에 적절한 재료와 구성의 배합을 생각해내기까지 수없이 많은 실패를 거듭했다. 에디슨은 말했다. "어떤 것이 작동하지 않는 방법 1만 가지를 발견하는 과정은 실패가 아닙니다…… 어떤 일이 실패하고 버려질 때마다 대개 우리는 한 발짝 앞으로 나아가기 때문입니다."[8]
- 페덱스를 설립한 **프레드 스미스**는 그가 대학생일 때 익일 배송시스템에

대한 아이디어를 제시한 리포트 점수를 묻는 한 기자의 질문에 이렇게 대답했다. "잘 기억나지 않지만, 아마 평소처럼 C였을 겁니다."[9] 오늘날 페덱스는 날마다 평균 350만 개의 소포를 배달하고 있다.[10]

- **J. K. 롤링**의 첫번째 책, 『해리포터와 철학자의 돌』은 최종적으로 블룸즈버리 출판사와 계약하기 전 모두 12군데 출판사로부터 출판 계약을 거절당했다.[11] 그녀의 현재 재산은 순자산으로 10억 달러가 넘는다.[12]
- **딕 체니**는 예일대에 두 번이나 낙방하고 나서 결국 와이오밍 대학에서 학사와 석사학위를 받고 하원의원을 거쳐 미 국방장관, 부통령을 역임했다.

메릴랜드 유니버시티 칼리지 대학의 조교수 앨런 쿠야트에 따르면, "경영진이 실패를 혁신 과정의 일부로 받아들이지 않는다면, 조직은 실패의 두려움 때문에 더 안전하고 덜 위험한 점진적 혁신에 주력하게 될 것이다. 업계의 판도를 바꿀 수 있는 더욱 근본적 혁신은 두려움 때문에 가능한 한 피하려고 할 것이다".[13] 모든 차원에서 실험을 독려하라. 실험을 즐기고 슬기롭게 위험을 무릅쓰는 사람들에게 상을 줘라. 혁신을 추진하고 매우 획기적인 돌파구를 여는 가장 확실한 방법이다.

비슷한 맥락에서 에릭 리스는 신제품을 내놓거나 벤처기업을 새로 창업할 때 필요한 원칙들을 모아놓은 **린스타트업**lean start-up(단기간에 제품을 만들고 성과를 측정해 다음 제품 개선에 반영하기를 반복해 성공 확률을 높이는 경영방법론의 일종—옮긴이) 방법론을 개발했다. 이러한 원칙들—검증된 학습, 실험, 빈번한 공개를 기반으로 하는—은 다섯 단계로 요약될 수 있다.

1단계 : 빨리 만든다.

2단계 : 자주 공개한다.

3단계 : 성과를 측정한다.

4단계 : 문제점을 파악하고 고칠 점을 찾는다.

5단계 : 이 과정을 반복한다.[14]

이러한 방법론에서 실험과 실패는 떼려야 뗄 수 없는 불가분의 관계일 뿐 아니라, 성공하기 어려운 일일수록(그 대가는 그만큼 더 클 수 있지만), 실패할 가능성도 더 커진다. 따라서 실험을 많이 하고, 빨리 실패하고, 다시 일어나서 재시도하기를 멈추지 않을수록, 당신이 찾고 있는 성공을 발견하는 일은 더욱더 앞당겨질 것이다. 이것이 바로 오늘날 세계에서 가장 성공한 벤처기업과 대기업들이 일하는 방식이다. 당신과 당신의 조직 또한 당연히 그렇게 할 수 있다.

당신의 경력을 실험대에 올려라

끊임없이 서로 뒤섞고 맞추고 재구성해야 하는 것은 기업의 운영 전략만이 아니다. 우리의 경력에도 마찬가지로 꾸준한 실험이 필요하다. 기업의 문제점을 해결하기 위한 방법들이 미래에 경쟁력을 가지기 위해 끊임없이 재편성되고 재조정되어야 하는 것처럼, 우리의 인생도 마찬가지로 성장을 위해서는 서로 다른 방향에서 끊임없이 실험해야 한다.

현재의 시스템 아래 우리는 앞날을 예측할 수 있는 일자리와 기업들에 의존한다. 하루하루의 생계와 복리후생, 개인의 경력과 가족의 미래가 걸려 있기 때문이다. 그러나 시장과 취업 기회가 순식간에 변할 수 있는 것처럼, 다른 사람들과의 이해관계도 또한 마찬가지다. 이러한 이해관계는 자신의 이해, 더 나아가 개인적, 직업적 장래 목표와 일치하지 않을 수도 있다. 장기적 전망에 대해서는 더 말할 나위 없음은 물론이다.

앞으로 직장인들은 한평생 10~15번 일자리를 옮길 것이라고 생각하라.[15] 30세 미만이라면, 적어도 18개월에 한 번씩 직장을 바꿀지도 모른다.(『포브스』는 실제로 이러한 끊임없는 경력 이동을 밀레니엄 세대[1980년대에 태어난 세대—옮긴이]의 새로운 표준이라고 부른다.[16])

오늘날 기업에서 조직 재편은 7개월에 한 번꼴로 빈번하게 일어난다. 평균 근속 연수는 과거에 비해 매우 짧다. 기업의 아웃소싱과 가상화 Virtualization(물리적으로 다른 시스템을 논리적으로 통합하거나 반대로 하나의 시스템을 논리적으로 분할해 자원을 효율적으로 사용케 하는 기술—옮긴이)는 점점 번성하고 있다. 그리고 기업 내 많은 조직이 프리랜서와 하도급업자, 임시방편들로 점점 대체되고 있다.

조직들이 변화하는 시장에서 앞서 가기 위해 새로운 혁신 방안들을 실험해야 하는 것처럼, 당신도 미래에 요구될 직업적 융통성을 키우고 재능과 배경을 육성하기 위해 현재의 경험과 능력, 직업적 전망을 넓히면서 자신의 경력에 대한 실험 작업을 시작해야 한다. 난관에 부딪히거나 치열한 경쟁을 할 수밖에 없을 때까지 기다렸다가 시작할 수도 있다. 그러나 언젠가 어떤 식으로든 자신을 재창조해야 할 때가 온다. 따라서 지금 곧바로 자기 인생과 경력을 혁신할 책임자로서 미래와 현재의 간극을 메우고, 자신의 능력을 시험하고 이력서에 쓸 내용을 더 풍성하게 늘리기 시작하는 것은 어떨까?

자신의 경력을 더 많이 시험하고, 새로운 것을 더 많이 시도하고, 스스로에게 더 많이 투자할수록—학교에 다니는 것이든, 인맥을 형성하는 행사에 참석하는 것이든, 새로운 추세와 기술에 대해 연구하는 것이든—스스로 경력을 만들어낼 수 있는 여지는 점점 더 커질 것이다. 새로운 전문 영역을 더 많이 개발하고, 영향력을 얻기 위해 열심히 노력하면 할수록(회사 내부의 당면 과제에 대한 전문가가 되던, 솔선수범하는 문제 해결사가 되던) 쫓겨나거나 부당한 현실과 타협해야 할 가능성은 점점 더 줄어들 것이다.

실험을 통해 제품을 시연하는 경험과 기술을 더 많이 습득하거나, 자신의 학력과 전문지식을 일신하여 미래에도 살아남을 수 있는 경력을 갖추거나, 스스로 가치와 영향력을 높이고 기득권을 유지하는 따위의 실험을 계속해야 하는 명백한 이유들은 일단 접어두자.

아주 간단하지만 중요한 일 가운데 하나인 고용주들과의 관계를 어떻게 맺을지 결정할 때, 어떤 선택지가 있는지 생각해보라. 우리는 그들을 보호자로 생각하고, 우리의 입에 기회를 떨어뜨려줄 때까지 기다리는 피부양가족처럼 행동할 수 있다. 반면, 우리는 그들을 모두의 이익을 달성하고자 공동의 목표를 향해 노력하며 공생하지만, 궁극적으로는 자신을 돌봐야 할 책임은 각자에게 있는 파트너 관계로 보고 함께 일할 수도 있다.

시간을 아껴라. 쉬는 시간을 더 효율적으로 활용하라. 자기 자신과 경력 개발을 위해 힘써라. 적극적으로 실험하고 배우는 일에 힘쓸수록, 당신의 날개는 더 넓게 펼쳐질 것이고 당신의 주가는 더 높이 치솟을 것이다. 약간의 보험은 전혀 손해가 아니다. 그것은 결국 당신의 경력이고 삶이고 복지다. 최종적으로 자신의 운명에 책임을 지는 사람은 바로 자기 자신이다. 늘 무언가를 만지작거리고 실험하며 살아가는 데 꼭 필요한 통찰과 경험을 찾느라 바쁜 사람이라면, 자유계약 선수로서 누구보다 뛰어난 자질을 갖춘 사람이라 할 수 있을 것이다.

그러나 무엇보다 중요한 것은 당신이 용감하게 자신의 경력을 끊임없이 이리저리 만지작거리며 실험하고 있을 때, 당신이 중요하게 생각하고 좋아하는 일을 할 기회가 더 많아진다는 사실이다.

자발적으로 자기 자신—그리고 자신의 일자리—을 위험한 모험에 던져넣은 아니타 크로프츠의 사례를 들어보자. 그녀는 워싱턴 대학 커뮤니케이션학부의 학사지원부서에 학내에 새로운 직무를 만들어 실험할 수 있게 해달라고 제안했다. 그녀는 지금까지 해온 강사와 커뮤니케이션 리더십 과정 부책임자의 직위를 포기하는 대신, 커뮤니케이션 학부의 비행 교관 자리를 만들어달라고 요청했다.(비행기 조종과 관련된 것이 아니라, 리더가 될 학생들을 가르치는 비행 교관을 말한다.) 이 새로운 자리는 학사에서 석사, 박사과정을 통합하면서 교실과 지역사회를 연결하는 역할을 했다.

크로프츠는 그 아이디어에 완전히 몰두해 소속된 학부의 학장에게 소개하려고 했다. 대학 현장의 까다로운 내부 정치 역학을 고려할 때, 결코 쉬운 일이 아니었다.

크로프츠의 말에 따르면, "[몇 달 동안] 그 말을 학장에게 할 엄두가 나지 않았어요. 전통적인 대학 풍토로 볼 때, 그러한 요청은 매우 급진적으로 보일 수 있었어요. 기존의 고정관념에서 벗어나는 행동이었죠. 매우 심각하게 고민했죠. 내가 꿈꾸는 일을 하기 위해 마음을 활짝 열고 적극적으로 생각하기로 했지요."[17]

마침내 크로프츠는 가까스로 용기를 내 말을 꺼냈다. 뜻밖에 학장은 그녀를 내쫓기는커녕 오히려 그 실험을 지지했다. 현재 크로프츠는 더이상 단순한 교육자가 아니다. 그녀의 직업은 비행 교관이다.

그 경험을 통해 배운 바를 그녀는 이렇게 요약한다. "대성하려면 목표에 집중하세요. 경력은 일직선상으로 움직이지 않습니다. 경력에는 일정한 주기와 국면이 있습니다. 경력에 영향을 끼치는 힘이 있다고 생각하세요. 내 경력 쌓기는 파쿠르parkour(도시와 자연환경 속에 존재하는 다양한 장애물을 활용해 효율적으로 이동하는 개인 훈련—옮긴이)와 같습니다."

크로프츠의 방식은 반복되는 모방을 통해 쉽게 응용할 수 있다. 크로프츠에게 영감을 받은 친구 제시카 에시와 레이첼 골드는 비슷한 접근방식으로 경력의 궤도를 재조정하고, 그러한 자기 혁신을 통해 마찬가지로 두드러진 성과를 거두었다.

지역사회에 영향력이 있는 세계적인 비영리조직 유나이티드웨이United Way의 직원인 에시는 상사와 15분 동안 대화를 나눈 뒤, 자신의 영상 편집 기술을 동원해 찍은 일련의 비디오를 지역민들과의 소통 및 공공 봉사 활동을 위한 도구로 이용했다.("유나이티드웨이는 가능성이 무궁무진한 거대한 플랫폼이었어요…… 하지만 사람들이 더 발전적으로 활용하고 싶어 하지 않는다면, 전 다른 곳에서 혼자서라도 그 일을 할 생각이었어요."[18]) 박사학위를 따고 40대에 카이저 퍼머넌트 병원의 연구원이 된, 한때 블루그래스 밴드(미국 서부 산악 음악으로 컨트리 음악과 구별해 부르며, 밴조, 기타, 바이올린 등 현악기를 이용해 연주하는 밴드—옮긴이) 연주자였던 골드는 병원에서 일하는 시간의 절반은 자신이 중개인 역할을 하고 있는 조직에서 일하게 해달라고 상사에게 요청해 승낙을 얻어냈다.("『린인』이라는 책을 읽었는데, 거기서 '여자는 요청하지 않는다'고 하더군요. 그래서 그 책을 상사에게 주면서 '네, 전 지금 요청하고 있어요!'라고 말했죠."[19])

현재 자신의 직업, 경력, 삶의 목표에 만족하지 않는다면, 어쩌면 지금이 새로운 가정을 세우고 새로 시작할 때일지도 모른다. 스스로에게 말하라. 나는 지금 새로운 것을 충분히 시도할 수 있고 위험을 무릅쓰고 승부를 걸어볼 수 있어. 그런 다음, 마찬가지로 그러기 위해 먼저 무언가를 요청하는 것에서 시작하라.

진화중

당신의 조직과 경력을 끊임없이 무언가 실험하고 일을 진행하는 신생 벤처기업처럼 생각하라. 처음부터 엄청난 성공을 거두는 기업은 거의 없다. 당신도 그런 기대를 접어야 한다. 성공한 기업과 개인들은 목표를 크게 잡고, 그 목표를 향해 끊임없이 실험하고 배우면서 앞에 놓인 장벽을 날마다 조금씩 무너뜨린다. 끈질기게 그 일에 전념하면서 마침내 거대한 장벽을 잘게 부수고 필요하면 진로를 바꿔가면서, 퍼즐 조각들이 최종적으로 다 맞춰질 때까지 반복해서 문제들을 이리저리 만지작거리며 실험한다.

에어비앤비—여행자에게 빈방이나 숙박 장소가 있는 호스트를 연결해주는 온라인 서비스—는 서비스 초기에 한 가지 문제에 직면했다. 뉴욕에서 호응을 얻지 못하자 창업자인 조 게비아와 브라이언 체스키는 뉴욕으로 날아가 그곳 숙소들을 표본 조사해 문제점을 확인했다. 그들은 표본 추출한 숙소들의 사진이 엉망이라는 사실을 금세 알아챘고, 숙소를 소개하는 방식을 얼마나 잘 변경하느냐에 따라 이용자의 인식이 달라질 것으로 판단했다. 따라서 고화질 사진을 통해 숙소에 대한 긍정적 인상을 심어주면, 숙소 예약률이 높아지리라 가정하고 시험해보기로 했다.

두 사람은 값비싼 고급 카메라를 빌려 숙소 사진을 죄다 다시 찍었다. 한 달도 안 되어, 숙소 예약은 두 배로 늘었다. 그 뒤 다른 도시들에도 똑같은 방법을 적용했고, 비슷한 결과를 얻었다. 게비아는 말한다. "똑같은 과정을 다시 반복하세요. 뉴욕에서 문제를 해결하자, 파리와 런던, 밴쿠버, 마이애미에서도 문제가 풀렸죠."[20] 강력한 해결책이 나오기까지 필요한 것은 단 한 번의 간단한 실험이었다.

에어비앤비의 사례에서 보듯, 목표를 달성하고 선두 자리를 지키기 위한 열쇠는 자기 개선의 노력을 멈추지 않고 끊임없이 진화하는 것이다.

링크드인의 공동 창업자이자 회장인 레이드 호프먼과 청년 벤처사업가 벤 카스노카는 공동 저술한 『연결하는 인간The Start-Up of You』이라는 책에서, 사업이나 경력에서 성공하고 싶다면 새로운 사고방식이 중요하다고 말한다. 사업과 경력은 **영원한 베타테스트**인 것이다. 당신 자신이나 조직을 영원히 진화하는 실체로 생각하라는 말이다.

두 저자는 영원한 베타테스트를 다음과 같이 정의한다.

늘 시작하고 있는 것

영원히 진행중인 것

호프먼과 카스노카는 기업이든 사람이든 늘 진화할 뿐, 그 끝은 결코 없다고 주장한다. 그들은 "**끝났다는 말은 욕이나 마찬가지다. 우리는 오로지 진행중이다**"라고 넌지시 말한다. 호프먼과 카스노카는 이어 "경력을 영원히 베타테스트하는 것은 자신에게 많은 결함이 있으며, 새로 개발할 것이 있고, 늘 적응하고 진화해야 한다는 것을 자인하지 않을 수 없게 만든다"[21]고 말한다.

이를 위해서는 두려움을 정면으로 걷어차고 끊임없이 이리저리 만지작거리고 실험할 수 있는 용기가 있어야 한다. 사업에 대한 이런 새로운 개념은 일류 기업과 전문가들 사이에서 점점 환영받고 일반화되고 있는 추세다.

실험을 통한 성공이 전 세계의 혁신적인 첨단기술 업체에게만 해당하는 것은 아니다. 솔라시티SolarCity는 미국에서 가장 큰 태양전지판 설비 업체로 성장했다. 품질이 더 좋은 태양전지를 발명해서가 아니라, 더 좋은 사업 모델을 개발했기 때문이다.

솔라시티는 주민들에게 돈을 받고 설비를 임대해주거나 자체 시설로 생산한 전력을 단순 판매하는 미국 최초의 태양광 업체 가운데 하나였다.(일반 상업용 전력보다 대략 10퍼센트 저렴하게 공급했다.[22]) 숱한 시행착오를 거쳐 이루어진 이러저러한 혁신의 결과로, 솔라시티는 2012년 『패스트컴퍼니』가 선정한 세계 최고의 혁신 기업으로 뽑혔다.

시행착오에 수많은 실패가 따르는 것은 당연하다.

실제로 『인크Inc.』라는 잡지에서 선정한 500대 기업을 대상으로 한 최근 조사에서, 61퍼센트의 기업이 실패해도 괜찮은 환경을 조성하는 것만으로도 그들의 혁신 능력이 크게 향상된다고 응답했다. 또 38퍼센트는 고객에게서 최고의 아이디어를 얻는다고 응답한 반면, 그러한 아이디어를 수집하거나 그 실용성을 알아보기 위해 고객의 반응을 살피는 정례화된 방법이 있다고 답한 기업은 33퍼센트에 불과했다.

조사 대상 기업의 66퍼센트 정도가 (많은 경쟁업체를 포함해) 한 달에서 다섯 달—일부는 심지어 30일—안에 시범사업이나 실험을 통해 아이디어를 제품으로 출시할 수 있다고 응답했다. 이는 매우 중요한 점을 시사한다. 우리는 새로운 실험을 시도하고 실패하는 과정을 열린 마음으로 받아들여야 한다. 위험을 무릅쓰고 새로운 것을 실험하고 피드백을 받는 횟수가 잦으면 잦을수록, 우리는 더 혁신적이고 효과적으로 성공에 이를 수 있다.

행동 지침

오늘날처럼 빠르게 변화하는 세상에서 오랫동안 지속되는 것은 아무것도 없다. 실제로 10년 전이나 심지어 1년 전에 당신의 성공을 보장했던 제품과 연구 방식, 프로세스들이 특히 더욱 금세 사라진다. 오늘날 기업들은 혁신과 창조성의 온상이 되어야 한다. 새로운 아이디어들을 끊임없이 생각해내고 실험해서 그 결과에 따라 그 아이디어를 포기할지, 정식으로 구현할지, 폐기할지를 신속하게 판단해야 한다. 이러한 실험 과정은 오늘날 모든 기업에게 필수적이다. 그리고 모두—경력 사다리 맨 꼭대기에서 가장 밑바닥까지—가 기꺼이 위험을 무릅쓰면서 정면으로 승부를 걸고 실패조차도 감수할 의지가 있어야 한다. 실패는 성공으로 가는 길에서 잠시 멈추는 장소에 불과하기 때문이다.

전문직업인들은 변화의 시기에 실험하는 것을 두려워해서는 안 된다. 또한 새롭게 경력을 쌓을 때 혁신적이어야 한다. 미래에도 경쟁력을 유지하기 위해서는 기존의 능력과 지식, 경험을 재배치하거나 재구성하고, 미래에 성과를 낼 기회를 지금 잡을 줄 알아야 한다.

선두에 서서 성공을 향해 빠르게 나아가고자 한다면 다음과 같이 행동하라.

- **끊임없이 실험하라.** 모든 것, 특히 현상태의 모든 것에 의문을 제기하고 새로운 것을 시도하라. 그 결과를 평가해 기존의 접근방식을 조정하고 반복해 시도하라.
- **불확실성을 기꺼이 받아들여라.** 변화를 수용하고, 정면으로 대응하라는 의미다. 그러나 신중하게 한 번에 한 걸음씩, 미리 대비하고 조심하면서 더 큰 확신이 들 때까지 끊임없이 배워라.
- **실패의 의미를 다시 생각하라.** 실패는 실험에 따르는 당연한 과정이다. 실패 덕분에 목표 달성에 더 가깝게 다가갈 수 있다. 실패를 받아들이고 귀중한 교훈을 얻어라. 그런 다음, 배운 것을 현실에 적용하라. 무엇보다도 실패의 두려움 때문에 가던 길을 멈추지 마라.
- **린스타트업 방법론을 활용하라.** 속히 만들고, 자주 공개하고, 성과를 측정해, 문제점을 파악하고 배우는 과정을 반복하라.

- **미래 경쟁력이 있는 이력서를 만들어라.** 자신이 꿈꾸는 경력과 그 경로를 이리저리 바꿔보고, 새로운 경험과 능력을 끊임없이 습득하고, 자신의 이력과 재능을 재배치할 새로운 방법들을 실험하라. 당신이 그리는 현재의 궤적을 약간만 틀면 된다.
- **끊임없이 움직여라.** 어떤 일을 시도하거나 행동하기를 절대 멈추지 마라. 피드백을 바탕으로 다시 시도하고 행동하라. 그럴 때마다 더 많은 지혜와 능력을 얻게 될 것이다.
- **늘 스스로를 개발하라.** 경력이든 사업이든 큰 목표를 세우고, 달성하기 위해 조금씩 날마다 앞으로 나아가라. 스스로 더 많은 새로운 목표를 세워라. 새로운 시대와 추세가 새로운 욕구를 만들어내기 때문이다. 늘 고려해야 할 새로운 목표와 꿈이 있다. 끊임없이 배우고 진화하고 지평을 넓혀가는 한, 당신의 잠재력은 무궁무진하다.

파변창

10장

파변창 전략 8: 싸움의 순서를 정하라

싸움의 우선순위를 정하라 | 집중해야 할 기회와 현안을 결정하기 | 압도적으로 불리한 경쟁 상황을 극복하는 방법 | 전략은 내부에서 시작된다 | 한 곳에 전략을 집중하라 | 행동 지침

破變創

샌프란시스코 포티나이너스의 제드 요크는 프로미식축구리그NFL 주요 팀의 최고경영자이자 구단주임에도 불구하고, 시합에서 이기는 것에, 심지어 올해 슈퍼볼 석권에 놀랄 정도로 관심이 없다. 심지어 구단을 인수하면서부터 잘못된 의사결정(마이크 싱글터리를 헤드코치로 고용한 것)을 내림으로써 2010년 시즌을 참담하게 마쳤음에도 그 모양이다. 그러나 요크는 위험을 무릅쓰고 실력이 입증되지 않은 선수들과 계약하거나 아슬아슬한 경기를 즐기고, 심지어 순간적 만족이 아닌 지속적인 성공을 위해서라면 팬들을 화나게 만드는 도박도 서슴지 않는다. 어떤 전투는 싸울 만한 가치가 있다고 그는 말한다.

"슈퍼볼 우승이 목표라고 말하는 팀들이 많지요"라고 그는 말한다. "우리는 한 시즌만이 아니라 매 시즌 최고의 성적을 거두기를 바랍니다. 긴 안목으로 바라볼 줄 알아야 합니다. 총체적으로 당신이 바라는 목표를 성취하기 위해서는 단기적으로 볼 때 약간의 실수를 할 수 있기 때문입니다."[1] 이는 무엇과 싸울지 정하고 당면한 기회와 도전에 정면으로 대응하되, 그 밖의 다른 것들은 나중에 싸울 수 있는 더 좋은 또다른 기회를 위해 남겨두는 것을 의미한다. 팬들은 그가 내리는 결정에 동의하지 않을지도 모른다. 하지만 요크는 당신이 믿는 중요한 것을 싸워서 쟁취하는 것이 얼마나 중요한지, 사람들을 화나게 하는 어려운 결정이 중요한 때가 언제인지, 어디서 왜 그래야 하는지를 잘 안다.

몸값이 한 시즌에 800만 달러나 되는 스타 쿼터백 알렉스 스미스가 부상당하자, 요크는 아직 검증되지 않은 신인 콜린 캐퍼닉(당시 몸값이 30만 달러 정도에 불과했다)을 주저하지 않고 경기에 투입했다. 전문가들의 의견은 엇갈렸다. 그러나 요크는 그들의 의견에 이리저리 끌려다니며 시간을 낭비하지 않았다. 그에게는 싸워야 할 더 큰 전투가 있었다. "우리는 캐퍼닉이 앞으로 10년에서 15년간 우리 팀의 쿼터백으로 뛸 수 있을 거라고 봤어요"라고 그는 말한다. "장기적으로 볼 수 있다면, 당신은 전혀 걱정할 이유가 없어요…… 앞으로 10년 동안 확실히 우승할 수 있는 최고의 기회가 있다는 것을 안다면 두려울 게 뭐가 있겠습니까?"

그래서 그와 함께 코치들이 선수를 스카우트할 준비를 하거나 새로운 전술을 짤 때, 요크는 누구의 자존심이 상처를 입거나 누가 그 전략에 동의하지 않더라도 걱정하지 않는다. 오히려 그와 그의 팀은 언제나 올바른 결정을 내리는 데 초점을 맞춘다. 비록 그 과정에서 팬들과 비평가들, 동료들의 반대에 맞서 싸워야 한다고 해도 변하지 않는다.

그러한 자세 때문에 요크와 그의 동료들에게 대립은 불가피하다. 그래서 대립을 애써 피하려 하지 않는다. 오히려 더 슬기롭게 풀어나가기 위해 노력한다. 전문가들에 따르면, 그와 동료들이 내리는 결정이 늘 올바르거나, 현실적으로 현명한 것은 아니다. 그러나 그의 팀은 끊임없이 변화하는 경쟁에서 성공하고 조금이라도 더 올바른 결정을 내리려면, 똑같은 경기를 계속할 수는 없다는 점을 인정한다. 따라서 흘러가는 대로 따라가기보다는 끊임없이 기존의 관습에 도전하고, 무엇과 싸워야할지 매우 전략적으로 생각한다.

요크가 이러한 접근방식을 지원하기 위해 구단 전반에 걸쳐 장려하는 분위기와 태도는 다음과 같다. “우리는 실패를 껴안는 문화를 원합니다…… 그것이 바로 세계 최고의 기업과 혁신을 창조하는 길입니다.” 그가 채택하는 전략은 매우 간단하다. 장기적으로 가장 중요한 것들을 대상으로 싸워라. 나머지는 또다른 날을 기약하거나 아예 잊어버려라.

혁신은 기존에 확립된 규범들에 정면으로 도전하기 때문에, 그 과정에서 충돌이 발생하기 마련이다. 그러나 미식축구에서 와이드리시버 wide receiver(빠른 발을 이용해 공간을 파고들거나 큰 키를 이용해 쿼터백이 패스한 공을 받아 전진하는 역할을 하는 선수—옮긴이)들이 거침없이 질주해 터치다운을 하기 위해 상대 팀의 빈틈을 끊임없이 노리는 것과 마찬가지로, 혁신이 긍정적 변화에 영향을 끼치면 굳이 140킬로그램이나 나가는 상대팀 라인배커linebacker(수비라인 뒤에 위치해 중앙 공간을 막거나 앞으로 돌진해 쿼터백을 노리는 역할을 하는 수비수—옮긴이)들과 일일이 충돌할 필요는 없다는 것을 포티나이너스는 잘 알고 있다. 게다가 당신이 중요하게 생각하는 싸움에 집중하면서 최선의 결정을 내리기 위해 노력한다면, 한정된 노력과 자원을 비생산적이고 대개는 쓸데없이 걱정만 많이 하는 데 허비하지는 않을 것이다. (조언: 미식축구 경기에서 승수를 쌓으려면 공허한 정책이 아니라, 실효성 있는 전술의 우선순위가 중요하다.) 당신은 그렇게 함으로써 매번 고통스러운 상황에 처하지 않아도 될 뿐 아니라,

가장 중요한 문제에 모든 가용 자원을 집중할 수 있다. 이것이 핵심이다.

싸움에서 이기는 것은 쉽지 않다. 싸움을 하는 곳이 경기장 안이든 밖이든 불문하고 말이다. 어떤 사람은 승리하기 위해 신중하게 연구하고 적응하는 데 몇 년이 걸릴 수도 있다. 그러나 요크가 알고 있듯이, 싸움의 조건을 잘 이해하고, 시간과 노력, 에너지를 끊임없이 가장 생산적인 전선에 공급할 수 있다면, 승리가 그리 어렵지만은 않다.

요크는 어렸을 적, 제니퍼 몬태나(NFL의 전설적 인물로 명예의 전당에 들어간 조 몬태나의 아내)의 무릎에 앉아 포티나이너스가 플레이오프전에서 미네소타 바이킹스에게 패배하는 것을 보며 하염없이 울었던 것을 기억한다. 그러나 포티나이너스가 다음해 슈퍼볼에서 우승했을 때, 그는 아주 중요한 교훈을 하나 얻었다. 누구든 사전에 유비무환의 자세로 상대를 전략적으로 공략한다면, 한 번 패배했더라도 다시 전장으로 돌진해 재기를 꾀할 수 있다는 사실이 그것이다. 그는 "무엇이 옳은지 아는 것은 어렵지 않아요"라고 주장한다. "실행하고 끝까지 완수하는 것이 어려운 일이지요."

요크는 결정을 내릴 때면 스스로에게 이렇게 묻는다. "예의 그 아이라면 무슨 말을 할까? 다른 사람들의 생각을 대수롭지 않게 여긴다면 어떤 결정을 내릴까? 무엇이 옳고 그른지를 결정하는 것은 당신이 늘 하는 일이다. 그 대답은 매우 쉽다. 문제는 당신이 내린 결정을 향한 남들의 비판을 기꺼이 받아들이며 살 것인가에 달려 있다."

변화하고 혁신할 준비가 되어 있다면, 대립은 피할 수 없다는 점을 인정해야 한다. 그러나 요크의 지적처럼, 언제 어디서 어떻게 싸울지를 당신이 결정한다면 대립에 맞서는 일이 훨씬 더 쉬워진다.

싸움의 우선순위를 정하라

'파변창 전략 6: 승부를 걸어라'에서 배운 것처럼, 두려움 극복은 위기와 불확실성을 하나의 기회로 볼 때 쉬워진다. 더 많이 이기기 위해, 미리 자신에게 유리한 방향으로 준비하라. 요컨대 무엇과 먼저 싸울지 미리 정하라는 말이다. 좀더 자세히 말하면, 객관적이고 지혜롭게 그러한 위험과 불확실성에 대응할 수 있는 전략을 짜고, 언제 손을 털고 일어나 다음날을 기약하는 것이 가장 좋은지 결정해야 한다.

제약회사 릴리 아이코스Lilly ICOS(발기부전치료제 비아그라의 경쟁 약품인 시알리스 제조사)는 국민 건강의 안전 차원에서 비아그라의 부작용을 빌미로 시장에서 약간 앞서가던 경쟁업체인 화이자Pfizer를 정면으로 공격하지 않았다. 오히려 릴리 아이코스는 자사 약의 약효가 매우 오래 지속된다고(비아그라는 4~5시간 지속되는 반면, 시알리스는 36시간 지속된다) 선전하면서 그 우월한 효능을 더욱 강조해 널리 알리는 전략으로 가격을 올렸다.[2] 2012년, 시알리스는 연매출이 비아그라의 19억 달러를 능가하면서 급속히 유명세를 탔다.

소프트웨어 벤처기업들도 마찬가지로 마이크로소프트나 소니 같은 거대 기업들과 규모의 경제로 경쟁하며 정면으로 맞서지 않는다. 그들은 거대 기업들이 효과적으로 대응하기에 지나치게 기발하거나 빠르게 전개되는, 또는 거대 기업들이 인지하지 못한 문제를 해결하는 형태로 경쟁한다. 동네 가게들이 월마트나 코스트코, 비제이BJ's와 가격으로 경쟁하지 못하는 것은 당연하다. 그들은 지역 구석구석에 밀착한 판촉 전략과 지역사회의 지원, 더욱 개인화된 고객 서비스로 경쟁할 수밖에 없다.

상거래 시장이든 고용 시장이든, 당신은 성공 가능성이 낮고 비용도 많이 드는 상대와의 정면 승부를 택할 수 있다. 반면, 해당 분야에서 틈을 찾아 상대방의 약점을 공격함으로써 성공 가능성을 높이는 방법을 택할 수도 있다.

『킬링 자이언트Killing Giants』의 저자 스티븐 데니는 거대 기업들은 종종 어떤 아이디어는 원치 않거나 바람직하지 않다고 믿는 문화를 만들어 낸다고 지적한다. 모험적인 조직들이 가장 효과적으로 활약할 수 있는 분야가 바로 그런 영역이다. 직장인들의 현실 또한 다르지 않다.

남들에게 없는 기술이나 경험, 지식, 인맥을 손에 넣어라. 그러면 회사의 인사담당자가 찾는 최고의 인재가 될 것이다. 누구에게도 요청하거나 기대지 않고 문제를 해결하라. 그러면 출세하려고 아첨하는 사람들보다 더 빨리 상사의 눈에 들 것이다. 자기 재능을 잘 반영해 장래의 고용주들에게 당신이 무엇을 할 수 있는지 보여주는 이력서를 만들어내라. 그러면 그 누구보다도 기억에 남는 존재가 될 것이다.

잠시 숨을 돌리고 생각해보면, 당신이 취할 수 있는 방법이 수없이 많다는 사실을 금방 알 수 있을 것이다.

우리는 날마다 부딪히는 일상의 전쟁에 직면해 전략적으로 생각하고 지혜롭게 행동해야 한다. 전투에 참여할지 아니면 뒤로 물러설지를 결정할 때, 이성이 감정의 지배를 받아서는 안 된다. 올바르게 결정하고 올바른 싸움 대상을 고르기 위해서는 다음 지침을 따라야 한다.

- 미리 사실관계를 수집하기 위해 노력한다.
- 상황을 객관적이고 전체적인 시각으로 이해한다.

- 자신의 목표를 정확하게 이해한다.
- 목표 달성을 위한 전략을 짠다.
- 지원 업무의 우선순위를 정한다.
- 이러한 전략들을 적용하고 실천한다.
- 그 결과들로부터 배운다.
- 전개되는 상황과 도전과제들을 끊임없이 재평가하고 현실에 적응한다.

당면한 기회와 장애물을 정확하게 평가하고 해석하라. 현재 일어나고 있는 모든 기회를 소중하게 생각하라. 당신이 추구하는 것이 무엇이고, 거기에 도달하기 위해 어떻게 해야 하는지, 당신의 전술이 성공할지, 실패하면 그다음 차례는 무엇일지 생각하라. 전장을 조사하고, 전투에 참여하는 상대에 대해 알아보고, 어디서 상대를 공격할지 정하라. 그런 다음, 앞으로 나아가 결정적인 한 방을 날려라.

모든 기업의 의사결정은 일종의 전투 과정이다. 당신이 원하는 결과를 얻기 위해 언제 어디서 어떻게 자신이 보유한 자원을 가장 효과적으로 배치할지 알아야 하기 때문이다. 더 신중하고 치밀하게 생각할 때, 더 좋은 결정을 내릴 수 있고 함정에 빠질 수 있는 가능성을 피하면서 안전하게 승부를 이끌어갈 수 있다.

집중해야 할 기회와 현안을 결정하기

주목해야 할 가치가 있는 기회와 현안을 식별할 줄 아는 능력을 개발하고, 그 우선순위를 정한 뒤, 당장 다루어야 할 것과 나중에 다루거나 폐기해야 할 것을 결정하는 과정은 인생과 기업 운영에 있어서 없어서는 안 될 매우 중요한 능력이다. 실제로 나는 그러한 능력들이 개인이나 조직이 미래 경쟁력을 갖추려면 절대로 필요하다고 믿는다. 모든 선택에는 두 가지 대가(곤경과 기회)가 따르기 마련이지만, 어떤 대상과 싸울지 결정하기 위해 반드시 전략의 대가가 있어야 하는 것은 아니다. 해당 사업이나 고용 시장이 앞으로 어떻게 변할지 그 추세를 예측하기 위해 눈을 크게 뜨고 주위를 살피고, 적절한 시점에 적절한 능력과 자원, 인맥을 갖추고 적절한 곳에 있을 준비를 하라. 어떻게?

- **현재의 흐름과 점차 떠오르는 미래의 추세를 주목하면서, 그 영향과 저력을 평가하라.** 큰 그림을 보고, 그것이 진화하는 추세를 추적한다면, 머지않아 자기 주변에서 일어날 변화를 식별하게 될 것이다. 따라서 이러한 변화가 일어나기 전에 미리 그에 대응할 새로운 지식과 관계, 기술, 능력을 습득하고 현재의 전략을 수정하려는 노력은 내일의 번영을 위해 필수적이다.
- **매사에 호기심을 가지고 늘 열린 마음으로 문제를 제기하라.** 호기심 때문에 신세를 망치는 일은 없다. 오히려 기업의 전문 기술 인력들과 조직에 매우 큰 경쟁력을 제공한다. 호기심은 신선한 관점을 제공하고 행동을 유발하기 때문에 경쟁적 우위를 확보하는 데 밑거름이 된다는 사실이 무엇보다 중요하다.
- **일시적 유행을 피하라.** 일시적 유행은 말 그대로 잠시 동안의 열광이다. 따라서 유행에 행운을 기대하거나 운명을 거는 것은 바람직하지 않다. 일시

적 유행은 밝게 빛나서 중독성이 강하지만, 오랫동안 지속되지 않는다. 유행에 장기적인 가능성이 있는지 자문하라. 아니라면 십분 활용하되, 그런 기회로부터 더 많은 것을 이루기 위해 스스로를 준비하라.

- **나중에 필요하게 될 재능과 수단, 통찰력을 미리 준비하라.** 대세를 이루는 어떤 추세를 유리하게 이용할 수 있는 위치에 있어야 한다. 그러기 위해서는 새로운 기술, 능력, 인맥, 자원, 훈련이 필요하다. 필요해진 이후는 늦다. 그전에 미리 그런 역량을 확보하라. 소화기는 집에 불이 나기 전에 구비해야 쓸모가 있다.
- **적절한 때에 적절한 곳에 있어라.** 몇 년 뒤에 당신이 현재 속해 있는 회사나 업계, 시장 혹은 역할이 바뀔 수도 있다는 점을 고려하라. 당신의 접근방식을 수정하고 다가올 변화를 이용할 수 있을 전략적 위치를 추구하라. 큰 보험을 드는 셈이다.

당신의 경험과 기술, 능력, 인맥을 넓힐 수 있는 모든 기회를 잡아라. 그리고 다가올 전투를 위해 다양한 환경에 가장 잘 적응할 수 있는 것들을 우선순위에 올려라. 또한 남들이 그러한 노력과 관련해 비용을 기꺼이 부담한 덕분에 얻은 가치를 인정하라. 고용주가 당신을 기꺼이 경영대학원에 보내거나(즉, 당신의 가치를 더욱 높이거나), 당신에게 새로운 분야에서 혁신을 선도할 기회를 준다면, 그렇게 이자도 지불하지 않은 채 자신에게 재투자할 수 있는 기회를 당장 잡아라.

무엇보다 일시적 미봉책이 아닌 장기적 전략이 필요하다. 날마다 벌어지는 자질구레한 일에 주목하지 말고, 몇 단계 앞서 생각하고 지속적인 이익을 창출하는 장기적인 지식과 자산을 구축할 기회를 찾아라. 미래의 리더들은 세계가 끊임없이 변화하고 있음을 인정하고, 동시에 자신들도 끊임없이 성장하고 변화하기 위해 애쓴다. 전략적으로 싸우고 남들보다 먼저 생각한다면, 당신은 이미 남보다 세 걸음 앞서 있는 셈이다.

압도적으로 불리한 경쟁 상황을 극복하는 방법

맞다. 싸움은 늘 간단하지 않다. 특히 기회가 당신에게 유리해 보이지 않을 때 더욱 그러하다. 때로는 기회가 우리에게 불리하게 주어질 때도 있다. 그러고는 실패할지도 모른다는 두려움에 빠져 있는 자신을 발견하곤 한다.

비록 모든 문제의 허점을 찾아내 해결하거나 항상 모든 경쟁 상대를 피할 수는 없더라도, 그들과 싸울 시간과 장소, 조건은 가능한 한 스스로 정하려고 애쓸 수 있다. 이길 가능성이 훨씬 높아지기 때문이다. 따라서 우리는 서둘러 일정을 앞당길 수도 있고, 제품과 전략을 재배치할 수도 있고, 목표로 삼는 고객층을 다시 붙잡을 수도 있다. 심지어 경쟁 상대를 공격하기 더 좋은 순간이 올 때까지 계획을 잠시 뒤로 미루거나 폐기할 수도 있다.

예를 들면, 1970년대와 1980년대 당시 펩시콜라의 마케팅 담당 부사장이었던 존 스컬리는 그 유명한 '펩시 챌린지'라는 캠페인—눈을 가린 소비자들이 두 종류의 콜라를 시음한 뒤 어느 것이 더 맛있는지 가리는 블라인드 테스트—으로 펩시콜라를 세상에 널리 알렸다. 소비자들이 자연스럽게 펩시콜라에 우호적이 되었고 브랜드의 명성이 높아졌지만,

스컬리는 캠페인을 시작할 때 코카콜라를 정면으로 공격하지 않았다. 오히려 그것은 게릴라 마케팅 전략에 가까웠다.

"당시 코카콜라는 부동의 선두 업체였어요. 우리가 한 병 팔 때, 그들은 아홉 병을 팔았죠"라고 스컬리는 회상한다.[3] 그래서 펩시콜라는 코카콜라가 가장 많이 팔리는 지역에 도전장을 던지며 캠페인을 시작했다.

그 이유는 무엇이었을까? "경쟁자가 [자신이 앞선 지역에서] 아무것도 걱정할 게 없다고 생각하기 때문이었죠"라고 스컬리는 당시 상황을 떠올린다. 코카콜라가 가장 많이 팔리는 시장의 본거지임에도 불구하고, 코카콜라의 유통업체들은 뒷마당에 경쟁업체가 들어오는 것을 바라지 않았다. 있던 그대로가 가장 편하기 때문이다. 그래서 펩시콜라는 코카콜라의 바로 코앞에서 은밀하게 캠페인을 펼치며 코카콜라가 눈치채지 못하도록 시음 행사가 진행되는 것을 조심스럽게 비밀로 했다.

펩시콜라가 캠페인을 공개적으로 추진하기로 방침을 정하면서, 수백만 달러를 투자한 TV 광고의 지원을 받은 캠페인은 해당 지역에서 본격적으로 진행되기 시작했다. 코카콜라가 대응에 나섰지만 그러기에는 너무 늦었다. 급성장한 펩시콜라는 코카콜라의 시장점유율을 급속히 갉아먹으면서 헤비급 경쟁자로 부상했다.

매우 힘겨운 상대를 만났을 때, 펩시콜라와 같이 성공적인 결과를 거두려면 다음과 같은 방식을 고려해야 한다.

- **자신이 스스로 정한 목표를 달성하기 위해 성공의 기회와 가능성을 끊임없이 평가하라.** 실제로 성공할 가능성이 있는지 꼼꼼히 따져봐라. 자신이 할 바를 다하고, 선택할 수 있는 한 폭넓게 조사하라. 신제품을 소개할 때,

먼저 포커스그룹부터 실시하라. 일자리를 고를 때, 장차 고용주가 될 사람이 누구인지 살펴보고 대다수 경쟁 구직자가 어떤 자질을 갖출지를 연구하라. 새로운 경쟁자들을 만나면, 먼저 그들의 강점과 약점을 광범위하게 파악하라.

- **교전 방식을 정하라.** 경쟁자들이 없는 곳을 공략하라. 서비스를 제대로 못 받지만 돈벌이가 되는 틈새 고객들의 만족도를 높이기 위해 제품을 전시 판매하거나 포장하는 일이 그런 분야다. 경쟁이 적고 경쟁자와 정면으로 충돌할 가능성이 낮을수록, 곤경을 피하고 성공할 가능성은 높아진다. 경쟁 상대의 약점을 물고 늘어지기가 어려울수록, 당신이 끼칠 영향력은 더욱 커진다. 또한, 장기적으로 자신에게 가장 유리한 결과를 가져다줄 수 있는 기회를 우선순위에 올려라. 기회비용을 생각할 때 단기적 이득 추구가 매력적으로 보일 수 있지만, 최종적으로는 그 계산이 틀릴 수 있다.
- **싸울 곳을 고르고 미리 그곳을 정찰하라.** 경쟁자들과 맞부딪칠 예정이라면, 전투가 벌어질 장소를 결정하는 사람이 되라. 언제 어떤 방식으로 어떤 사람들 앞에서 싸울지 스스로 정하라. 경쟁자들이 다른 데 정신이 팔려 방심하고 있을 때가 언제인지, 그들이 약한 사업 분야가 무엇인지, 그들이 아직 효과적으로 활약하지 못한 시장이 어디인지를 찾아라. 예를 들어, 더 큰 경쟁업체와 주류 소비자층을 대상으로 TV 광고를 통해 가격 전쟁에 돌입하기보다는 사회적 파급효과가 큰 온라인 포럼에서 싸우는 방법을 선택할 수도 있다.
- **언제 손을 털고 일어날지, 위험을 좀더 감수할지, 아예 방침을 바꿀지 판단하라.** 기존의 영업, 판촉, 운영 전략이 작동하지 않고 있다면, 주저하지 말고 의견을 개진하고 다른 방법을 시도하라. 당신이 모든 대결에서 이길

수 있는 것은 아니다. 그러나 이기든 지든 그 모든 대결을 통해 무언가를 배울 수 있다. 거기서 얻은 통찰을 통해 전략을 개선하고 싸움을 이어가라. 경험을 통해 더 현명해져라. 과거의 실수를 되풀이하지 마라. 그러면 비록 전투에서 지더라도 전쟁에서는 이길 수 있다.

전략은 내부에서 시작된다

누구와 먼저 전쟁을 벌일지 어떻게 싸울지를 계획할 때, 외부뿐 아니라 내부를 살펴야 한다. 당신은 자신의 행동과 결정을 통제할 수는 있지만, 경쟁자의 뜻밖의 전략 변화나 끊임없이 바뀌는 기업 환경은 어찌할 수 없다. 앞을 예측할 수 없거나 불확실한 상황에 직면하거나, 경쟁자들이 새로운 전술로 대응한다면, 7장에서 배운 것처럼, 임기응변의 능력을 발휘하는 수밖에 없다. 세상이 돌아가는 방식을 바꿀 수 없다면, 대응하는 방식을 전략적으로 수정하라. 그것이 애써 당신의 실제 작전 환경을 바꾸는 것보다 훨씬 더 간단하고 효과적인 방법이다.

앤드류 스팅거는 많은 밀레니엄 세대처럼 이미 꽤 많은 고용주와 직장을 경험했다. 2006년에 대학을 졸업한 뒤, 그는 변호사 사무장, 고객 서비스 담당사원, 온라인 마케팅 전문가로 일하면서도 다른 동료들과는 달리 끊임없는 경력 이동에 대해 걱정하지 않았다. 스팅거는 경험과 지식을 함께 제공하며 더 나은 미래를 위한 발판 구실을 하는 직무 역할을 신중하게 선택하고 발전시키는 유연한 전략을 쓰기 때문에, 현실의 흐름에 잘 적응하는 적절성을 유지하는 데 전혀 염려하지 않는다.

스팅거는 경력 초기에 첨단기술 사업가들을 관찰하면서 중요한 교훈을 얻었다고 한다. 빠른 속도로 변해가는 세상에 신속히 적응하려면 지혜롭게 위험을 무릅쓸 수밖에 없다는 사실이었다. 끝없는 혼돈의 세계에서 현실적인 경험과 지식이 뒷받침되지 않은 야망만으로는 경력을 쌓는 데 한계가 있다. 그래서 스팅거는 자신의 기술과 능력에서 부족한 부분을 파워포인트로 정리한 다음, 직업적 강점을 더욱 강화하고 틈새를 메울 수 있는 정규직 업무에 도전했다. 이러한 전략에 자신감을 얻은 뒤, 구글에서 나와 더욱 절박한 환경에 놓여 있어 도전적인 역할과 책임이 부여되는, 미래가 불확실한 작은 벤처회사에 들어갔다.(그의 표현에 따르면 "크루즈 유람선에서 제트스키로" 갈아탔다.)

이제 그가 성공하는 유일한 방법은 늘 최전선에 서서 변화하는 환경에 맞춰 능력을 확장하는 전술적 선택을 하는 것뿐이었다. 스팅거의 설명에 따르면, 전과 변함없는 똑같은 기술을 쓰거나 똑같은 선택을 하거나 과거의 경험을 참고해서는 오늘날 성공할 수 없다. 따라서 오랫동안 끈질기고 일관되게 스스로 전력을 다해야만 얻을 수 있는 유연성과 융통성 같은 능력을 의식적으로 배양해야 한다. 그는 "모든 사람이 점점 더 다방면에 빠삭한 제너럴리스트를 찾고 있어요"[4]라고 말한다. 성공하기 위해서는 가능한 한 많이 알고 민첩해야 하며, 자신이 좇는 기회에 아주 신중하게 전략적으로 접근하라고 그는 충고한다.

경력에 있어 개발과 승진에는 아주 큰 차이가 있다. 당신은 그저 막연하게 더 많은 경제적 보상을 향해 끊임없이 앞으로 나아갈 수 있다. 그러나 어느 시점에 시장이 재편되거나 일신되면 그에 걸맞은 기술이나 서비스도 바뀌면서 혼돈에 빠지기 마련이다. 스팅거는 이런 거대한 변화에 대응하려면, 미리 변화에 잘 적응하기 위해 필요한 자원을 마련하고 스스로 훈련함으로써 대비해야 한다고 주장한다. 만일 그러한 변화가 도래하기 전에 확실한 계획이 서 있고 필요한 대응방식과 수단을 전략적으로 엄선했다면, 당신은 이미 그러한 변화를 헤쳐나갈 준비를 끝낸 셈이다.

그는 "오늘날 특히 회사에 첫발을 내디딘 직원들이 마음에 새겨야 할 매우 중요한 원칙 가운데 하나는 자신이 남들로부터 인정받을 만한 자격이 있다는 생각을 무조건 버리는 것입니다"라고 충고한다. "무엇보다 배우는 방법을 익혀야 합니다. 새로운 지식을 배우고 숙달할 수 있는 신생업체나 직무에 시간을 먼저 투자하십시오."

조직 차원에서 성공적으로 적응하기 위한 방법은 아주 간단하다. 직원들이 새로운 지식과 기술을 배우고 체험하고 브레인스토밍을 통해 새로운 아이디어를 창출할 수 있는 기회를 끊임없이 제공하면 된다. 그러나 개인 차원에서 교육은 그렇게 공식적이거나 광범위할 필요가 없다고 스팅거는 말한다. 직장에서 새로운 프로젝트를 맡을 때마다 목적의식을 갖고 하루하루 자신의 능력을 키우고, 다른 부서 사람들을 따라다니며 배우고, 새로운 기술 플랫폼에 익숙해져라. 또 여가 시간은 개인적 취미나 관심사에 투자하라. 어느 쪽이든, 추구하는 목표를 확인하고, 무엇과 싸울지 고르고, 더 큰 목적을 달성하기 위한 행동 계획을 실행하고 나서 상황에 따라 끊임없이 전술을 수정하고 계획을 재검토하는 것이 중요하다.

사업과 경력, 인생에서 싸울 상대를 고를 때 쓰는 전략은 당신 내면에서 나온다. 세상을 바꾸려고 애쓰기보다는, 싸움의 국면을 당신에게 유리하게 전개하기 위해 당신이 바꿀 수 있는 것들, 이를테면 당신이 결정하고 행동하고 세상에 대응하는 방식 등에 집중하라.

- 당신의 경험과 관점을 꾸준히 넓히면서 업계의 변화 속도에 발맞추어 가라.
- 유연성과 융통성을 길러라.
- 제너럴리스트가 되어라. 가능한 한 많은 것을 배워라. 배우는 방법을 익혀라.
- 혼란이 일어날 것을 예상하고 미리 대비하라.
- 임기응변에 필요한 기술과 자원을 갖춰라.
- 어떤 선택을 할 때, 목적의식을 가지고 진취적으로 생각하라.

개인이든 조직이든 성공을 위해 필요한 도구나 교육, 전문지식과 기술이 무엇인지 미리 찾아내라. 전투에 무엇이 필요한지 안다면 이미 절반은 이긴 셈이다. 적절한 대비 태세가 갖춰졌다면, 나머지는 상황의 변화에 기꺼이 따라가면 된다.

기업에서 임기응변의 기지 발휘하기

싸움의 우선순위를 정하는 과정은 끊임없이 평가하고 재평가하는 과정, 싸움의 순서를 섬세하게 조정하는 절차다. 언제 어디를 공격할지 결정하고, 효과적 공격을 위해 개인과 조직이 어떤 능력을 배양해야 하는지 아는 것도 중요하지만, 현명한 공격 계획을 짜는 능력 또한 중요하다.

이는 대개 쓸 수 있는 모든 자원을 동원하고 민첩하게 결정하고 재빠르게 해결책을 찾아내야 한다는 것을 의미한다. 앞서 검토한 것처럼, 시장의 판도를 바꿀 전략 수립이 반드시 엄청난 자본을 조달해야 하고, 새로운 사업 방향을 탐색하기 위해 고위 경영자들을 설득해야 하고, 많은 동료가 공동의 목표를 향해 나아가도록 이끌어야 한다는 것을 의미하지는 않는다. 때로는 소소한 독창성과 끈기만 가지고도 자신보다 더 풍부한 자원과 인력, 경험을 보유한 상대방을 앞질러 더 빨리 성공해 성과를 거둘 때도 있다.

혁신은 강력한 영향력을 끼치기 위해 굳이 화려하게 치장하거나 복잡한 과정을 거치거나 돈을 많이 들일 필요가 없다. 자신의 고객, 강점, 업계를 잘 알고 있다면, 기발한 아이디어와 실행력만으로도 아주 화려한 제품 출시나 엄청난 연구개발 투자를 능가하는 효과를 낼 수 있다.

한때 조지아 주 애틀랜타에서 가정용 팩시밀리 외판원이었던 세라 블레이클리의 이야기를 들어보자. 그녀는 빈틈없는 전략이 경쟁자들을 제치고 얼마나 멀리까지 도약할 수 있는지, 목표 달성에 얼마나 가까이 다가갈 수 있게 해주는지를 피부로 느끼게 해준다.

어느 날 블레이클리는 자신의 팬티스타킹에서 다리 부분을 잘라내기로 마음먹었는데, 그래놓고 보니 (그녀의 표현대로) "끝내주게 멋있어" 보였다. 그래서 다리 부분이 없는 몸매 보정용 팬티를 특허 출원하고는 저축한 돈 5,000달러로 자기 사업을 시작했다. 그녀가 창업한 스팽스Spanx는 오늘날 200종이 넘는 제품을 생산하는 회사로 기업 가치가 10억 달러가 넘는다. 그러나 블레이클리는 좋은 아이디어를 특허로 출원하는 것 말고도 훨씬 더 많은 일을 했다. 그녀는 또한 비용 대비 효과가 높은 게릴라 영업 전략을 썼다. 스팽스가 마케팅에 수백만 달러를 퍼붓고 있었던 다른 경쟁업체들보다 더 빠르게 성장할 수 있었던 것은 그렇게 재빠르게 치고 빠지는 영업 방식 덕분이었다.

뒤돌아보건대, 스팽스가 아직 널리 알려지지 않았을 때, 블레이클리는 뉴욕 맨해튼에 있는 니먼 마커스 백화점에 제품을 입점하기 위해 갖은 애를 썼다. 그러다 가까스로 입점했지만 제품이 바라는 만큼 팔려나가지 않았다. 매장 내 판매 공간이 매우 작았고 제품이 거의 고객에게 노출되지 않았기 때문이었다. 그래서 블레이클리는 대형 마트인 타깃에 있는 임시 상품진열대들을 구매해 스팽스 제품들로 가득 채웠다. 지방 소매점의 간이판매대처럼 제품들을 진열한 것이다. 마트 직원들은 당연히 그러한 상품 진열은 지배인의 허락을 받아야 한다며 제지했다. 하지만 스팽스 제품을 들고 계산대로 찾아오는 고객들이 점점 많아져 계산하기도 어려울 정도가 되자 매장에서 간이판매대를 치울 수 없었고, 결국 지배인들은 블레이클리의 간이판매대를 그대로 놔두라는 특별 지시를 내렸다. 블레이클리가 내린 매우 기지 넘치고 과감한 조치는 마침내 엄청난 성공을 거두었다.

마찬가지로 1999년 중국 항저우에 사는 서른다섯 살의 영어교사이자 인터넷 사업가였던 잭 마(마윈)에게는 꿈이 하나 있었다. 급성장하는 중국 경제를 전 세계의 B2B 시장에 연결시키는 것이었다. 그는 인터넷의 잠재력을 이용해 중국의 중소기업들을 전 세계 고객 및 공급업체와 연결시키고 싶었다. 그는 중국 기업들에게 세계 시장의 문을 열어줄 목적으로 설립한 벤처기업을 '알리바바'로 부르기로 했다.

그러나 세계 시장의 문을 여는 일은 쉽지 않았다. 10년 전, 중국의 기업 시장은—그 거대한 규모, 전례 없는 급성장, 앞날을 예측할 수 없는 급격한 변화 덕분에—정신이 없을 지경이었다. 전 세계가 중국에서 사업을 하고 싶어했다. 그러나 말도 통하지 않고, 문화도 이해하지 못하는 나라에서 어떻게 인맥을 만들어야 하는지 아는 기업은 거의 없었다.

마는 브레인스토밍을 통해 이러한 상황을 어떻게 지속 가능한 사업으로 전환시킬까 고민한 끝에 중국 제품을 사고 싶어하는 외국 기업들과 중국 기업들을 온라인에서 연결하는 다리 역할을 알리바바의 사업 모델로 삼았다. 마는 불확실성을 최소화하는 서양의 기업 문화가 중국에서는 통하지 않는다는 사실을 간파하고, 폭풍우가 휘몰아치는 험난한 바다를 항해하는 서양 기업들을 돕는 역할을 수행함으로써 혼돈의 시장을 가로지르며 성공적으로 안착하는 기지를 발휘했다. 오늘날 알리바바 그룹은 전 세계에 2만 4,000명이 넘는 종업원을 거느린 수십억 달러짜리 거대 기업이 되었다.

많은 경우, 단순히 생각을 조금 바꾸는 것만으로도 시장에서 블랙홀처럼 보이던 것이 활짝 열린 기회의 문으로 바뀌거나, 실패 전략이 성공 전략으로 바뀔 수 있다. 앞서 본 것처럼, 자기 앞에 놓인 문제를 객관적으로 보면 볼수록, 무엇을 대상으로 싸워야 할지 우선순위를 정할 때 더욱더 신중해진다. 창조적으로 싸우려고 하면 할수록, 모든 것이 점점 가능해진다.

맥도날드는 캐나다 고객의 마음을 얻고자 대규모 시장조사를 실시하거나 경쟁자들을 헐뜯지 않았다. 대신 유튜브에 누구나 무엇이든 물어보고 영상으로 그 응답을 확인할 수 있는 채널을 개설했다. 200만 회가 넘는 접속을 분석한 결과, 한 사람이 평균 4분 동안 영상을 시청했다(대부분 기업들은 30초 남짓을 기대한다). 게다가 고객들이 가장 선호하는 메뉴가 빅맥과 치킨 맥너겟이라는 것도 밝혀냈다.

코카콜라는 탄산음료를 마시지 않는 오스트레일리아의 청소년들이 현실 세계보다는 주로 온라인에서 교류한다는 사실을 알아채고는 고객으로 유치하기 위한 방법 마련에 골몰했는데, 청소년들이 좋아할 만한 새로운 맛의 음료를 소개하는 흔한 방법을 쓰지 않았다. 대신 코카콜라 병에다가 오스트레일리아에서 가장 흔한 이름 150개를 새겨넣어 서로 선물하면서 온라인으로 대화를 나눌 수 있게 했다. 그 결과, 90일 만에 오스트레일리아 청소년들의 코카콜라 소비량이 7퍼센트 증가했다.

모든 산업에 걸쳐 급격한 변화나 급증하는 도전에 직면해 이런 종류의 기지를 발휘한 사례를 수없이 찾아볼 수 있는데, 모두 동일한 공식으로 귀결된다. 먼저 싸울 대상을 정하고, 좀더 임기응변의 기지를 발휘하고자 한다면, 어떤 가정도 하지 않는 것이 좋다. 피어 모형을 적용하라. 도전과제와 그것을 처리하기 위해 가능한 선택지에 집중하라. 새로운 해결책들을 제시하면서 참여하라. 당신의 노력이 얼마나 잘 받아들여졌는지 평가하고, 미비한 부분은 재정비하라. 훨씬 더 독창적인 새로운 방법을 제시함으로써 반응하라. 올바른 관점으로 문제를 볼 수만 있다면, 당면한 문제를 극복할 다양한 방법을 발견할 것이다.

당면한 문제라고 생각하는 장애물과 언제든 수행할 수 있는 많은 공략 계획을 재고하라. 시간과 자원의 문제가 아니라면, 어떻게 할 것인가? 그 시간과 자원은 정말 필요한 것인가? 장애물을 헤치고 나아갈 수 있는 더 현명한 방법이 있는지, 또는 그것을 단순히 뛰어넘거나 돌아갈 수 있는 또다른 방법이 있는지 곰곰이 생각하라. 무엇보다도, 다른 방법이 없을 때까지 가능한 한 무엇이든 모두 검토하라.

사업이나 경력, 인생에서 당신이 싸워야 할 상대를 고를 때, 자신이 잡은 모든 기회를 절대 놓치지 않거나 당면한 모든 문제를 극복할 수 있는 무한 능력을 갖춘 사람은 아무도 없다(하물며 시간이나 돈을 무한대로 쓸 수 있는 사람은 더더욱 없다)는 것을 명심하라. 따라서 어디에 노력을 집중해야 하는지 전략적으로 현명하게 생각한 다음 가장 유리하고 성과가 높을 것 같은 쪽을 선택해야 한다. 그 과정에 모든 주의를 집중하라. 산만하게 행동하거나 다른 데 한눈팔지 마라.

한 곳에 전략을 집중하라

당연한 말이지만, 혁신을 추진하고 경쟁자들을 앞지르고자 한다면 상대방은 손 놓고 가만히 있을 거라고 기대하지 마라. 경쟁자에게 노출된 당신의 옆구리를 지키기 위한 고통을 감내하라. 빠르게 성장하고 있는 캐나다 유기농 레스토랑 체인 프레시Freshii의 경영진은 모두 끊임없이 다음과 같이 현재진행형으로 스스로에게 묻는다. “경쟁자들은 우리를 제압하기 위해 지금 무엇을 하고 있을까?” 프레시 경영진들은 비록 망가진 부분이 없더라도 끊임없이 수정할 것은 없는지 점검한다. 창업자인 매슈 코린이 내게 말한 것처럼, 그들은 일이 순조롭게 잘될 때, 스스로 격려하기보다는 “나쁜 일이 먼저고 좋은 일은 나중”[5]이라는 좌우명을 견지한다.

광고회사 컨버세이션Conversation의 전 직원 50명은 매달 첫번째 월요일에 전화와 메일, 컴퓨터를 모두 끈 채 회의실 문을 닫아걸고 현재 회사가 당면한 문제들에 대해 토론하고 재점검한다.[6] 회사 구성원이 끊임없이 혁신을 추구하고 현안에 관심을 갖게 하는 게 목적인 이러한 전략 회의는 임박한 위험을 처리하기 위한 더 나은 시스템을 구축하는 데 기여하고, 떠오르는 추세에 대해 더 깊은 통찰을 제공하는 동시에 생산성을 높였다.[7] 이러한 간담회는 또한 업무 흐름을 합리적으로 변화시켜 회사가 당면한 문제에 더욱 민첩하게 대응하는 데 기여했다.

고객과 떨어져 있는 시간은 곧바로 회사에 손실을 입히지만, 그 시간을 기업 자체에 재투자하면 경쟁에서 선두를 유지하는 데 도움을 준다고 경영진은 말한다. 잠시 일손을 멈추고 사업 환경을 재점검하면 기업의 잠재적 장애물을 미리 발견해 피해 가거나 더 유망한 성장의 기회를 발견하고 잡을 수 있다.

요컨대 확실함은 사업이나 경력 전략을 정교하게 짤 때 매우 중요하다. 그리고 무엇을 대상으로 싸워야 할지 우선순위를 정하는 것은 지속적인 성공을 위해 필수적이다. 그러나 영리하게 방어할 줄 알고 임기응변의 기지 넘치는 공격 계획을 짤 줄 아는 능력 또한 못지않게 중요하다. 당신의 직업 환경과 그 환경이 야기할 수 있는 문제나 기회들을 신중하게 평가하라. 어떤 조치를 취할지 결정하라. 그러나 행동하기 전에 각종 위협을 미리 감지하고, 백업 계획을 수행하고, 필요에 따라 전략을 바꿀 수 있는 시스템을 구축하라. 목표를 정하고, 당면한 문제를 연구하고, 선택지에 무엇이 있는지 점검하라. 당신의 현명한 아이디어들 가운데 가장 실현 가능하고 효과적인 것, 다시 말해 가장 큰 영향을 끼칠 수 있고 투자회수율이 높은 아이디어를 골라라. 그리고 나서 실행할 방법을 정하라.

이러한 과정에서도 떠오르는 추세를 놓치지 않으려면 지평선에서 눈을 떼지 말아야 한다. 그러나 밝고 화려한 일시적 유행과 순간적인 전환은 피하라. 성공으로 가는 가장 빠른 길을 비켜가게 할 수 있기 때문이다. 하지만 몇 단계 앞서 생각하고, 가장 어려운 상황에서도 언제 어디서 어떻게 싸울지를 스스로 정함으로써 그러한 난관들을 헤쳐나갈 수 있다. 전략은 내부에서 시작된다는 사실을 잊지 마라. 경쟁 상대의 전략, 경쟁 환경, 뜻밖의 사건들은 당신이 어찌할 수 없지만, 어떻게 대응할지는 당신이 통제할 수 있다. 임기응변의 기지를 발휘하라. 혁신적으로 생각하고, 민첩하게 행동하라. 당신이 정한 조건 아래 상대가 싸울 수밖에 없게 하라. 늘 정신을 바짝 차리고, 끊임없이 앞으로 나아가며, 경쟁자를 계속해서 불안에 떨게 만든다면 성공할 것이다.

행동 지침

먼저, 인생과 기업 운영에 있어 맞닥뜨리는 치열한 싸움들을 모두 이길 수는 없다는 사실이 유감스럽기는 하지만, 좀더 전략적으로 행동한다면 가장 중요한 싸움을 포함해 확실히 이길 수 있는 싸움이 있다는 사실은 다행이 아닐 수 없다. 싸워야 할 대상을 스스로 고를 수 있다면—즉, 싸우는 조건을 자신이 주도하고, 긍정적 변화에 가장 큰 영향을 끼칠 부분에 자신의 역량과 노력을 집중할 수 있다면—훨씬 더 효과적으로 싸움을 승리로 이끌 수 있을 것이다. 언제 어디서 어떤 조건으로 무엇과 싸울지를 당신에게 보다 유리하게 정하기 위해 지금 당장 취해야 할 행동 지침이 여기 있다.

- **사전에 당신에게 유리하게 싸움을 준비하라.** 먼저 싸워야 할 대상을 고르고 선택하라. 이는 당면한 문제를 객관적이고 이성적으로 바라보고, 거기

에 숨겨진 기회를 찾아내고, 언제 나아가고, 멈추고, 뒤로 빠질지를 생각하면서 향후 진행 방식을 결정한다는 것을 의미한다. 전략이 결정되고 앞에 놓인 장애물과 선택에 대해 충분히 검토가 이루어졌다면, 목적을 달성하기 위한 가장 적절한 시간과 공간을 택해 앞으로 나아간다.

- **먼저 주목해야 할 것을 정하라.** 모든 선택에는 두 가지 대가—곤경과 기회—가 따르기 마련이다. 다가올 변화를 예견하고 한정된 시간과 역량, 자원 아래 어떻게 가장 큰 영향을 끼칠 수 있을지 판단해 결정하라. 순간적으로 반짝하는 것에 마음을 두지 마라. 일을 할 때 늘 미래를 생각하며 진행하라. 내일의 성공을 위해 오늘 해야 할 일을 해라. 지금 당장 적절한 도구를 들고 적절한 시간에 적절한 장소에 가 있어라.
- **많이 질문하라.** 질문을 많이 할수록, 싸워야 할 것과 후퇴하거나 피해야 할 것을 효율적으로 결정할 수 있다.
- **당면한 기회와 도전을 비교 평가하라.** 가장 좋은 결과를 낳을 기회를 추구하되, 당신의 능력, 자산, 또는 이익을 늘리는 데 별로 보탬이 되지 않는 기회는 다음을 기약하라.
- **합리적으로 이길 가능성이 있다고 판단되는 환경에서만 싸워라.** 자기보다 큰 경쟁 상대에게 무조건 정면으로 맞붙지 말고, 그들을 슬며시 피하거나 아니면 압도적으로 이길 방법을 찾아라. 당신이 주도하는 환경에서 당신만의 경쟁력을 맘껏 발휘할 수 있는 방식으로 그들과 싸워라.
- **환경에 맞게 전술을 바꿔라.** 자신이 처한 환경에 영향을 끼칠 수 있는 능력에는 한계가 있기 마련이다. 따라서 현실에 적응하거나 새로운 전개 상황에 적절하게 대응하기 위해 자신의 행동, 결정 사항, 전략을 바꿀 수 있는 방법에 주목하라. 그러면 당면한 문제나 기회를 더 훌륭하게 처리할 수 있

을 것이다.

- **임기응변의 기지를 더욱 능숙하게 발휘하라.** 공격 계획을 슬기롭게 짜라. 민첩하게 결정하고 자신의 가용 자원을 총동원해서 재빠르게 해결책을 제시하라. 창조적이고 대담하고 과감하게 행동하라.
- **한 곳에 전략을 집중하라.** 공격과 방어를 동시에 하면서, 경쟁 상황을 주의 깊게 지켜보라. 당신은 앞으로 나아가는 데 상대방은 넋 놓고 앉아 있을 거라고 기대하지 마라. 현재의 접근방식과 기존의 제품이나 서비스를 끊임없이 개선하기 위한 방법을 꾸준히 찾아라. 그러기 위해 어디서 어떻게 기회가 모습을 드러내고, 문제가 발생하며, 경쟁자들이 옆에서 기습할지 늘 생각하라.

파변창

11장
파변창 전략 9: 꿋꿋하게 계속해서 앞으로 나아가라

꿋꿋하게 계속해서 앞으로 나아가라 | 태도와 접근방식을 현실에 맞게 바꿔라 | 현대판 리더십 교육 | 행동 지침

破變創

제너비브 월드먼은 일이 잘 풀리지 않았다. 승리를 부르는 에너지로 유명한 성공한 홍보전문가인 그녀는 이혼의 고통을 겪은 뒤로 자신감도 없어지고 기존의 상태를 유지하기도 버겁다고 느꼈다.

그녀는 "지금은 안정된 직장에서 정규직으로 일하고 있어요"라고 말하며 그때를 회상한다. "개도 한 마리 키우고 있었고 융자받은 것도 있었지요…… 매우 활발하게 사회생활을 했어요. 하지만 앞으로 일어날 일에 대해서는 전혀 대비가 없었어요."[1] 이혼이라는 갑작스러운 변화를 겪고 충격과 슬픔 속에서 마음을 추스르기 힘들었던 그녀는 회사를 잠시 쉬면서 가족과 친구들을 피했다. 그녀는 고통스럽게 되풀이되는 우울의 늪에서 허우적대고 있는 자신을 발견했다.

그러던 어느 날, 끝없이 회오리치며 추락하던 마음속 깊은 곳에서 이상한 일이 일어났다. 월드먼의 직업적 본능이 갑자기 발동하기 시작한 것이다. 그녀는 냉정하게 이성에 호소하며 만일 자신이 계속해서 이 길을 따라간다면 어떻게 될지 스스로에게 물었다. 현재의 상황도 겁이 나지만 앞으로 일어날 일을 생각하니 더 막막했다. 그래서 그녀는 자신이 처한 상황을 찬찬히 살펴보았다. 현재의 상황을 벗어날 여러 방법을 모색한 끝에, 마침내 마음의 결정을 내렸다.

그녀는 직장 생활을 하면서 늘 그랬던 것처럼 혼자 힘으로 일어서기로 했을 뿐 아니라, 자기 마음속에 있는 두려움과 불안을 영원히 잠재우기로 했다. 그래서 1년 동안, 할 수 없다는 말이 입에서 튀어나올 때마다 할 수 있다로 바꾸기로 결심했다.

한 동료가 회사 스키 경주 팀에 들어오라고 제안했을 때, 그녀에게 곧바로 떠오른 생각은 '나는 할 수 없어'였다. 어렸을 때 이후로 스키를 타지 않았기 때문이다. 하지만 바로 그 주 금요일, 그녀는 스키장에서 빠른 속도로 스키를 타며 활강하고 있었다. 또 한번은 새 차를 뽑으면서 속으로 '포르쉐는 살 수 없어'라고 생각했다. 수동 기어로 운전하는 법을 몰랐기 때문이다. 대리점에 들른 그녀의 말을 듣고 웃던 영업사원은 상황이 사뭇 진지하다는 것을 깨닫고는 오후 근무 시간이 끝나고 그녀에게 수동 기어 작동법을 가르쳐주었다. 그녀는 바로 그날 포르쉐를 몰고 집으로 돌아갔다. 어느 날 갑작스럽게 유럽에서 일할 기회가 주어지자 그녀가 한 말은 "나는 해외에 나가서 살 수 없어"였다. 그곳에는 친구도 가족도 없고, 어려울 때 기댈 구석이라고는 없기 때문이다. 하지만 그 직후, 그녀는 해외로 나가 시장을 선도하는 소프트웨어 회사의 전체 홍보 업무를 이끄는 임원이 되었다.

"사람들은 내가 두려움이 없다고 생각할지도 몰라요"라고 하면서 그녀는 말을 이었다. "하지만 내가 정말 겁이 없을까요? 절대 아닙니다. 나는 그저 당면한 문제를 폭넓게 바라보려 할 뿐입니다. '그러지 않기로 했어'가 '그걸 할 수 없어'와는 매우 다른 의미라는 걸 알아야 합니다."

그녀는 두려움을 이겨내고 성공하려면 다음과 같이 하라고 충고한다. 문제에 부닥쳤을 때, 묻는 것을 두려워 마라. 문제를 관찰해 통찰력을 키워라. 일단 문제에 뛰어들어라. 도움을 요청하는 것을 겁내지 마라. 당신이 느끼는 두려움을 찬찬히 살펴보라. 그리고 거기서 얻은 통찰에 따라 행동하라. 그 과정이 의미하는 바가 무엇인지 이해하고 그것을 어떻게 이용할지 생각하라. 그런데 여기서 무엇보다 중요한 것은 행동으로 옮기는 것이다. 꿋꿋하게 계속해서 앞으로 나아가야 한다. 당면한 문제가 무엇이든 일관되고 능숙하게 처리한다면 문제에 휘둘리지 않고, 오히려 성공의 기회로 삼을 수도 있다.

꿋꿋하게 계속해서 앞으로 나아가라

사업과 관련된 문제든 개인의 경력과 관련된 문제든, 인생은 미식축구 경기와 매우 흡사하다. 경기는 승리와 패배의 연속이며, 희망은 부풀었다 꺼지기를 반복한다. 두려움을 이기고 더욱 긍정적인 결과를 얻기 위해서는 끊임없이 공을 잡고 앞으로 나아가며 공격해야 한다. 앞으로 나아가는 한 걸음 한 걸음이 모두 중요하다. 따라서 가장 멀리까지 가장 빠르게 나아가는 플레이를 하라. 앞을 가로막는 수비수가 나타나더라도 멈추지 마라.

당면한 문제들 때문에 불안해하거나 위협을 느끼는 사람들이 볼 때, 꿋꿋하게 앞으로 나아가라는 말은 한갓 과장된 생각이거나 희망사항을 표현하는 것에 불과한 것처럼 들릴 수도 있다. 하지만 용기 있게 행동하려는 사람들이 볼 때는 당연히 해야 할 일을 행동에 옮기는 과정일 뿐이다. 어떤 장애물이든 극복하는 성공의 비결에는 특별한 것이 없다. 그저 지식과 능력, 인맥을 신속히 확대하고, 미래 전망을 혁신하고 차별화하고 확장할 수 있는 더욱 확실한 기회를 제공하는 새로운 아이디어, 프로젝트, 활동을 개시하거나 채택하기만 하면 된다. 또는 개인적 차원에서 자신의 삶을 새롭게 창조하고자 하는 사람이라면, 새로운 일들을 시도하고, 더 많은 기회를 잡고, 반드시 자기 의견을 당당히 말하며, 자발적으로 일을 하고, 어떤 일에든 기여하라.

무엇을 하든 앞장서서 적극적으로 꾸준하게 하라. 한 방 맞고 기절하지 마라. 넋 놓고 가만히 있지 마라. 돌부리에 걸려 비틀거리더라도 곧바로 자세를 잡고 목표로 하는 성공을 이룰 때까지 꿋꿋하게 계속해서 앞으로 나아가라.

이는 실천을 중요하게 여기는 마음가짐으로 끊임없이 배우고 성장하려는 상태를 의미한다. 경기를 멈추지 않고 끝까지 끈기 있게 버티려고 하는 사람들은 이른바 성공하려고 마음을 아주 굳게 먹은 사람들이다. 사람이든 기업이든 성공할 수 있는 능력은 고루 갖추고 있다. 그 능력을 가장 잘 발휘하기 위해서는 끊임없이 변화하고 적응하고 부지런히 노력해야 한다. 그리고 성공으로 가는 길을 찾기 위한 노력을 한시도 멈춰서는 안 된다.

당신과 당신 조직이 아무리 많은 것을 이루고 성공했다고 하더라도, 당신은 늘 진행중이라는 사실을 잊지 마라. 앞으로 계속 나아가기 위해서는 다음과 같이 해야 한다.

- 활력과 추진력을 가지고 업무를 수행하라.
- 자기만의 고유한 기술과 재능을 발휘하라.
- 안주하지 말고 고정관념에서 벗어나 더 넓은 무대로 나아가라.
- 모든 기회를 객관적으로 비교 평가하라.
- 기회(또는 문제)가 모습을 드러내면 곧바로 결정적인 조치를 취하라.
- 사람과 조직을 연결하는 방법을 끊임없이 찾아라.
- 실수로부터 배우고 다시 시도하라.
- 획득한 새로운 정보에 따라 전략의 우선순위를 다시 정하고 재배치하라.
- 일정은 철저하게 지키되 그 이외의 것은 융통성 있게 처리하라.
- 남을 돕고 지원하고 선행을 베풀 방법을 찾아라.

기회를 창출하는 일에 몰두하고 자발적으로 나서서 비상한 노력을 기울일수록, 당신은 성공을 이룰 수 있는 자리에 더욱더 빨리 도달할 것이다. 역경을 딛고 일어서는 경우가 많아질수록, 그 과정을 통해 더욱 강해질 것이다. 새로운 도전은 더 좋은 새로운 기회를 제공한다. 단순히 현상을 유지하거나 틀에 박힌 방침을 고수하는 것은 기존의 상태를 지속하는 행위에 불과하다. 인생과 사업에서 선두를 유지하기 위해서는 기회가 왔을 때 지체 없이 앞으로 나아가야 한다.

손놓고 가만히 있거나 고루한 생각에 사로잡혀 있을 여유가 없다. 물론 이 과정에서 당신이나 당신 기업이 얼마간 타격을 입을 수도 있다. 그러나 그 때문에 다시 일어나지 못할 정도는 아니다. 당신은 곧바로 충격에서 회복해 전략을 수정하고 개선이 필요한 부분은 어디든 고칠 준비를 해야 한다.

미식축구 비유를 다시 한번 들자면, 당신 앞의 난관들(또는 도전자들) 때문에 겁먹지 마라. 오히려 경기장에서 치고 나갈 수 있는 빈 공간과 뒤로 돌아나갈 수 있는 통로가 있는지 끊임없이 찾아라. 앞으로 진격할 수 있는 데까지 치고 나가면서 끊임없이 난관을 헤치고 전진한다면, 용기와 회복력을 강화하는 동시에 터치다운에 성공하고 득점할 수 있는 기회를 높일 수 있다.

태도와 접근방식을 현실에 맞게 바꿔라

미래는 알 수 없고 불확실하게 마련이지만 우리는 대비할 수 있다. 더 나아가 우리 손으로 미래를 바꿀 수도 있다. 그러기 위해 꿋꿋하게 계속해서 앞으로 나아가면서, 미래의 모습에 실제적으로 긍정적인 영향을 끼칠 수 있도록 눈을 떼지 말아야 한다.

자신의 인생, 경력, 사업을 끊임없이 앞으로 나아가게 하는 자리에 있기를 바라는가? 그렇다면, 더욱 긍정적인 결과를 낳기 위해 어떻게 적극적으로 방향을 잡아야 하는지 먼저 생각하라. 세상을 당신의 생각대로 개조하려고 애쓰다 실패하면 어떡하나 걱정하기보다는 자신의 태도와 접근방식을 현실의 시나리오에 맞춰라. 앞서 2장에서 본 것처럼, 관찰하고 반응하고 평가하고 응답하는 것은 미래 경쟁력을 갖추고 앞으로 나아가는 속도를 유지하기 위한 핵심적인 지침이다.

성공하려면 활력과 추진력뿐 아니라 일상적인 재평가가 필요하다. 당신의 경력이나 사업이 어떤 상황에 있더라도, 바라는 결과를 향해 여전히 가장 효과적으로 일하고 있는지를 잠시 멈추고 일상적으로 재검토하라. 앞에 놓인 길은 늘 변한다. 그 길을 가로막는 장애물들도 계속해서 변한다. 따라서 꿋꿋하게 계속해서 앞으로 나아가고자 한다면, 우리도 거기에 맞게 계속해서 변해야 한다.

새로운 경쟁자들이 무대에 등장할 수도 있고, 기존의 경쟁자들은 새로운 인재와 아이디어를 투입함으로써 다시 활기를 띨 수도 있다. 마찬가지로 우리의 경력도 급변하는 산업과 시장을 헤쳐나가면서 뜻밖의 굴곡을 만날 수도 있다. 어느 경우든, 신속하게 판단을 내릴 준비를 하고 있어야 한다. 그렇지 않으면, 우리는 경쟁 상대에게 압도당하거나 경로 수정에 실패함으로써 모든 게 수포로 돌아가고 말 것이다. 따라서 늘 앞으로 나아갈 태세를 갖추고 있어야 한다. 그러나 앞서 자주 본 것처럼, 앞으로 나아갈 때 반드시 일직선으로 나아가야 하는 것은 아니다.

변화가 초래할 알 수 없거나 불확실한 요소들에 대한 지레 걱정은 그러한 거대한 변화가 불러올 수밖에 없는 저항과 결과들에 대응할 준비는 제대로 하지 않고 안달만 하는 것이다. 계속해서 눈을 크게 뜨고 현실에 적응하면서 성공의 길로 더 가까이 우리를 데려갈 기회들을 끊임없이 찾는 노력이 중요한 이유다. 따라서 당신은 언제나 앞으로 나아가는 추진력을 잃지 말아야 한다.

예를 들어, 회사의 새로운 사업 계획에 참여할 수도 있고, 위험을 무릅쓰고 신제품을 개발할 수도 있으며, 개인이나 직업 개발 프로그램을 새로 만들 수도 있다. 또한 이러한 일을 하는 데 얼마나 많은 시간과 노력, 자원을 투자할지 결정할 수도 있고, 능숙하게 계획을 짜고 열심히 일하고 부지런히 계획을 수행함으로써, 최종 결과물의 질을 향상시킬 수도 있다.

그러나 우리는 소비자나 동료들이 우리가 내린 결정을 좋아하도록 조정할 수는 없다. 따라서 우리의 노력을 마침내 성공으로 이끄는 것은 우리의 마음대로 할 수 없다. 하지만 상황 전개를 호전시키고 도중에 장애물을 만나거나 실패하는 경우가 생겨도 늘 다시 일어설 수 있도록 끊임없이 노력한다면 결과에 영향을 끼치기 위해 우리가 할 수 있는 모든 일은 다 한 셈이다.

게다가 고무적인 것은 우리가 온 마음을 다하고, 기꺼이 위험을 무릅쓰고, 성공 횟수가 점점 늘어나면서 우리의 인식 수준도 높아지고 유망한 선택지를 식별할 줄 아는 능력도 커진다는 사실이다. 그 결과, 결정적으로 타격을 줄 수 있는 곳을 공략하기 위해 필요한 확실성을 얻을 수 있고, 따라서 언제 어떻게 행동하는 것이 가장 좋은지를 아는 덕분에 시간이 지나면서 더욱 능숙하게 계속해서 앞으로 나아갈 수 있다.

꿋꿋하게 일관된 모습으로 전진할 수 있는 사람과 그렇지 못한 사람 사이의 차이는 바로 여기에 있다. 낯설고 잘 모르고 익숙하지 않은 것과 대면했을 때, 전자는 신중하게 행동하는 반면에, 후자는 감정이나 본능에 따라 반응한다.

그렇다면, 담대하게 행동하고 끊임없이 꿋꿋하게 앞으로 나아가기 위해 당신의 태도와 접근방식을 개조하는 방법은 무엇인가? 다음과 같이 해보라.

- **당신이 통제할 수 있는 것과 없는 것을 구분할 줄 알아라.** 상대방의 행동이나 예기치 못한 운명의 굴곡에 대해서는 어찌할 수 없지만, 그에 어떻게 대응할지는 당신의 손에 달려 있다. 엄프콰 은행Umpqua Bank 행장인 레

이 데이비스는 『불확실성 속에서 앞서가기Leading Through Uncertainty』에서 이렇게 말한다. "당신은 스스로 통제할 수 없는 불확실한 것들에 대해 늘 대비하고 있어야 하지만—그런 일들이 일어났을 때 어떻게 할지 계획을 가지고 말이지요—그렇다고 그것만 생각하고 있을 필요는 없어요."[2] 따라서 데이비스는 금융 위기 때문에 은행이 망하면 어떡하나 걱정하느라 아까운 시간을 낭비하기보다는, 그런 일에 대비한 계획을 세우기 위해 직원들과 고민하는 데 많은 시간을 쓴다. 통제할 수 없는 일에 대한 대비는 그가 통제할 수 있는 아주 중요한 일이다. 덕분에 엄프콰 은행은 곤경에 처했을 때에도 계속해서 꿋꿋하게 앞으로 나아갈 수 있었다.

- **허상을 좇지 마라. 적절하게 대응할 줄 아는 감각을 가지고 현실에 뛰어들고, 기회를 포착하라. 문제를 (더 잘) 해결할 수 없다면 피하라.** 오늘날 우리의 일상은 반복해서 쏟아지는 엄청난 양의 정보와 데이터, 잠재적인 문제와 기회로 가득하다. 그러나 그러한 문제 하나하나가 진짜 문제가 아니며 그러한 기회 하나하나가 진정한 기회가 아니다. 이런 문제들을 처리하며 인생과 사업을 끊임없이 앞으로 나아가게 하는 비결은 알 수 없는 것에 매달리느라 에너지를 허비하는 것이 아니라, 오히려 당면한 현안과 상황 하나하나를 세밀하게 검토하고 진정한 기회와 문제를 차분히 평가하는 시간을 갖는 것이다. 그래서 문제가 있다고 생각하면, 훨씬 더 꼼꼼히 살펴 문제를 기회로 바꿀 방법이 있는지 알아보라. 아마존닷컴이 우수 고객에게 일요일 배송 서비스를 즉각 실시하기 위해 2013년에 유에스포스탈서비스U.S. Postal Service와 제휴를 맺는다고 전격 발표하자, 페덱스와 UPS는 무방비 상태에서 한 방 맞은 꼴이 되었다.[3] 아마존은 여기서 기회와 문제를 동시에 보았다. 그동안 어느 회사도 시행한 적이 없는 단골 고객

들을 위한 일요일 배송 서비스를 개시함으로써 그 어느 때보다 더 빠르고 만족스러운 고객 서비스를 제공할 수 있다는 점이 기회였다면, 문제는 가정에 물품을 배송하는 회사들 가운데 일요일에 일하는 곳은 한 군데도 없다는 사실이었다. 아마존은 포스탈서비스의 종업원과 시설을 이용해 특별히 아마존의 주문 상품을 일요일에도 배송할 수 있게 계약을 맺음으로써 이러한 문제를 기회로 바꾸었다.

- **세상을 개조하려고 애쓰지 마라. 당신의 태도와 접근방식을 현실에 맞추어라.** 경력을 쌓고 사업을 할 때, 세상을 바꾸기 위해 시간과 정력을 낭비하기보다 주어진 현실에 맞게 자신의 태도와 접근방식을 바꾸는 것이 100번에 99번은 훨씬 더 합리적이다. 세계적인 여론조사기관 해리스 인터랙티브Harris Interactive가 미국의 구인구직 정보회사인 글래스도어Glassdoor의 요청으로 진행한 조사에 따르면, 조사에 참여한 회사원의 61퍼센트는 입사한 새 직장의 모습이 면접 과정에서 기대했던 것과는 달랐다고 답했다. 그들이 공통적으로 가장 다르게 느낀 것들은 종업원의 사기(40퍼센트), 직무 책임(39퍼센트), 근무 시간(37퍼센트), 상사의 인성(36퍼센트), 승진 기회(27퍼센트)였다.[4] 당신이 새로운 회사로 자리를 옮겼는데 근무 환경이 당초에 약속했던 것과 완전히 다르고, 당신이 맡은 책임도 예상했던 바와 다르다면, 어떻게 할 것인가? 기존의 기업 문화와 근무 시간 체계를 바꾸고 기대했던 일과 권한을 달라고 사장에 요구함으로써 세상을 바꾸려고 할 수도 있다. 그래서 더 자신에게 적합한 직무를 발견할 수도 있다. 반면에, 기존의 현실에 맞게 자신의 태도와 접근방식을 바꾸어, 현재 시스템 안에서 긍정적 변화를 일으키기 위해 일하고, 변화를 앞당길 기회를 찾아내기 위해 앞장서서 당신만의 끊임없는 상승 추세 방식

을 창출할 수도 있다.

- **계획대로 되지 않을 때 경로를 수정하고 재검토하라.** 사업상 문제를 해결하거나 기회를 잡기 위해 얼마나 많은 계획을 짜고, 얼마나 많은 데이터, 인력, 자금을 투입했는지와는 상관없이, 실제 현실은 당신이 가능하다고 생각했던 예상과는 전혀 딴판으로 돌아갈 수 있다. 당신의 경력 또한 이와 다르지 않다. 따라서 경력을 쌓는 도중에 세상이 당신에게 재평가를 요구할 수도 있다. 앞서 본 것처럼, 끊임없이 자신을 재평가하고 늘 앞으로 나아가고 있는지 확인하는 과정이 중요한 것은 바로 이런 이유 때문이다. 당신의 경력이 올바른 길을 따라가고 있는지 아닌지 확실치 않다면? 최고의 권위 있는 기관들에 따르면, 다음 질문들에 '아니오'라고 대답하면, 경력 진로를 수정할 때가 지났음을 의미한다.
  - 현재 경력에 만족하는가?
  - 지금 하고 있는 일을 좋아하는가?
  - 사람들에게 적절한 인정을 받고 있는가?
  - 현재 내가 가진 기술을 충분히 이용하고 있으며, 새로운 기술도 익히고 있는가?
  - 한 일에 대해 충분한 보상을 받고 있는가?
  - 지금 경력에서 상승 추세에 있는가?
  - 지금 하고 있는 일에 열정을 느끼는가? 하루를 보내는 방식에 대해서는 어떤가?

당신의 기업이 정상 궤도에 있는지 불확실한가? 그렇다면 위에서와 마찬가지로 스스로에게 다음과 같이 물을 수 있다.

- 현재의 기업 전략과 광고, 시장 위치에 만족하는가?
- 품격 높은 의미 있는 일을 창조하고 있다고 느끼는가?
- 고객들에게 할 수 있는 최선의 서비스를 제공하고 있는가?
- 능력, 관계, 지식을 늘리는 데 성공하고 있는가?
- 업계 표준을 충족시키면서 동시에 능가하고 있는가?
- 시장과 매출 규모가 증대할 가능성이 있는가?
- 현재 가장 효율적이고 생산적으로 회사가 운영되고 있는가?

경로 수정이 필요하다고 생각한다면, 그렇게 하라. 그러한 경로 수정을 통해 당신은 숨어 있는 잠재적 장애물들을 피하고, 끊임없이 꿋꿋하게 앞으로 나아가기 위해 필요한 유연성을 체득할 것이다.

- **필요하면 중심을 잡고 돌아라.** 성공하기 위해 때로는 단순히 경로를 수정하는 것 이상이 필요할 때가 있다. 기존 경로를 완전히 바꿔야 할 필요가 있다는 말이다. 월트 디즈니는 영화 스튜디오와 놀이공원을 개장해 성공하기 전 신문사 편집자였다. 코미디언 엘런 드제너러스는 한때 굴 까는 일을 했다. 프랑스계 미국인 요리전문가 줄리아 차일드는 제2차세계대전 당시 미국 첩보원이었다. 영화배우 해리슨 포드는 목수, 음악인 엘비스 코스텔로는 컴퓨터 프로그래머 출신이다. 기업들도 마찬가지로 그렇게 완벽하게 방향 전환을 한다. HP는 1940년대 후반에 엔지니어링과 전자시험 장비에서 1970년대에 전자계산기, 1990년대에 가정용 개인컴퓨터로 중심을 유지하면서 방향을 바꾸었다. 유튜브는 본디 영상 데이트 사이트였고, 트위터는 팟캐스트 운영회사였다. 두 회사는 모두 사업 방향을 완전히 전환함으로써 새로운 고객, 새로운 수익 흐름, 더 큰 이익을 얻을 수 있

었다. 휴대폰 사진 공유 앱 회사인 인스타그램—2012년 페이스북이 7억 3,000만 달러에 인수—은 처음에 버븐Burbn이라는 숙소 체크인 사이트로 사업을 시작했다. 그 회사를 창업한 케빈 시스트롬은 이렇게 말한다. "〔가던 길을 바꾸는 것은〕 매우 힘든 결정입니다. 그러나 당신은 이런 다른 기회들도 맞이할 수 있을 정도로 충분히 유연해져야 합니다."[5] 개인이든 기업이든 처음부터 성공하는 경우는 거의 없다. 두려움과 고통이 따르더라도 이겨내고, 성공의 조짐이 보일 때까지 계속해서 꿋꿋하게 앞으로 나아가라.

현대판 리더십 교육

7장에서 이미 언급한 것처럼, 지속적으로 성공하기 위해서는 일상에서 끊임없이 임기응변의 능력을 발휘하고 신속한 결정을 내려야 하는데, 그만큼 주목해야 할 중요한 것이 바로 리더십이다. 뛰어난 임기응변의 능력을 발휘하기 위해 반드시 석·박사와 같은 고급 학위나 높은 직책이 필요한 것은 아니다. 단지 리더처럼 생각하기만 하면 된다.

그러나 오늘날 리더가 꼭 위대한 지식인이나 연설가, 정치인이어야 할 이유는 없다. 그저 문제를 해결하고 결과를 창출할 줄 아는 사람이면 된다. 다시 말해, 리더는 단지 일을 만들고 행하는 사람이다. 일이 잘 진행되지 않으면 리더들은 지시가 떨어지기를 기다리지 않는다. 그들은 당면한 상황을 처리하기 위해 쓸 수 있는 모든 자원과 지혜를 동원해서 계획을 세우고 관찰하고 수정하고 반응하면서 끊임없이 앞으로 밀고 나간다. 당신도 경험 수준이나 직책, 배경에 상관없이 리더처럼 끊임없이 앞으로 나아가고 행동함으로써 성공할 수 있다. 이것이 당신을 외부에 공식적으로 알리는 과정이라고 생각하라.

책임감, 주인의식, 리더십이 있는 사람들은 무슨 일이든 최선을 다하는 경향이 있기 때문에, 많은 기업이 그 같은 자질을 높이 평가할 거라고 생각하기 쉽다. 그러나 벤처캐피털 회사인 클라이너퍼킨스코필드앤바이어스Kleiner Perkins Caufield & Byers(컴캐스트Comcast, 아마존, 페이스북으로부터 2억 5,000만 달러의 투자 유치)의 대표 빙 고든은 모든 기업이 직원들에게 리더처럼 생각하고 행동하도록 격려하지는 않는다고 말한다. 실제로 오늘날 많은 회사가 직원들을 그와 정반대로 행동하게 양성한다.

고든의 주장을 들어보자. "서던캘리포니아 대학에서 가르칠 때, 어떤 과제를 내주면서 무엇을 하라고 명확히 알려주기만 하면, 학생들은 어떤 과제든 일주일 안에 끝낼 수 있다는 사실을 알았어요. 또 학생들은 잘 모르는 걸 질문할 줄 알았지요. 그런데 똑같은 과제를 2주 안에 하라고 해보세요. 어쨌거나 일주일 만에 과제를 끝낼 거예요."[6]

그는 이어서 이렇게 말한다. "하지만 이렇게 우수하고 영민한 학생들이 대기업에 입사하면, 일을 처리하는 데 두 배로 시간이 더 걸리고, 실제로 주간 목표를 받아들이지 않으려고 한다는 것을 깨달았습니다. 사람들 앞에서 지적받지 않으려고 검토 시간이 한 주 더 필요했던 거예요. 이 같은 사람들은 처음에 승진하면, 일 처리 시간이 이전보다 훨씬 더 오래 걸리죠. 임원이 되면 더더욱 시간이 늘어났지요. 일하는 시간은 똑같은데, 발뺌할 궁리를 하는 시간은 일정하게 점점 더 늘어나는 겁니다."

다음은 교육학자 제이크 브리든이 사우스웨스트 항공사에서 발간하는 잡지 『스피릿Spirit』에서 언급한 내용이다. "협업은 자신이 맡은 일에 최선을 다할 용기를 가진 개인들이 각자의 아이디어를 서로 내놓을 때 비로소 성공합니다. 물고기떼는 포식자들로부터 스스로를 보호하기 위해 모입니다. 마찬가지로 사람들도 책임감이라는 상어로부터 몸을 숨기려고 여러 사람 틈에서 안전을 찾지요. 그것이 습관이 되면 협업은 실패합니다."[7]

인생과 사업에서 성공하기 위해서는 용감하고 자립심이 강하고 당당하게 말하며 솔선수범할 줄 알아야 한다. 다시 말해, 끊임없이 앞으로 나아가며 리더처럼 생각하고 행동해야 한다. 그것이 바로 계속해서 꿋꿋하게 앞으로 나아가는 가장 확실하고 간단한 방법이다.

인스턴트메신저 소프트웨어업체인 엑스 파이어Xfire에서 리더십, 책임감, 신속한 의사결정과 같은 특성은 회사 고유의 기업 문화로 정착되어 있다. 회사는 직원들에게 미리 조사해서 혁신적인 아이디어임을 입증하고 자신들의 주장을 뒷받침할 수 있는 상태에서 회의에 참석할 것을 요구했다. 조직 구성원이 모두 리더로서 거리낌없이 자기 의견을 당당히 밝힐 수 있을 때, 기업은 더욱 현명한 판단을 내리고, 경쟁업체보다 더 신속하게 행동하고, 신제품 출시를 앞당길 수 있다.[8]

교육학자 존 홀트의 주장에 따르면, "리더십을 구성하는 요소는 사람들의 마음을 사로잡아 따르게 만드는 요소가 아니라, 누구를 추종하지 않아도 저마다 알아서 행동할 수 있게 하는 요소다. 용기, 지구력, 끈기, 유머, 유연성, 임기응변의 기지, 완고함, 날카로운 현실감각, 일이 잘 안 풀리더라도 냉철한 의식을 유지할 줄 아는 능력 등이 바로 그런 요소다. 진정한 리더는 사람들을 추종자로 만들지 않고 또다른 리더로 만든다".[9]

유명한 미국의 논픽션 작가 버즈 비싱어는 (강한 리더십과 풍부한 경험을 겸비한) 성공한 야구감독들에 대해 쓰면서, 그들은 전술가와 심리학자, 도박사의 자질을 모두 갖추고 있는 것이 틀림없다고 말한다.

- 그들은 현재의 진행 상황을 감지하고, 경쟁자들의 행동을 예견하고, 상대방의 임박한 반격에 어떻게 대응할지 계획을 짜야 하기 때문에 전술가여야 한다.
- 그들은 목표를 명확하게 하고 격려하고 피드백을 제공해야 하기 때문에 심리학자여야 한다.
- 그들은 확률을 이해하고 상대방의 마음을 읽을 줄 알아야 하기 때문에 도박사여야 한다.

그러나 이러한 원칙들이 꼭 미국 프로야구 메이저리그 구단에만 적용되는 것은 아니다.

계속해서 앞으로 밀고 나아가기 위해서는 현명하고 창조적이고 용기 있는 선택을 할 줄 알아야 한다. 그리고 끊임없이 그러한 선택을 반복해야 한다. 『올바른 결정은 어떻게 하는가Left Brain, Right Stuff』의 저자인 필 로젠츠바이크는 의사결정자들이 결국 이 두 가지 능력을 모두 개발해야 한다고 말한다. 특히, 그들은 곧바로 결정이 필요한 사실들을 식별해 적절하게 대응할 줄 알아야 한다. "그들은 얼핏 서로 상충되는 것처럼 보이는 것들, 즉 현실을 날카롭게 분석할 줄 아는 재능과 담대하게 행동할 줄 아는 능력을 모두 필요로 한다."[10] 요컨대 끊임없이 경쟁에서 이기고 올바른 판단을 내리고자 한다면, 수많은 난관에 부딪히더라도 날카로운 현실감각을 가지고 계속해서 앞으로 나아가야 한다.

리더들은 또한 최종 결과를 낳을 때까지 행동을 멈춰서는 안 된다. 아무것도 없는 데서 시작하든 브레인스토밍을 통해 새로운 해법을 찾든 다른 사람들과 더욱 효과적으로 협력할 수 있도록 다리를 놓는 역할을 하든 끊임없이 움직여야 한다. 발명하거나 혁신하라. 어떤 방식이든 그들은 기존 체계를 재편하고 목표를 재정립하고 옛것을 새롭게 재활용할 수 있는 기회들을 끊임없이 모색함으로써, 지속적으로 성장할 수 있는 여세를 몰아가려고 한다. 당신도 그렇게 한다면 쉽게 리더가 될 수 있다.

의심하기 때문에 행동하지 않는다고 말하지 마라. 오히려 행동의 부재나 부족을 잠재적 기회를 나타내는 신호로 바라보라. 리더가 되어 앞장서서 해결책을 제공함으로써 부족한 부분들을 채운다면, 당신은 이미 성공에 필요한 자질을 갖춘 것과 다름없다.

행동 지침

스스로 미래 경쟁력을 갖추기 위해서는 끊임없이 꿋꿋하게 앞으로 나아가며 개인적으로나 직업적으로 성장을 위한 새로운 영역들에 기꺼이 동참하고 탐색해야 한다. 그러는 동안 일곱 가지 두려움의 증폭 효과로 고통을 받는다고 하더라도 견뎌내야 한다. 당신은 또한 더 효과적으로 끊임없이 앞으로 나아가기 위해 이러한 경험들로부터 교훈을 얻으면서, 좌절과 역경을 이겨낼 수 있어야 한다. 장차 당신 앞에 어떤 길이 놓여 있든, 당신의 인생과 사업이 끊임없이 앞으로 나아가기 위해서는 다음과 같이 행동해야 한다.

- **당신의 힘으로 통제할 수 있는 것이 무엇인지 알아라.** 당신이 통제할 수 없는 것을 억지로 통제하려고 하지 마라. 쓸데없이 시간, 정력, 돈을 낭비하지 마라. 앞으로 나아가는 여세를 몰아주기 위해 당신이 할 수 있는 행동과 결정에 집중하라. 잠재된 문제들을 처리하거나 그것들이 걱정거리가 되기 전에 경로를 수정할 수 있도록, 끊임없이 일관되게 변화하고 성장하고 교육하고 실험할 수 있는 계획과 프로그램을 짜거나 플랫폼을 만들어라.
- **당신의 태도를 현실에 맞게 조정하라.** 세상이 당신이 바라는 대로 바뀔 거라고 기대하지 마라. 세상은 당신 마음대로 움직이지 않는다. 오히려 당신이 무엇을 가지고 있는지 살펴보라. 상대방보다 더 빨리 도약해서 성공하려면, 남들이 아직 보지 못한 곳을 찾아서 아무도 모르는 새로운 길을 아주 깊숙이 탐색하라.
- **끊임없이 변화하라.** 세상은 계속해서 바뀌고 있다. 시장과 고객, 사업도 마찬가지다. 당신을 성공으로 이끌어갈 기회를 찾아 끊임없이 진화하라. 새로워지고 부단히 시도하고 실험하고 대응하라. 현재의 상태에서 멈추거나 현상 유지를 용인하지 마라. 성공은 늘 일시적이다.
- **주저하지 말고 적응하라.** 당신을 둘러싼 세상이 변하거나 아무리 노력해도 극복하기 어려운 장애물이 나타날 때, 앞으로 계속해서 나아가기 위해 지금까지와는 완전히 다른 새로운 길로 경로를 바꿔라. 중요한 것은 안정된 상태에 있을 동안에 미리 몇 걸음 앞서 계획을 짜는 것이다. 그러면 기존의 안정된 상태가 붕괴의 위험에 처하더라도 계속해서 앞으로 나아가며 어떠한 변화에도 잘 적응할 수 있는 태세가 갖춰질 것이다.

- **다양한 관계를 맺고 유지하라.** 적절성을 유지하기 위해서는 고객들과 직접적이고 지속적인 관계를 맺어야 한다. 물론 여기서 고객은 단순히 당신에게 어떤 물건이나 서비스를 사는 사람들이 아니라, 당신과 관련된 (상사, 친구, 동료, 공급업체) 모든 사람을 의미한다. 그들이 지금 무엇을 필요로 하는지, 그들이 해결하기를 바라는 특정한 문제들이 무엇인지 이해하기 위해 미리 조치를 취함으로써, 당신은 현재의 흐름을 유지하려면 무엇을 해야 하는지 통찰을 얻고, 앞으로 계속해서 나아가기 위한 뛰어난 해법을 찾아내고, 지속적인 성장 상태를 유지할 수 있다. 마찬가지로 서로 제휴 관계에 있는 상대방의 협력과 피드백은 당신의 부족한 부분을 채워주는 소중한 지원과 통찰을 제공하고 변화하는 조직과 사업 환경에서 선두를 유지할 수 있도록 계속해서 신속하게 연료를 공급할 것이다.
- **끊임없이 자신에게 투자하라.** 다른 사람을 위해 일하기 전에(꼭 그래야 한다는 확신이 들 때 그렇게 하라) 먼저 자기 자신에게 재투자하라. 당신이 미래에 성장하고 발전하기 위해 필요한 기술, 인맥, 능력, 자원, 기회를 손에 넣어라. 자신을 위한 교육과 학습, 미래에 당신에게 이익을 가져다줄 관계망을 구축하는 데 시간을 투자하라.
- **전진을 멈추지 마라.** 경쟁자들을 훨씬 앞서 나아가기 위해서는 끊임없이 도약하고 날아오를 장소를 찾는 것이 중요하다. 유례없는 성취를 이루려는 욕심은 완벽함을 추구하는 오류를 낳기 마련이다. 더이상 올라갈 곳이 없다면 특별히 무언가를 하려고 애쓰지 않는다. 끊임없이 변화하는 주변 환경에서 눈을 떼지 말고, 기존의 전략과 접근방법, 관점을 현실에 맞게 꾸준히 수정하라. 성공은 일순간일 수 있지만, 그것을 향해 끊임없이 달려간다면 성공을 당신 것으로 만드는 일은 보다 쉬워질 것이다.

파변창

12장
파변창 전략 10:
변화하는 상황에 늘 적절하게 대응하라

破變創

엘앤티 제너럴인슈어런스L&T General Insurance는 건강보험, 손해보험, 특종보험을 포괄적으로 묶어서 판매하는 보험회사다. 120억 달러 규모의 거대 기업 집단에 속한 이 회사의 임원들이 큰 위험은 물론이고 사소한 어떤 위험도 굳이 무릅쓰려고 하지 않을 거라는 사실은 쉽게 예상할 수 있다. 그러나 최근에 이 회사는 인도 전역을 대상으로 하는 보험시장에 뛰어드는 거대한 도박을 벌이기로 결정했다.

한 가지 문제가 있다면, 모든 보험을 하나로 묶은 패키지 보험상품 판매(소득 수준이 매우 다양하다), 지역 보험중개인 조직(인도는 매우 큰 나라다)과 관련해 서양에서 사용했던 기존의 전략들을 인도 시장에 그대로 적용할 수 없다는 사실이었다. 인도의 광활한 땅에 널리 흩어져 사는 다양한 계급의 주민들을 대상으로 보험을 팔려면 다양한 고객층을 수용할 수 있는 요금 체계를 제공하고 멀리 떨어져 있는 지방도시와 시골의 고객들까지 포괄할 수 있는 솔루션이 필요했다. 하지만 단순히 많은 사람이 이용할 수 있고 믿을 수 있으며 광범위하게 적용할 수 있는 해법만으로 문제가 풀리는 것은 아니었다. 그 새로운 솔루션 자체가 신속하게 기존의 다른 솔루션들과 차별화되면서 지역 주민들의 신뢰를 얻어야 했다. 무엇보다 중요한 것은 세계에서 가장 복잡한 신흥 시장에 적합한 솔루션이어야 한다는 점이었다.

다행히도 엘앤티는 먼저 지역의 현실을 정확하게 파악하는 일에 착수했다.

알다시피, 9억 명이 넘는 인도인이 휴대폰을 들고 다니며, 그들 대다수가 인터넷을 사용한다. 그래서 엘앤티는 어떤 기기로도 보험증서를 발행하고 고객 불만 사항을 처리하고 보험과 관련된 서류작업을 수행할 수 있는 클라우드 기반의 온라인 플랫폼을 구축함으로써 수많은 고객을 함께 수용할 수 있는 아주 간단하고 쉬운 솔루션을 제공했다. 엘앤티는 이 시스템 덕분에 다양한 요금 체계의 보험 패키지 상품과 종이 서류 작성 없는 거래를 통해 소비자 비용 부담을 줄일 수 있었다. 또한 보험중개인들도 그 시스템을 이용해 의심 가득한 고객들을 불러 보험계약서를 작성하는 대신에, 그들에게 직접 찾아가서 웃으며 악수를 나눌 수 있게 되었다.

엘앤티가 기존의 서양식 사업 모델을 인도에 그대로 접목했다면, 인도 고객들의 욕구를 만족시키지 못해 고객 유치에 실패하고 말았을 것이다. 하지만 엘앤티는 기존의 방식을 현장 조건에 맞게 세밀하게 조정하는 시장 전략의 전환을 통해 2년도 안 되는 동안 겨우 10개 지점에서 10만 명이 넘는 가입자를 유치하고 2,800만 달러 이상의 매출을 올렸다.

엘앤티는 단순히 인도 고객들에게 가까이 다가가고 모든 요금대의 보험 상품을 내놓는 것만으로 그런 성과를 올린 것이 아니다. 매우 융통성 있게 현지 환경에 적응하고 전 지역의 고객들에게 적용 가능한 솔루션을 제공한 것이 주효했다고 볼 수 있다. 요컨대 엘앤티는 현지에서 적용 가능하고 지속 가능한 선택을 했다. 하지만 그보다 더 중요한 것은 융통성 있게 방침을 바꾸고 스스로를 최종 고객의 눈높이에게 적절하게 맞출 줄 알았다는 사실이다.

엘앤티는 인도라는 신흥 시장에서 새로운 방법으로 최신 기술을 영업 전술에 접목시켜, 기존의 지배적 역내 경쟁업체들을 압도함으로써 다른 신흥 시장에서도 늘 적절하게 대응할 수 있는 가능성을 보았다. 지난 몇 년 동안 스마트폰과 태블릿이 전 세계 여러 나라에서 더욱 보편화되었고 의료 관련 규제 법률이 바뀌었다. 엘앤티의 솔루션은 얼마 후 당신을 찾아갈지도 모를 일이다.

변화하는 상황에 늘 적절하게 대응하라

과거 그 어느 때보다 미친듯이 달려가는 오늘날의 변화 속도를 생각할 때, 모든 것이 더 신속히 더 커다란 영향력을 끼치며 진화하고 있다. 개인의 경력을 비롯해 상업 시장, 업무계획, 조직의 우선순위에 이르기까지, 주변의 모든 것이 끊임없이 변화하고 있다. 그러한 상황에 늘 적절하게 대응하고자 한다면, 이 구불구불한 길을 따라가면서 계속해서 경로를 바꾸고 끊임없이 변화하는 환경과 늘 조화를 이루며 적응해야 한다.

인생과 사업에서 변화는 처음부터 끝까지 유일한 상수다. 우리가 맡은 직무, 친하게 지내는 동료와 협력업체들, 연애하고 결혼하는 사람들도 다 시간이 지나면서 바뀌기 마련이다. 실제로 대부분이 아주 빨리 바뀐다. 네덜란드 위트레흐트 대학의 연구에 따르면, 가장 가까운 친구들조차도 절반 정도가 7년에 한 번꼴로 바뀐다.[1] 변화하는 현안과 시대에 발맞추어 개인의 삶이나 직장 생활도 변화해야 한다는 사실이 그렇게 이상하고 놀랄 일일까? 오늘날처럼 빠르게 변화하는 기업 환경에서 발전하고, 행동해야 할 때 앞으로 치고 나아가기 위해서는 그러한 변화에 동참해야 한다.

적절함이란 불변의 상태를 의미하지 않는다. 그것은 하나의 가변적 상황이다. 의료와 관련해 예를 든다면, 급성질환이든 만성질환이든 계속해서 건강 상태가 바뀌는 상황에서 가장 좋은 치료제가 반드시 몇 년 동안 복용해왔던 약이어야 할 이유는 없다. 오히려 아플 때 바로 효과가 있는 약이 가장 좋은 약이다. 변화하는 상황에 끊임없이 잘 대응하고 시간이 흐를수록 스스로 거듭나는 사람은 절대로 남에게 추월당하거나 시대에 뒤처지지 않는다. 더 나아가 상황의 흐름을 늘 주시하는 한, 새로운 기회의 전면에 서서 누구보다 먼저 목적지에 도달하기 위해 매진할 수 있다.

당신의 사업이나 경력이 어느 날 갑자기 난처하게 또는 예상치 못한 방식으로 침체에 빠질까 걱정되는가? 다음에서 우리는 왜 당신이 적절성과 가치의 상실을 걱정해야 하는지 그 이유를 더 깊이 파고들 것이다. 그리고 매우 간단한 방법과 기술을 이용해 그런 걱정을 극복하고 적절성을 회복할 수 있는 몇 가지 방안을 알아볼 것이다.

적절성과 가치의 상실

급변하는 세상에서 뒤에 남기를(소외되거나 거부되기를) 바라는 사람은 아무도 없다. 그러나 점점 성장하는 경쟁자들에 대응하기 위해 끊임없이 노력하지 않는다면, 당신은 바로 그렇게 될 것이다. 기술과 교육, 시장 지식, 인맥, 능력, 그 밖에 사업에 필요한 요소들에서 남보다 뒤처진다면, 무슨 일이 일어날까? 회사 일이나 고객들에게 적절하게 대응하지 못할 것이다. 적절하게 대응하지 못한다는 것은 가치를 잃는다는 것을 의미한다. 따라서 주요 고객들(나중에 당신을 고용할지도 모르는 잠재적 고용주들을 포함해서)이 더 큰 가치를 제공할 수 있는 사람을 찾는 것은 당연한 일이다.

직원들이 끊임없이 필요한 지식과 기술을 습득하지 못하면 현실에 대응하는 적절성과 가치를 잃을 수 있는 것처럼, 기업들도 고객의 욕구를 계속해서 충족시키지 못하면 적절성과 가치를 잃을 수 있다. 2011년에 파산하기 오래전부터 사브 자동차 회사는 이미 미국의 대다수 자동차 구매자들에게 적절성을 잃었다. 2000년 판매대수가 3만 9,479대였는데 반해, 2010년 판매대수는 5,446대에 불과했다.[2]

경력을 쌓거나 사업을 하다 스스로 급제동을 걸어야 할 때를 결정할 수 있다면 다행이다.

누구나 상상할 수 있는 것처럼, (통제력 상실과 뒤따르는 실패와 낭패에 대한 두려움들을 포함해) 현실에 적절하게 대응하지 못해 자신의 가치를 잃을지도 모른다는 두려움이 오히려 동기를 유발하고 성공을 유도하는 중요한 자극제가 될 수 있다. 그러한 적절성과 가치의 상실에 대한 우려가 오히려 성공을 위한 반전의 계기가 될 수 있는 이유는 다음과 같다.

- **두려움은 앞으로 발생할지도 모를 걱정거리들에 대한 경계심을 일깨운다.** 새로운 기술 수단이나 최첨단 방법론을 효과적으로 사용할 줄 모른다거나, 경쟁업체들이 내놓은 새로운 제품이나 서비스에 적절하게 대응하지 못하는 상황이 그러한 걱정거리에 속한다. 하지만 자신에게 부족한 것이 무엇인지 안다면, 곧바로 보완 조치를 취할 수 있다.
- **걱정거리들은 적절한 선제적 조치와 안전장치를 마련하도록 자극한다.** 개인적 차원에서 안전장치는 동시에 여러 경력 기회를 탐색하거나, 별도로 몇 개의 프로젝트를 실험하거나, 업계의 인맥을 넓히기 위해 사교 모임에 참석하는 것처럼 간단하다. 반면 조직의 차원에서 선제적 조치란 여러 갈래로 일을 분산 처리하는 브랜칭 전략이나 시범 사업의 형태를 띨 수도 있고, 새로운 시장이나 산업에 전격적으로 진출하거나 미래 지향적인 솔루션을 지향하는 것일 수도 있다. 그 모든 경우에서 당신이 뒤처질 수도 있다는 걱정이 들면, 당신은 어떻게 할 것 같은가? 뒤처지지 않기 위해 할 수 있는 모든 조치를 강구하고, 다가올 불확실한 미래에 맞설 최선의 보호책을 마련하려고 신속하게 움직일 것이다.
- **걱정은 끊임없이 당신을 자극해서 행동하도록 압박한다.** 상황에 적절하게 대응하지 못할까 두려워하는 상태는 계속해서 새로운 지식과 기술, 경험, 기회를 찾도록 부추기고, 미래의 더 큰 성공을 위해 끊임없이 앞을 바라보게 한다. 자신이 속한 분야나 업계에서 뒤처지지 않기를 바라는가? 변화하는 환경에 따라 자신을 맞추고 늘 경쟁에서 앞서가기 위해 필요한 능력, 지식, 자원을 끊임없이 새롭게 개발해야 한다.

적절성과 가치의 상실과 관련된 잠재된 두려움을 극복하기 위해 다음을 참고하라.

- 가용할 수 있는 현재의 모든 수단과 추세 전략, 정보를 최신으로 유지하기 위해 애쓰라.
- 조직의 핵심 정보와 의사결정 과정에서 소외되지 않도록 조직과 긴밀한 관계를 맺어라.
- 새로운 기술과 자질을 끊임없이 습득하라.
- 관점을 늘 새롭게 하라.
- 생각을 실행에 옮겨라.

지금의 걱정을 행동으로 극복하기 위해 당신은 무엇을 할 수 있을까? 몇 가지 간단한 제안이다.

- 끊임없이 배워라.
- 자발적으로 새로운 역할과 책임을 맡아라.
- 다양한 관계망을 넓혀가라.
- 새로운 사업 기회들을 찾아라.
- 새로운 아이디어를 배양하고 실험하라.
- 독창적인 접근방식과 관점을 취하고 연구하라.
- 작지만 용기 있는 행동들을 통해 자신이 안주하고 있는 영역을 계속해서 벗어나라.

쓸모없어지는 것에 대한 두려움

자신이 쓸모없어질지도 모른다는 걱정은 앞서 살펴본 일곱 가지 두려움을 어떠한 상황에서든 다양한 형태로 야기할 수 있기 때문에, 개인과 조직 차원에서 모두 큰 영향을 끼친다.

TD 에머리트레이드TD Ameritrade, 웰스파고Wells Fargo, 뱅크오브아메리카 같은 거대 금융기관들이 작은 지방은행 체인을 인수할 때, 지방은행에서 경리업무를 보던 직원은 더이상 쓸모가 없게 될지도 모른다. 거대 은행들에 이미 그런 일을 하는 직원들이 있기 때문이다. 그리고 한동안 소셜커머스 시장에서 최고의 명성을 누렸던 그루폰 같은 회사도 시장에서 주류 고객의 외면을 받자마자 곧바로 리빙소셜LivingSocial 같은 경쟁 업체들이 그 자리를 대체하는 모습을 쉽게 볼 수 있다. 이런 일이 일어날 기미가 보일 때 우리는 살아남기 위해 안간힘을 쓰면서 고치처럼 자신을 꽁꽁 싸매고 현실에서 도피하려고 한다. 하지만 그런 행동은 성공에서 점점 더 멀어지는 어리석은 전략일 뿐이다. 반면, 이렇게 자신이 쓸모없어질지도 모른다는 두려움에 맞서 생산성을 더욱 높이는 쪽으로 적극 대응할 수도 있다. 다시 말해, 두려움을 역으로 이용해 업무 효율을 증대하고, 자신을 차별화해서 쉽게 복제하거나 대체할 수 없게 만드는 것이다. 그럼으로써 시대에 뒤떨어지지 않을 수 있다. 우리 스스로가 더욱 독창적이고 다른 사람들로 쉽게 교체될 수 없는 사람이 될수록, 남들이 인식하고 인정하는 브랜드 가치는 더욱 높아지고, 세상은 우리를 더욱 필요로 할 것이다.

경쟁이 점점 더 치열해지는 상황을 고려할 때, 자신이 쓸모없어질지도 모른다는 두려움을 매우 민감하게 느끼는 사람들이 많아질 거라는 사실은 쉽게 이해할 수 있다. 그러나 그러한 두려움을 기꺼이 받아들이고 인정할 때, 그 두려움은 우리가 다음과 같이 행동하도록 유도(하고 강요)하는 매우 유익한 구실을 한다.

- **미래를 위해 지금 계획을 세워라.** 당신은 자신이 장애물이 되거나 쓸모없어질 때까지 기다리지 않고, 변화하는 환경에 어떻게 적응할지 계획을 세우고 치밀한 전략을 세울 수 있다. 또한 미래 환경에서 성공하기 위해 어떤 능력이 필요한지 조사하고, 그러한 기술, 재능, 수단을 습득하기 위해 취해야 할 단일한 행동 지침을 결정할 수 있다. 미래의 변화에 적절하게 대응할 수 있는 계획을 세워라.
- **나중에 필요하게 될 학습 기회와 경험, 능력을 지금 확보하라.** 시장이나 고용 기회의 틈새가 어디에 있을지 살펴보고, 낚아챌 방법을 구하라. 미래 경쟁력을 갖추기 위해, 최신 기술과 추세, 실무, 산업 환경에 늘 주목하라. 미리 몇 단계 앞서 계획을 세우고, 가장 전망이 밝은 분야가 어딘지 신중하게 검토하라. 그러한 분야를 효과적으로 추구하기 위해 필요한 능력, 인맥, 경험, 자원 들을 확보하라. 필요한 능력을 갖춘 사람은 어디서든 반기기 때문에 쉽게 새로운 자리로 옮길 수 있다.
- **여러 대안에 승부를 걸되, 분산 투자로 위험을 막아라.** 요술구슬이 없는 한, 어떤 선택이나 결정이 미래에 확실히 최선의 결과를 가져다줄지는 전혀 알 수 없다. 따라서 가능한 대안들을 모두 조사하고, 그것들의 성공 가능성을 비교 검토한 뒤, 가장 유망한 대안들로 압축하라. 가장 바람직하고 유리하고 실현 가능성이 큰 활동들에 노력을 집중하여 효율성을 극대화

하라. 가능한 대안들에 균형 있고 다양하게 분산 투자하여 승부를 걸어라.

- **단순히 소득 증대만을 위해서가 아니라 교육과 경험 기회를 연계할 수 있는 사업과 경력 전략을 짜라.** 그러한 노력 결과로 얻어진 통찰력과 기회, 자원, 인맥 관계는 실제로 경제적 이익만큼이나 귀중하다. 우리는 미래를 예측할 수 없지만, 현재 서서히 모습을 드러내고 있는 많은 새로운 현상을 확실히 볼 수 있다. 당연한 말이지만, 변화하는 상황에 적절하게 대응하려면 자신의 능력과 인맥, 자원을 늘리기 위해 필요한 조치를 취해야 한다.

결국 적절성과 마찬가지로, 당신이 해당 업계나 기업에서 쓸모없어질 것이냐 아니냐는 오로지 당신만이 결정할 수 있다. 능력과 인맥, 통찰력을 늘 새롭게 유지하고 기술이 뒤떨어지지 않도록 할지 말지는 당신에게 달려 있다. 자신이 쓸모없는 존재가 될지 모른다는 생각에 두려워하고 있다면, 그러한 불안에 잠재된 원인이 무엇인지, 그리고 그러한 불안에 대응하기 위해 당신이 개인적으로나 기업으로서 무엇을 하고 성취하고 습득해야 하는지 곰곰이 생각해보라.

경력을 적절하게 유지하는 방법

적절성은 불변의 상태가 아니며 급변하는 시대와 추세, 상황에 따라 직접적으로 영향을 받기 때문에, 특히 변동이 심한 직업의 세계에서 유지하기란 매우 어려울 수 있다. 그러나 빠르게 움직이는 과녁을 맞히기 위해 끝까지 눈을 떼지 말고 주시해야 하는 것처럼, 우리가 성공하기 위해서는 변하는 상황에 적절하게 대응할 수 있는 태세 유지가 무엇보다 중요하다. 따라서 지금 적절한 대응이 무엇인지 늘 유념하면서 끊임없이 노력하는 자세를 가져야 한다.

성공한 직장인은 적절성을 유지하기 위해 다음과 같이 행동한다.

- 당면한 문제들을 재고한다.
- 기존의 목표와 목적을 재검토한다.
- 기존의 전략과 해결책을 재검토한다.
- 실험과 실패를 반복한다.
- 새로운 아이디어를 배양한다.
- 유연한 접근방식을 취한다.
- 새로운 것을 배우고 적응한다.

20년 전에 얼마나 많은 앱 개발자가 있었다고 생각하는가? 한 명도 없었다. 밀레니엄 세대의 전문기술자들은 어떤가? 그렇다. 마찬가지로 한 명도 없었다. 그러면 최고경청책임자CLO, Chief Listening Officer는 어떤가? 물론 한 명도 없었다. 그 직책은 2010년 이스트먼코닥의 베스 라피에르가 창안한 것이다. 그녀의 직무는 매달 각종 블로그, 포럼, 소셜미디어에 올라온 회사에 대한 수많은 고객 의견을 모니터해서 새로운 추세 변화를 찾는 일이었다.[3] 인터넷 데이터마이너data miner, 소셜미디어 관리자, 클라우드컴퓨팅 전문가는 불과 20년 전까지만 해도 세상에 존재하지 않았다. 하지만 시대가 급변하고 새로운 기술이 급속도로 발전하면서 그와 같은 직종들이 세상에 나왔다.

그러나 경력에서 이러한 변화는 양날의 칼이다.

미국 노동통계국에서 격년으로 발간하는 『직업전망서Occupational Outlook Handbook』는 다양한 직업의 예상 성장률을 보여준다. 수의학 관련 공학자와 기술자, 결혼과 가족 문제 상담사, 의료보조원, 난청 치료사의 추정 직업 성장률은 29퍼센트 이상의 상승세를 나타내는 반면, 항공통제사, 문서정리 사무원, 기계기술자, 발전소 기사의 성장률은 하락세를 나타낸다.[4]

이런 직업에 종사하는 사람들이 5년이나 10년 뒤는 물론이고, 불과 3년 뒤에 성공하기 위해 갖춰야 할 기술은 현재 요구되는 기술과는 전혀 딴판일 것이다.

『공짜 치즈는 쥐덫에만 있다Risky Is the New Safe』를 쓴 베스트셀러 저술가 랜디 게이지는 "모든 규칙이 바뀌었어요"라고 말한다.[5] "우리는 6개월짜리 자격증이 MBA나 박사학위보다 더 가치 있고 유익하고 유용하게 될 시대를 향해 빠르게 나아가고 있습니다." 주변 환경이 끊임없이 바뀌고 있기 때문에 직장인들에게 필요할 때 언제든 활용할 수 있는 실용적인 직무기술이 필요하기 때문이다. 오늘날처럼 불안정한 환경에서는 지속적으로 변화하는 상황에 적절하게 대응하는 수밖에 없다. 눈에 보이는 결과를 낳기 위해 필요한, 현재와 미래의 욕구를 충족시킬 수 있는 개인의 능력과 경험을 꾸준히 습득해야 한다.

게이지는 오늘날 가장 성공한 기업가들을 가리키며 그들 가운데 학위를 받기 위해 학교에 다닌 사람은 극소수에 불과하다고 지적한다. 그들이 강의실에 들어간 것은 자신에게 필요한 특정한 지식을 얻기 위해서였으며, 대학에서 더이상 그런 지식을 제공하지 못하면 더 고급 지식을 배울 수 있는 대학원 같은 곳으로 진학했다.

"종업원처럼 생각하는 종업원은 아무짝에도 쓸모없어요"라고 주장하면서, 늘 경력을 적절하게 유지하기 위해서는 1차원적으로 생각해서는 안 된다고 말한다. "회사에서 해고당하지 않고 계속해서 잘나가고자 하는 사람들은 기업가들처럼 생각해야 합니다. 비판적 사고를 하는 사람들은 스스로 미래 계획을 세우고 인원 삭감 시기에도 끝까지 살아남을 사람입니다."

오늘날, 특히 고용주가 보기에는 당신과 비슷해 보이면서 당신의 역할을 대행할 사람들이 수없이 많기 때문에 필요하다면 주변에서 쉽게 구할 수 있다. 당신이 어떤 분야의 특급 전문가이거나 남들이 안 하는 일을 하는 사람이 아니라면, 조직 안에서 당신의 가치는 급락한다. 심지어 오늘날 가장 잘나가는 스타들이 경고하는 것처럼, 사람들은 빠르게 일용품이 되어가고 있다.

소셜미디어계의 권위자 게리 바이너척은 온라인에서 성공한 사람들을 대표하는 상징적 인물이다. 그는 와인을 판매하는 웹사이트인 와인 라이브러리에 비디오 시리즈를 올려 그것만으로 매출을 300만 달러에서 4,500만 달러로 끌어올렸고, 집필한 책들을 베스트셀러로 만들며 유명한 강연자로 성공할 길도 닦았다. 그러나 바이너척 같은 매우 뛰어난 사람들에게도 성공은 확실하지 않다. 당신이 유명인사이든 아니든, 성공을 위해서는 위험을 무릅쓰지 않을 수 없다.

바이너척이 지적하는 것처럼, 오늘날 인터넷은 매우 빠른 속도로 기존의 시장 질서를 파괴하고 있다. 어느 분야든 경쟁이 급속도로 치열해지고 시장이 급격하게 변화하고 있음을 보여준다. 혼란스럽고 요동치는 온라인 환경에서는 바이너척 같은 뛰어난 인물조차도 선두를 유지하기 위해 끊임없이 분투한다. 이제는 단 한 번의 클릭이나 유튜브 동영상 한 편만으로도 커다란 화제를 불러일으킬 수 있다. 이러한 환경을 이겨내기 위해서는 끊임없이 변화하고 혁신하고 적절성을 회복할 수 있는 방법을 찾는 것뿐이라고 그는 말한다. 하지만 그의 설명에 따르면, 유감스럽게도 대다수는 그 방법을 생각해내지 못한다. 따라서 그렇게 하는 사람들에게는 다행이 아닐 수 없다. "내가 성공한 것은 위험을 싫어하고 편안함과 안락함을 찾는 사람들 덕분이라고 할 수 있죠"라고 그는 말한다.[6]

경력을 변화하는 상황에 발맞추어 적절히 유지하고자 하는 사람이라면, 늘 긴장을 늦추지 말고 창조적으로 생각하고 행동해야 한다.

1980년대에 인기를 끌었던 텔레비전 첩보연속극의 주인공인 맥가이버는 어떤 절박한 위기 상황에 빠지더라도 주변 사물을 무엇이든 도구로 이용해 난관을 극복하는 임기응변의 기지를 발휘하는 인물로 유명했다. 당신도 맥가이버처럼 자신의 인생에서 재능, 통찰력, 경험을 끊임없이 쌓고, 그런 능력을 발휘하여 문제를 창조적으로 해결하는 방법을 꾸준히 찾는다면 상황에 적절하게 대응하는 경력을 유지할 수 있을 것이다. 앞서 언급한 것처럼, 끊임없이 변하는 오늘날의 세대는 지금처럼 불확실한 시대에 적절하게 대응하면서 성공할 자질을 가장 잘 갖추고 있다. 『패스트컴퍼니』에 따르면, 끊임없이 변화하는 세대라는 용어는 변화하는 현실에 대한 적응성, 유연성, 배움에 대한 열린 자세, 결단력을 기본적으로 갖춘 전문직업인들을 지칭한다. 나이와는 전혀 상관이 없다. 오히려 심리적인 요소와 관련이 있는 용어다. 누구든 그러한 세대 집단에 속할 수 있다. 중요한 것은 사고방식이다.

그 세대에 속하는 사람인지 아닌지는 다음과 같이 앞을 내다보는 통찰력을 갖추고 있는지 없는지로 판단할 수 있다.

- 오늘날 생존을 위해 가장 중요한 신기술은 새로운 기술을 습득할 줄 아는 능력이다.
- 다양한 형태의 사고력(감성적, 사회적, 실용적)과 다양한 형태의 기술(소통, 공감, 팀워크와 같은 소프트한 기술을 포함해서)은 끊임없이 앞으로 나아가기 위해 필요하다.
- 실생활에서의 체험은 교실에서 강의를 듣는 것보다 더 큰 가치가 있다.
- 규칙은 끊임없이 재고될 것이다. 그에 따라 사업 모델과 관행도 새롭게 바뀔 것이다.
- 기존의 관점도 규칙적으로 재고되고 재평가되어야 한다.
- 가장 좋은 접근방식은 그것이 과거의 것이든 아니든 상관없이 현재도 효력이 있는 방식이다.
- 위계질서와 정보 독점은 반드시 극복되어야 한다. 시스템과 조직의 안팎이 모두 원활하게 잘 돌아갈 때 비로소 성공할 수 있다.
- 변화하는 상황에 적절히 대응하고 선두를 놓치지 않기 위해서는 변화하고 적응하지 않으면 안 된다.

이러한 원칙들을 경력 쌓기에 더 빨리 적용하면 할수록, 성공의 길로 한 걸음 더 빨리 접어들고 미래 경쟁력도 더 빨리 갖추게 될 것이다.

이 모든 변화가 조직에 영향을 끼치는 것은 당연하다. 그 과정에서 우리는 치열한 경쟁을 통해 한층 더 도약할 수도 있고, 거꾸로 도랑에 처박

힐 수도 있다. 궁극적으로 우리에게 중요한 것은 변화가 어떤 작용을 하느냐가 아니다. 우리가 변화를 맞이하기 위해 어떤 준비를 하고 변화가 도래할 때 어떻게 대응하느냐가 중요하다. 그러한 준비가 잘 갖춰질 때 비로소 변화하는 상황에 적절하게 대응하기 위해 필요한 조치들을 취할 수 있기 때문이다.

기업을 변화하는 상황에 맞게 유지하는 방법

개인의 인생이나 경력을 변화에 적절하게 대응하도록 유지하는 것은 자신이 상당 정도 통제할 수 있지만, 조직 차원에서는—특히, 매우 크고 견고한 조직의 경우는—그러기가 훨씬 더 어렵다. 조직이 크고 기존의 성공에 안주하는 경향이 높을수록, 새로운 변화를 거부하고 적절한 대응력을 상실할 가능성은 더욱 커진다.

변화하는 시대와 취향에 뒤떨어지지 않고 지속적으로 적절성을 유지할 수 있는 유일한 방법—끊임없이 적응하는 것—은 대개 기존의 관습(특히, 성공적인 프로세스와 시스템, 문화 규범의 전통을 자랑스럽게 여기는 사업들에서)에 정면으로 맞서기 마련이다. 이러한 전략은 우리에게 환경의 변화에 발맞춰 적절한 시점에 변화하고 지속적으로 성장하고 진화할 것을 요구한다. 효율성을 중시하는 조직들은 그 경우, 1장에서 살펴본 많은 두려움 때문에 그들이 이루고자 애쓰는 모든 것과 충돌하는 변화를 겪을 수밖에 없다.

다행히도 변화의 과정은 당신이 걱정하는 것만큼 늘 그렇게 고통스럽거나 충격이 큰 것은 아니다. 당신의 기업이 큰 부분을 생각할 준비가 되어있지 않다면, 처음에는 작은 것부터 생각하라. 이 책 전반을 통해 알 수 있듯이, 기존의 전략이나 상품 배치를 아주 조금만 조정해도 매우 중대한 뜻밖의 결과를 낳을 수 있다. 더 나아가 모든 사람이 그러한 변화를 이룰 수 있으며, 이런 원칙들의 적용 범위와 상관없이 끊임없이 변화에 적응하고 혁신하는 사람은 누구나 더 빨리 성공할 수 있다. 따라서 당신이 먼저 해야 할 일은 자신의 능력을 계속해서 향상시키면서 다른 사람들의 욕구를 충족시키고 미래에 적절히 대응하고 가치를 유지하기 위해 지금 어떤 변화를 만들 수 있는지 생각하는 것이다.

현재의 활동이 더 큰 목표와 일치하는지, 전략의 변화는 필요 없는지 알기 위해 규칙적으로 시스템들을 점검하라. 현재의 상황에 적절히 대응한다는 것은 목표에 집중하고 끊임없이 움직이는 과녁에서 눈을 떼지 않는 것을 의미한다. 생산성을 유지하고 변화에 적절히 대응하기 위해서는 태도와 접근방법뿐 아니라 전술도 바꿔야 한다. 긍정적 변화를 이루려면 당면한 상황을 고려해서 거기에 가장 잘 맞고 확실한 방법으로 성과를 낼 수 있는 조치를 취하고 있는지 반드시 확인해야 한다.

사람들이 보통 생각하는 것과 달리, 바쁘다고 꼭 좋은 것은 아니다. 다만, 시장 상황이 바뀌면서 거기에 적응하고 적절성을 유지해야 할 때, 목표 달성에 더 가까이 다가가기 위한 과제를 수행하면서 긍정적 결과를 낳기 위해 노력을 집중하고 있다면 그때는 바쁠수록 좋다. 하지만 그렇지 않을 때 바쁜 것은 그저 헛수고일 뿐이다. 변화에 적절히 대응하기 위해서는 가장 중요한 것에 집중해야 한다. 그러지 않으면, 한시도 쉬지 않고 늘 바쁘지만, 이루는 것은 아무것도 없을 수 있다.

이 모든 원칙은 조직에만 적용되는 것이 아니다. 개인의 인생이나 경력에도 마찬가지로 적용될 수 있다. 잠시 숨을 돌리고 당신이 지금 있어야 할 자리와 현재 있는 자리가 얼마나 멀리 떨어져 있는지 살펴본 뒤, 그 차이를 메우기 위해 일상적으로 무엇을 하고 있는지 생각해보라. 그런 다음에 현재의 노력을 재배치하고 기존의 전략을 재조정해 지금도 여전히 자신이 변화에 적절하게 대응하면서 가장 생산적인 상태를 유지하고 있는지 확인하라. 일상적으로 재조정하고 재배치하는 습관을 들일 수 있다면, 앞으로 더욱 급격하고 격렬한 변화가 도래한다고 해도 살아남을 가능성이 크다. 아무리 작은 변화라도 오늘날 세계에서 가장 성공한 대기업들의 현재와 미래에 모두 큰 영향을 끼칠 수 있다.

레스토랑 체인 하드록카페Hard Rock Cafe는 1억 5,000만 달러의 매출 증대를 목표로 세우면서 종업원들에게 분기별 매출 목표나 시장점유율을 1퍼센트 더 올리라고 요구하지 않았다.[7] 『올인All In』의 공동저자 에이드리안 고스틱과 체스터 엘튼이 지적하는 것처럼, 이 회사는 종업원들에게 고객당 매출을 단 50센트 더 올리면 된다고 독려했다. 블루크로스앤블루실드Blue Cross and Blue Shield 보험협회는 미네소타의 쇼핑객들이 건강을 유지하기(다시 말해서, 의료비를 줄이기를) 바란다면 푸드코트 음식을 자제하라고 하는 대신, 점진적인 건강 증진을 위해 에스컬레이터 말고 계단을 이용하라고 권고했다.

변화에 뒤처지지 않고—또는 변화에 앞서—가장 잘 대응하는 최선의 방법은 무엇일까? 다음을 실천하라.

- **주변 환경을 샅샅이 살펴 패러다임의 변화를 읽어라.** 어떤 작은 변화는 단

순한 소음에 불과해서 간과해도 무관하다. 그러나 매우 중대한 영향을 끼쳐 사업 운영 방식이나 조직과 경력 경로를 완전히 바꿀 수 있는 작은 변화가 있다. 따라서 끊임없이 직장과 업계 환경을 샅샅이 훑어보며 변화의 징조들을 찾고 조치가 필요할 정도로 중요한지 판단하라.

- **목표를 두세 개로 압축해서 집중하라.** 적을수록 좋다. 간단하고 달성 가능한 조치들이 광범위한 전략보다 따르기 더 쉽고, 결국에는 당신과 당신 조직을 목표에 더 가깝게 인도할 것이다. 당신은 동시에 모든 것을 할 수 없으며, 당신 조직과 동료에게도 그 점을 기대할 수 없다.
- **목표 달성을 가장 중요하게 생각하라.** 어떤 과제들은 목표를 달성할 때까지 뒤로 미룰 수 있다. 가장 중요하면서 직접적이고 장기적인 이익을 가장 빨리 가져다줄 것들에 노력을 집중하라. 당신의 임무와 가장 긴밀하게 연결된 단기적 목적들에 초점을 맞춰라. 장래성이 덜한 것들은 뒤로 미뤄라.
- **정기적으로 목표들을 재고하고 필요하면 갱신하라.** 변화는 끊이지 않는다. 목표들을 규칙적으로 재검토해서 단기적 목적들과 여전히 잘 맞아 떨어지는지 확인하라. 아니라면 목표와 목표를 달성하기 위한 접근방식을 수정하라.

당신의 기업이 변화하고 현실에 적절하게 대응하고 싶다면 유념해야 할 중요한 사실이 있다. 기업이 앞으로 나아가고 목표를 달성하기 위해 진정으로 최적의 노력을 기울이려면, 기업 전략을 개발할 때 모든 사람이 자기 의견을 내놓아야 한다. 주저하지 말고 자주 자기 의견을 말하고, 자신이 보는 현재와 미래에 대해, 그 미래가 어디를 향하고 있는지에 대해 공론화하라. 팀의 동료들과 협력하여 공동의 목표를 개발하고, 그 목표에 이르기 위한 접근방법을 명확히 하고, 중간과제들을 달성한 뒤에 그 목표와 접근방법이 현재 또는 미래의 요구사항을 여전히 잘 충족시키는지 확인할 수 있는 시스템을 개발하기 위해 함께 노력하라. 당신 자신뿐 아니라 팀원들이 모두 문제를 해결하는 데 참여한다는 인식을 바탕으로 자기 의견을 당당히 말하고 자신의 능력을 발휘할 수 있어야 한다.

당신과 당신 조직, 동료들이 모두 변화를 관리하고 목표를 세우는 과정에 참여할 때 비로소 모두가 그 일을 확실히 완료하기 위해—생각했던 것보다 훨씬 더 효과적으로 제때에 정확하게 끝내기 위해—열심히 일할 것이다. 그럴 때 목표 달성은 더 빨라지고 끊임없이 변화하는 상황 속에서도 적절성을 유지할 수 있게 된다.

끊임없는 가치 창조

경쟁이 치열해지고 전망이 점점 불확실해지는 세상에서 적절성을 유지하기 위한 또하나의 열쇠는 자신의 능력을 차별화하고 과시하며 자신이 왜 다른 사람으로 대체될 수 없는지 그 이유를 보여주는 방법을 끊임없이 찾는 것이다. 비슷한 이익을 더 싸고 빠르고 효과적으로 제공할 수 있는 경쟁자들이 수십 명, 아니 수천 명 있다면, 그들이 다른 경쟁자들과 비교해서 자신을 돋보일 수 있는 강점은 무엇인가? 질문에 대답할 수 없다면, 다른 사람들도 대답하지 못할 것이다. 여기서 중요한 것은 그들이 자기가 아니면 절대 안 되는 이유를 보여주지 못한다는 사실이다.

가치를 인정받고 보여주는 것은 적절성을 유지하기 위해 없어서는 안 될 요소다. 오하이오 주 신시내티에 있는 그린타워에너지Green Tower Energy의 최고경영자 블레인 루머는 "오늘날 경제에서 당신의 일자리를 유지하는 가장 좋은 방법은 당신의 고용주에게 없어서는 안 될 매우 가치 있는 사람이 되는 것이다"[8]라고 말한다. 루머는 가치 창출을 투자회수율이라는 용어를 이용해 설명한다. 회사는 당신에 대한 투자회수율을 계산하기 때문에, 당신도 스스로에 대한 투자회수율을 계산해야 한다.

회사에서 받는 봉급과 복리후생을 고정비용으로 생각하라. 그렇다면 당신은 그 대가로 고용주에게 이익을 제공하기 위해 무엇을 하고 있는가? 회사가 그 돈을 당신 아닌 다른 곳—말하자면, 더 다양한 기술이나 최신 기술을 습득하고 있을지도 모를 더 의욕이 넘치고 더 값싼 구직자들—에 쓰지 않은 이유가 있을 텐데, 이를 정당화하기 위해 당신은 지금 어떤 일을 하고 있는가?

고객들도 똑같은 질문을 던지고 있다. 당신이 가치 있는 사람임은 말할 것도 없고 그렇게 특별한 존재인 이유는 무엇인가? 그런 종류의 질문에 신속하게 응답하기 위해 노력을 집중하라. 말뿐 아니라 눈으로 확인할 수 있게 응답하라. 그럴 때 비로소 당신은 언제나 미래 경쟁력을 갖춘 사람이 될 것이다.

당신은 자기 자신과 조직을 위해 지속적으로 가치를 창출할 수 있다.

- **문제를 제기하기보다는 문제를 해결하는 사람이 되라.** 끊임없이 잘못된 것을 지적하는 사람이 되기는 쉽다. 하지만 끊임없이 일을 바로잡는 사람이 되기는 훨씬 더 어려운 일이다.
- **회사가 당신에게 지불하는 봉급과 복리후생보다 더 많은 이익을 올려라.**

아직 그렇게 못하고 있다면, 회사가 당신을 뽑은 것이 잘한 것임을 보여주기 위해 더 많은 가치를 창출해야 한다.

- **장기적 기회에 집중하라.** 장기적 기회는 기업의 미래다. 장기적 기회를 이용할 줄 안다면, 당신의 능력, 자원, 가치는 크게 증대될 것이다. 또한 당신 스스로도 학습과 경험, 전문기술을 확충할 장기적 기회를 추구할 필요가 있다. 그 기회들은 결국 당신의 가치를 더욱 높이고 당신이 올리는 개인 매출이나 당신이 받는 봉급보다 훨씬 더 큰 가치를 지속적으로 창출한다. 개인이든 조직이든, 한정되어 있지만 가장 귀중한 자산은 돈이 아니라 시간이다. 시간을 어디에 쓸지 늘 신중하게 생각하라.
- **혁신과 독창성을 추구하고, 위험을 무릅쓰라.** 모든 조직은 돈을 절약하고, 프로세스를 개선하고, 생산성을 높이고, 이익을 증대할 새로운 아이디어를 내놓는 사람들을 필요로 한다. 하지만 그보다 훨씬 더 필요한 사람은 그런 아이디어를 성공적으로 실행할 수 있는 사람들이다. 그런 사람이 되어라.

우리는 정기적이고 전략적인 투자를 통해(자금 투자뿐 아니라 인적 투자와 전문 투자를 포함해서) 회사를 부각시키고 지속적인 성공으로 이끌 수 있는 견고한 기업 체제와 안전망을 구축할 수 있다. 이러한 선택은 귀중한 자원들을 축적하고, 더욱 성공적인 실천계획을 짜도록 도울 뿐 아니라, 위험을 무릅쓸 때 필요한 통찰력과 자산, 확신을 제공한다. 우리는 그 과정을 통해 끊임없이 개인과 직업, 조직의 가치를 다지고, 시대에 맞춰 변하고, 그러는 동안 계속해서 혁신함으로써 변화하는 상황에 적절하게 대응하기 위해 필요한 용기를 발견할 수 있다.

성공하려면 혁신하라

엑스프라이즈 재단XPRIZE Founadtion을 창설한 피터 디아맨디스에 따르면(이 조직의 목적은 아주 획기적인 혁신을 창출하는 것이다), 오늘날 기술의 진보는 지금 우리의 세계를 급격하게 변화시키고 있다. 그리고 이 모든 변화는 경쟁에서 이기는 것은 물론이고, 이러한 상황에 적절하게 대응하려는 개인과 조직 모두—당연히 안정되고 예측 가능한 것을 더 좋아하는—를 더욱 힘들게 하고 있다. 이 같은 급속한 변화 속도는 모르거나 낯선 것에 대한 우리의 타고난 거부감과 더해져서, 지속적 발전을 위해 필요한 확실성과 용기를 주기는커녕 오히려 머리만 팽팽 돌게 만들 수 있다.

게다가 디아맨디스는 이런 어려운 상황에서 당신이 나아갈 길을 찾거나 계획하는 것은 전혀 불가능하다고 말한다. 이 상황에서 당신이 할 수 있는 것은 그때그때 곤경을 헤쳐나가는 것뿐이다. 오늘날 기업에서 이전 방식에 머무르는 사업은 더이상 존재하지 않는다. 하버드 경영대학원 존 코터 교수가 설명하는 것처럼, "일의 진행 속도가 점점 빨라지고 더 많은 것이 변화하는 때 조직들이 성공하기 위해서는 반드시 그러한 상황에 대응해야 한다. 이전 방식은 지금 통하지 않기 때문에, 새로운 기회도 잡지 못하고 다가오는 위험도 피할 수 없다."[9]

당신의 회사가 지나치게 대응이 늦거나 미적거려서 변화와 불확실한 상황에 맞서 끊임없이 앞으로 나아가지 못한다 할지라도, 아직 희망은 있다. 계획을 세우고 준비하라. 그러한 변화가 언젠가 도래하기 전에 변화를 제어하기 위해 필요한 프로세스와 인력, 시스템을 적절한 곳에 배치하라. 대응할 시간이 필요하다면, 가만히 앉아 있지 마라. 당신에게 그럴 시간을 벌어주고 슬기롭게 대응할 수단을 제공할 적절한 구조를 만들어라. 그러나 혁신을 성공으로 이끌기 위해서는 11장에서 검토한 것처럼, 앞에 놓인 상황과 조건에 적절하게 대응할 수 있도록 우리 자신의 태도와 접근방식을 고쳐야 한다.

한 달도 안 되는 짧은 기간 동안 아이디어를 제품이나 서비스로 구현해 시장에 내다팔 수 있는 기업들이 수백 곳이나 된다는 사실을 잊지 마라. 수십억 달러 규모의 세계적인 거대기업들도 6주마다 2만 5,000달러도 안 되는 비용으로 개발된 새로운 앱들을 발표하는 팀을 다수 보유하고 있다. 이처럼 엄청나게 빨리 변하고 경쟁이 치열하고 앞날을 예측할 수 없는 환경에서 살아남기 위해서는 더 현명하게 행동할 줄 아는 기지가 풍부해야 한다. 변화하는 환경에 발맞추어 전략을 바꾸면서 임기응변에 뛰어나야 한다.

미국 전역에 점포가 있는 약국 체인 월그린Walgreens은 기존 시장에서 도전에 직면했다. 회사는 한 처방약 제조업체와의 공공분쟁, 소비자 지출 긴축, 경쟁 격화에 따른 처방 횟수 하락 같은 시장 악화에도 광고비 지출을 늘리지 않았다. 대신에 고객 서비스 방식 개선을 위해 다음과 같은 조치를 취했다.

- **약사들을 카운터 앞으로 배치해 고객들을 직접 대면**하게 하면서 더 많은 의료 상담 서비스를 제공했다. 월그린은 이러한 조치를 통해 고객들을 위한 부가가치와 새로운 수입 통로, 더 많은 성장 기회를 창출할 수 있었다.
- **온라인으로 '약사 찾기'라는 검색 도구를 구축**하여 약사들의 전문 분야,

의료 경력, 소통 가능한 언어에 따라 고객들이 자기 여건에 맞는 약사를 고를 수 있게 함으로써 고객들의 신뢰와 편의성을 높였다.

- 모바일로 처방전을 전달하고 기존 처방전을 재사용할 수 있게 하는 **범용적인 투약 알리미 앱을 개발**하여 사업 영역을 더 넓히고 소비자들에게 가장 먼저 떠오르는 약국 체인으로서 명성을 유지했다.
- 외부의 개발업체를 통해 환자들이 8,000개가 넘는 약국에서 기존 처방전으로 다시 약을 주문할 수 있는 **새로운 소프트웨어 시스템을 구축**하여 최소의 비용으로 더 많은 이익을 올리고 환자들의 이용도를 높였다.

그러나 월그린은 거기서 멈추지 않았다. 점점 커지는 도심의 의료 시장을 장악하기 위해 주요 도시에 분포한 주력 약국들의 브랜드 이미지를 완전히 새롭게 바꿨다. 그곳은 이제 단순히 의약품을 사러 가는 곳이 아니라, 건강하게 잘 살기 위해, 스시와 스무디를 먹거나 와인을 사고 점심시간에 매니큐어를 바르기 위해 가는 최신 유행을 따르는 세련된 원스톱 상점이 되었다.

똑같은 회사, 똑같은 사업 모델이지만, 매장 설계, 마케팅, 제품과 서비스 배치, 고객지원 서비스 방식을 완전히 다르게 접근했다. 고객들이 더욱 편리하게 이용하고 더 깊은 공동체 의식을 체험하도록 고객 서비스를 더욱 강화하는 방향으로 설계되었다. 그 결과, 월그린은 매출 기록을 경신하기 시작했을 뿐 아니라 모든 연령대의 고객 욕구를 적절하게 충족시키는 기업이 되었다.

다시 말하지만, 혁신은 그렇게 어려운 일이 아니다. 그리고 변화와 발맞춰가는 것도 늘 어렵기만 한 것은 아니다. 상황에 더 적절하게 대응하고 미래 경쟁력을 갖추고 더욱 성공하기 위해서 기존의 구성 요소를 재배치하거나 재고하면 된다. 그리고 오늘날 가장 성공한 혁신자들이 사용하는 것과 똑같은 전략 원칙들을 모든 차원에서 당신이나 당신 기업에 적용할 수도 있다. 지금까지 살펴본 것처럼, 변화하는 상황에 적절히 대응하는 것은 재창조를 위한 하나의 작용에 불과하다. 당신은 언제든 스스로를 재창조할 수 있는 능력이 있다.

경쟁적 우위를 확보하는 방법

단순히 변화하는 상황에 잘 대응하는 것뿐 아니라 경쟁에서 남보다 앞서고자 한다면, 반드시 알아야 할 중요한 퍼즐조각이 또하나 있다. 자신의 경쟁력을 키우는 것이다.

그러기 위해서는 6장에서 검토한 것처럼 자신을 힘들고 불안하게 만드는 것이 무엇인지 알고, 기꺼이 받아들여야 한다. 남들이 주저하는 장애물들을 헤쳐나갈 때 비로소 우리는 더 많은 가치를 인정받을 수 있는 독창적인 기술과 기회를 얻을 가능성이 높아진다. 이것이 바로 경쟁적 우위의 본질이다. 다른 사람들이 쉽게 모방할 수 없는 지식과 경험, 재능이나 인맥을 창출하는 데 전념하라. 당신의 기술이나 사업적 이점이 가치 있고 독창적일수록, 다른 사람들이 쉽게 모방하거나 버리기는 더욱 어려워질 것이다. 따라서 당신에 대한 의존도와 가치가 상승하면서 미래 경쟁력도 더욱더 높아질 것이다.

조지타운 대학의 칼 뉴포트 교수가 지적하는 것처럼, 개인이든 기업이든 틀에 박힌 생활만 하면서 일상에서 벗어나지 못한다면, 결국에는 더 이상 발전하지 못하고 정체 상태에 머물고 만다. 그는 변화에 적절히 대응하고 늘 선두에 서기를 바라는 기업과 개인들에게 이렇게 조언한다. 어떤 상황에서든 거기에 꼭 필요한 능력과 자격이 무엇인지 알아내 그것을 열심히 갈고 닦아라. 그런 다음, 용기를 내 자신의 독창성을 발휘하고 미래의 진로를 정하라.

그렇다면 개인이든 기업이든 경쟁력에서 남보다 앞서기 위한 방법은 무엇일까?

- 독보적인 능력과 장점, 자원을 제공하라.
- 단 하나뿐인 연고나 인맥 관계를 맺어라.
- 남들이 하기 힘든 기술이나 직무를 숙달하라.
- 동료보다 경쟁 상황에 대해 더 잘 알고, 경쟁업체보다 시장과 고객에 대해 더 많이 알아라.
- 동료나 경쟁자보다 미래 흐름을 더 정확하게 볼 줄 알아라.
- 어려운 문제들을 해결하고 고객을 위한 독특한 가치를 창출하라.
- 탁월함과 가치를 확고히 하여 곧바로 차별성을 느끼게 하라.
- 업계 동료들보다 같은 직장 동료—와 상사—에게 더 잘하고, 최고로 뛰어난 인재에게 권한을 부여하여, 이런 창의적인 사람들이 혁신을 추진하게 하라.
- 스스로 일어서기 위해 필요한 자원과 수단을 비축함으로써 외부의 지원이나 지시가 없더라도 직무를 수행할 줄 아는 자립적인 사람이 되라.
- 부정적 생각을 피하고 긍정적 자세를 가져라. 아주 힘든 상황에서도 기회

를 모색하라.

- 결정을 내리고, 위험을 무릅쓰고, 최선을 다하라.

당신의 부족한 점은 무엇인가? 그것을 보완하라. 최선을 다하지 못하고 있는 게 아닐까 해서 겁이 나는가? 그러한 두려움이 사라질 때까지 밀고 나가라. 그러나 또한 자신에게 모자란 부분이 무엇인지 이해하고, 그 능력의 숙달이 중요함을 깨닫고, 필요할 때 도움을 요청할 사람을 알아두어라. 그렇지 않으면 다른 사람에게 좋은 기회를 넘겨주고 말 것이다. 늘 변화에 적절히 대응하고 자신의 가치를 인정받고 경쟁에서 선두를 지키기 위해 위에서 나온 대로 실천하라.

행동 지침

모르는 것을 항상 예측하거나 세상을 늘 바꿀 수는 없다. 하지만 모르는 것을 조사해 잘 이해한 다음—회사든 개인이든 현재 상황에 늘 적절하게 대응하면서 가치를 높이기 위해 변신하고 진화하면서—적응하는 과정은 언제든 시작할 수 있다. 다음과 같이 행동함으로써 장애물을 헤쳐 나가고 성장의 기회를 포착하라.

- **주변 환경의 변화를 늘 주시하라.** 큰 변화도 있고 작은 변화도 있으며 거의 영향이 없는 변화도 많이 있다. 하지만 어떤 것도 무시해서는 안 된다. 당신과 당신의 경력과 사업에 영향을 끼칠 변화들이 무엇인지 알아내서 그

러한 변화와 주요 추세를 긴박함, 영향력, 중요성에 따라 분류하라. 그런 다음, 어떤 것이 가장 시급한지—즉, 당장 조치를 취해야 할 것과 잠시 뒤로 미뤄야 할 것을—결정하라. 그리고 이러한 분류를 수시로 수정하라. 시간이 흐르면서 새로운 추세와 상황이 전개되므로 그에 따라 우선순위도 재검토되어야 하기 때문이다.

- **끊임없이 자신을 재창조하라.** 세상이 당신에게 유리하게 바뀔 거라고 기대하지 마라. 그리고 세상이 변치 않고 가만히 있을 거라고도 기대하지 마라. 발전하는 시대와 추세에 따라 끊임없이 함께 발전하라. 결코 혁신을 멈추지 마라. 그러면 늘 변화에 적절하게 대응할 수 있을 것이다. 또한 반드시 미리 계획을 짜라. 현재의 관점과 전략의 초점을 미래에 꼭 필요한 기술과 서비스, 솔루션들을 제공하는 쪽에 맞춰라.
- **현재와 미래를 연결하는 자신만의 행동 지침을 만들어라.** 미래가 어떤 방향으로 나아갈지 알았다면, 그 미래를 성공적으로 맞이하기 위해 반드시 이루어야 할 유형의 달성 목표들이 무엇인지 나열하라. 그리고 그러한 목표들을 이루기 위해 반드시 완수해야 할 과제들을 완료할 최종시한을 맞추기 위해 즉각적으로 취해야 할 행동 지침으로 세분화하라.
- **늘 가치를 창출하라.** 고용주와 고객들이 당신을 현실에 적합한 사람이라고 보는 때는 오로지 그들에게 당신의 가치를 인정받을 때다. 따라서 회사와 동료들에게 가치와 부를 창출하는 사람이 되라. 그들에게서 단물만 빨아먹고 거의 또는 전혀 보답을 하지 못하는 사람이 되어서는 안 된다.
- **혁신을 멈추지 마라.** 틀에 박힌 방식과 관점, 생각들에 과감히 도전하는 새로운 전략과 솔루션, 접근방식을 펼치면서 끊임없이 변화와 발전을 추구하라. 변화하는 시대와 추세는 변화하는 대응과 전술, 즉 새로운 변화

들이 임박하기 전에 미리 대비하기 위해 기존의 것들을 배치하고 실험하고 이용할 줄 아는 변화를 요구한다. 혁신이 반드시 새로운 발명과 관련되어야 하는 것은 아니라는 점을 유념하라. 직접적이고 장기적인 관점에서 어떤 때는 아주 약간의 재배치만으로도 적절성을 충분히 회복할 수 있다.

- **필요하면 중심을 잡고 돌아라.** 간단한 조정만으로 사업 환경의 변화에 충분히 대응하지 못할 때 이렇게 하라. 실패에서 성공으로 가려면 때로는 의심하지 말고 그대로 밀어야 할 때도 있다. 하지만 대개는 한 발로 중심을 유지하면서 한 발로 방향을 바꾸는 것이 맞다. 그런 상황이 요구될 때, 한편으로는 당신의 핵심 능력(즉, 현재 잘 돌아가고 있는 것)을 그대로 유지하면서 다른 한편으로는 잘 모르는 분야(모험에 가까운 새로운 방식으로 자신의 능력을 발휘할 수 있는 잠재적 영역)에 발을 디디고 새로운 전망이 발견될 때까지 끊임없이 시도하라.
- **경쟁력 우위를 확보하라.** 당신의 고객, 고용주, 최종 소비자 들에게 남들이 갖지 못한 독보적인 능력과 장점, 자원들을 제공하라. 미래의 흐름을 예측하고 빠르게 적응하라. 요긴한 사람이 될수록, 다른 사람으로 교체하기가 힘들어지고 늘 적합한 인재로 인정받을 것이다.

결론

당신의 인생과 사업의 미래 경쟁력을 위해

우리의 경력과 인생, 사업에서 늘 만나기 마련인 불확실성에도 불구하고, 지속적인 성공을 위해 필요한 높은 수준의 민첩성과 융통성을 보유하는 것, 다시 말해서 스스로 미래 경쟁력을 갖추는 것은 정말로 가능한가? 이 책 전반에 걸쳐 보여주는 것처럼, 개인이든 조직이든, 확실히 그렇다고 단호하게 말할 수 있다.

이 책에 나오는 모든 이야기와 사례가 변화에 긍정적으로 행동하고 반응할 수 있게 하는 네 가지 중요하면서도 간단한 원칙과 규칙에서 비롯되었다는 것이 여기서 말하는 핵심이다.

- **F**(Focus)—임박한 문제에 집중하라. 객관적으로 검토한 뒤, 일을 어떻게 시작할지 계획을 짜라.
- **E**(Engage)—필요한 조치를 취하고 이러한 이론들을 시험함으로써 문제 해결에 참여하라.
- **A**(Assess)—당신이 취한 행동의 결과로 나타나는 반응을 평가하라.

- R(React)—거기서 얻어진 통찰을 바탕으로 반응하라. 그에 따라 미래에 대한 접근방식을 수정하라.

좀더 쉽게 말하면 이렇게 표현할 수 있다. 생각하라. 행동하라. 관찰하라. 대응하라. 그러고 나서 똑같은 과정을 다시 반복하라. 우리가 성공한 것으로 평가하는 사람들과 실패한 것으로 평가하는 사람들을 구분하는 열쇠는 모두가 공통적으로 느끼는 두려움에 대한 그들 자신의 태도와 곤경에 맞서는 그들의 접근방식이다.

전략적 혁신자들은 시장의 판도를 바꾸는 획기적 발전을 이루기 위해 이러한 원칙을 적용한다. 경영자들은 이 원칙을 이용해 거대한 불확실성의 시대를 헤쳐나간다. 개인들은 점증하는 위기 상황과 낯선 도전과제들에도 불구하고 자신의 경력 경로와 지속 가능한 미래를 도모하기 위해 이 원칙을 이용한다. 그 모든 경우에 모두에게 필요한 덕목이 한 가지 있는데, 그것은 바로 일을 추진하면서 새로운 것을 배우고 변화에 적응하면서 끊임없이 앞으로 나아가려는 의지다. 용기를 보여주고 발휘한다는 것의 의미가 바로 이것이다. 앞에서 이끄는 개인과 조직은 어떤 결정을 내릴 때, 늘 현실적으로 판단하며 이성을 중시한다. 그리고 위험을 피하기보다는 오히려 신중하게 판단한 뒤 승부를 건다.

변화는 자연스러운 현상이다. 불확실성은 어디에나 있다. 그렇다면, 위험은? 당신은 날마다 위험을 무릅쓰고 산다. 다른 책이 아닌 이 책을 골라 읽기로 한 것도 어떻게 보면 그런 선택이다. 이런 위험들을 무릅쓰기에 가장 좋은 시기는 당신의 주가가 상한가를 칠 때, 당신 회사의 전망이 호황일 때, 당신이 최상의 기량을 보일 때다.

시절이 좋을 때는 변화와 혁신에 두 배로 힘을 써서 자기 자신에게 투자하고 기존 계획을 재검토한 뒤, 그 계획을 가동시켜라. 시절이 안 좋을 때는 그동안 축적해온 모든 자원과 수단—이를테면 지금까지 추구해온 그 모든 새로운 기술, 시범사업, 직업개발 프로그램들—을 동원해, 더 크게 성장하고 발전할 수 있도록 뒷받침하라. 변화와 적응은 밝은 미래를 보장하는 가장 확실한 방법이다.

구멍난 전략을 보완하거나 더 전망 좋은 사업 계획을 수립하기도 전에, 경쟁자들이 마치 바다에 빠진 당신을 공격하려는 상어떼처럼 당신 주위를 빙빙 돌 때까지 기다릴 까닭이 있는가? 당신의 기량과 성취, 재산을 최고 수준으로 올리는 것을, 또는 오늘 당장 누릴 수도 있는 이익을 은퇴할 때까지 늦출 까닭이 있는가?

변화하고 혁신하고 참신한 능력과 자원을 비축하기 가장 좋은 때는 시장(금융시장이든, 고용 시장이든, 상품 시장이든 상관없이)이 상승세를 타고 있을 때다. 그렇다면 지금까지 축적해온 그 모든 지식과 경험, 유형자본들을 이용하고 소비하기 가장 좋은 때는 언제인가? 경기가 하강하고 있을 때다. 당신은 이미 확실한 안전망을 적절히 갖췄고(당신은 만일의 경우를 대비해 일부를 비축했다. 그렇지 않은가?), (모든 자원이 더 많은 사람에게 돌아가기 때문에) 이 모든 자본은 필요할 때 더 요긴하게 쓰이기 마련이다. 기존의 관점과 접근방법을 달리하라. 그리고 당신의 미래를 바꿔라. 이 모든 것은 당신의 마음의 눈에 달려 있다.

혁신과 파괴는 소수의 선택된 사람에게만 부여된 희귀한 천부의 재능도 아니며, 거대 기술업체나 일류 제조업체만의 영역도 아니다. 그것은 당신도 날마다 수행할 수 있고 당신의 인생, 경력, 사업의 모든 측면에 적용할 수 있는 아주 단순하고 신속한 응용 전략이다.

그러나 긍정적인 변화를 이끄는 힘이 되며 용기 있는 리더가 되는 것은—사상적 지도자이든, 팀 리더이든, 회사의 경영자이든—우연한 사건이 아니다. 책임감을 갖고 행동함으로써 적극적으로 불러일으켜야 하는 의도적 변화인 것이다. 그렇게 하기 위해서는 긴밀한 협력과 집중, 결단, 노력, 불확실성과 미지의 세계에 대한 두려움에 용기와 끈기, 인내로 맞서는 능력만으로는 안 된다. 선견지명, 기획력, 실천력, 일을 깨끗이 마무리하는 능력도 필요하다.

이 책에서 우리는 긍정적이고 지속적인 변화를 이루어 미래 경쟁력을 갖춘 수많은 개인의 이야기를 살펴보았다. 또한 그런 기업들의 사례도 함께 검토했다. 어떤 경우든 그들은 불확실성을 직시하고 꼼꼼히 살펴본 뒤, 곧바로 필요한 조치를 취했다. 결정적 순간을 포착하자마자 바로 결단을 내렸다. 이러한 개인과 기업들은 문제에 직면해 바로 변화하고 적응함으로써 자신이 처한 환경을 가장 좋은 조건으로 만들었다. 그들은 모두 다음에 무슨 일이 일어날지 확실히 알지 못하는 상태에서 행동했다.

1장에서는 버몬트에 있는 한 레스토랑의 공동소유주인 멜리사 키르메이어 이머를 만났다. 그녀는 끝없이 이어지는 손님들에게 클램차우더를 나르는, 머리 쓸 일 없는 따분한 일에 지칠 대로 지친 스물여섯 살 먹은 여성이었다. 그녀는 자신의 인생에 중대한 변화를 초래할 결정에 두려움을 느꼈지만, 개인적으로 더욱 보람 있을 새로운 일을 찾기로 결심했다. 그 결과, 마침내 차우더를 나르던 식당 주인에서 주요 온라인 쇼핑몰 기업의 고위직으로 신분이 바뀌었다.

그녀가 말하는 것처럼, 그 비결은 간단하다. 모호한 것을 다루는 방법을 배우고, 도전하고자 하는 문제가 있으면 무조건 뛰어들어라.

또한 페덱스의 임원들이 직원들로부터 최고의 능력을 이끌어내기 위해 조직에서 두려움을 몰아내는 것을 얼마나 중요하게 생각하는지 이미 살펴보았다. 오랫동안 마케팅과 영업 담당 임원직을 맡아온 미셸 프록터는 직원들이 위험도 감수하면서 시장의 판도를 바꿀 기회를 찾겠다는 의지를 가진다면 회사에 중대한 변화를 일으킬 수 있을 거라고 생각하고 그 방법을 찾기로 했다. 마침내 프록터가 찾은 해법은 직원들을 순회하면서 그들이 질책이나 보복, 배척당하는 것을 두려워하지 않고 자기 의견을 당당히 말하고 행동할 수 있도록 지원하는 일을 하는 40명으로 구성된 팀을 조직하는 것이었다. 그 실험은 성공했다. 프록터가 조직한 팀은 회사 내부에서 두려움을 몰아냄으로써 모든 직원을 하루하루 담대하고 진취적으로 생각하는 사람들로 바꾸었다.

또 게리 그라프라는 인물도 만났다. 어느 날 그는 자신에게 가장 중요한 단골 고객(소비재 거대기업인 유니레버)에게 그 회사에서 가장 인기 있는 상품인 파스타 소스 라구를 마케팅하는 방식이 더이상 소비자들에게 먹혀들지 않으므로 폐기되어야 한다고 말해야 했다.

그라프는 마음을 단단히 먹고 용기를 내서 자신의 고객이 듣기 싫어하는 의견을 당당하게 개진했다. 그와 동시에 시의적절한 대안을 제시했다. 유니레버는 그 의견에 동의하고 새로운 광고를 제작하여 공개했다. 그러자 소비자들이 곧 라구를 다시 찾기 시작했다.

이들 각자와 그들의 경력을 볼 때, 결과가 좋으면 만사가 다 좋기 마련이다. 그러나 당신이 생각하는 것보다 그 결과가 훨씬 더 자주 좋다는 사실에 주목하라.

당신이 아직 만나지 못한 변화의 주역들과 그들이 다시 성공한 사례를 몇 가지 살펴보자.

- **마리 스미스**는 대학을 나오지 않은, 특별히 내세울 것이 없는 평범한 캐나다인으로 처음에 취미로 소셜미디어 활동을 하다가 『패스트컴퍼니』가 "관계마케팅의 대가" "온라인 세계의 피리 부는 사람"이라고 부르는 소셜미디어계의 권위자가 되었다.[1] 그녀는 "슬기롭게 위험을 무릅쓰세요"라고 말한다. "허락받을 때까지 기다리지 마세요."[2]
- **캘빈 스미스**는 빅데이터 선두업체 EMC의 글로벌 혁신과 마케팅 책임 관리자로서 회계담당자에서 소프트웨어 기술자에 이르기까지 모든 직원이 기업가 정신, 상호소통, 마케팅 능력을 갖추도록 지도한다. 그는 특별히 "우리는 직원들이 저마다 부족하다고 생각하는 자질을 채워주려고 합니다…… 그들에게 늘 프로젝트를 책임진 사람처럼 생각하라고 요구합니다"라고 말한다.[3]
- **위즈 칼리파**는 음반 차트 1위에 오른 유명 래퍼로 자신의 신곡을 대형 무대에 올리기 전 작은 공연장에서 시연한다. 그리고 다른 연주자들이 원곡을 변형해 불법 제작한 곡들이 무차별적으로 유포된 다음 워너브라더스 음반사에서 정식으로 취입하여 대성공을 거두는 방식을 취한다. 그는 이렇게 말한다. "많은 사람이 (듣고) 편안해하면 그때 팬들을 움직이게 하죠. 저도 그들과 함께 움직입니다."[4]

여기서 무엇보다 중요한 것은, '그럼 당신은 어떻게 할 것인가?' 하는 문제다.

요점은 간단하다. 당신과 당신 조직은 지금 아무것도 안 하고 가만히 앉아 있을 정도로 여유롭지 않다. 끊임없이 변화하는 세계에서 무언가를 하는 것은 당신 자신과 당신이 몸담고 있는 회사가 미래 경쟁력을 갖추기 위해 필수적이다. 현실 상황을 외면하게 만드는 걱정과 두려움의 원천들을 극복하라. 그러면 당면한 도전과 문제가 풀릴 수 있는 수수께끼로 바뀔 것이다. 당신은 어떤 일이 일어나든 더 좋은 결과를 낳도록 언제나 방향을 바꿀 수 있다. 그렇게 할 때 비로소 자신의 미래를 지배할 수 있다.

자동차 계기판 앞에 앉아라. 운전석에 앉아 운전대를 잡고 달리는 도로를 주시할 때 변화하는 환경을 헤쳐나가기가 훨씬 더 쉽다.

밤하늘이 아무리 어둡다 하더라도 아침이 되면 태양은 늘 뜨고, 우리를 둘러싼 환경이 아무리 불확실하다고 해도 성공하는 개인이나 조직은 늘 있기 마련이다. 인생에서 죽음과 세금 말고는 확실한 것이 아무것도 없다는 옛말은 결코 사실이 아니다. 지금까지 살펴본 것처럼, 철저한 계획, 이성적인 의사결정, 약간의 끈기와 인내만 있다면, 결국에는 모든 것이 실제로 확실해진다.

미지의 것을 기회의 원천으로 바꾸기 위해 여러 요소를 적극적으로 잘 혼합하고 통찰력과 이성을 잘 결합한다면, 우리는 누구든 확실성을 빚어내는 연금술사가 될 수 있으며, 또 되어야 한다. 이제 당신은 이 책에 나온 수많은 수단과 방법, 성공담을 통해 두려움이 끼치는 악영향을 어떻게 억제하는지 완벽하게 깨우쳤다.

그렇다면, 이제부터 이렇게 해보라.

- 기존에 안주하고 있는 데서 밖으로 나오라.
- 위험을 무릅쓰라.
- 지금까지와 다르게 일을 하라.
- 당당하게 자기 의견을 말하라.
- 의심하지 말고 그대로 믿어라.
- 공을 잡고 끊임없이 앞으로 나아가라.
- 다르게 생각하라.
- 어디에도 구속받지 마라.
- 스스로에게 권한을 부여하라.
- 현재뿐 아니라 미래에도 성공하기 위해 필요한 변화를 가슴에 품어라.

이 말만은 꼭 기억하라. 변화는 당신이 원하든 말든 일어난다. 그렇다면, 변화에 이끌려가기—심지어 그것에 치이기—보다는 오히려 변화를 주도하는 것이 낫지 않겠는가?

기회는 잡을 때 비로소 당신의 것이 된다. 이제 변화를 일으켜라.

감사의 말

지난 20년 동안 내 인생은 뜻밖의 새로운 모험과 멀리 돌아가는 길의 연속이었다. 그러나 끊임없는 변화에도 불구하고, 수많은 친구와 가족, 동료의 지지와 호의는 늘 변치 않고 이어졌다. 이 책에는 수십 년간 겪은 내 삶의 경험이 녹아 있다. 많은 분의 통찰력이 그러한 경험을 구체화하는 데 도움을 주었다. 그분들께 무한한 감사를 드린다. 그들의 빛나는 위트와 지혜가 없었다면, 이 책은 제대로 빛을 발하지 못했을 것이다.

끊임없이 주변이 혼란스럽고 힘들었음에도 불구하고, 임기응변의 기지를 발휘하고 현실에 적응하면서 꿋꿋하게 앞으로 나아가는 데 실패하지 않은 K와 Z에게 특별히 감사하다. 발행인 존 더프와 편집자 어맨다 시의 빛나는 통찰력과 의견 제시, 설레스트 파인의 전문가적 안목과 충고에도 깊은 감사의 말씀을 드린다. 또한 첫날부터 나를 믿어준 플로렌스 드마르티노, 그라시아노 형제, 크리스 지머먼, 폴 시글리아노, 마크 살츠먼, 마크 푸스코 그리고 믿음을 행동으로 옮기게 도와준 크리스 로맥, 비요른 라손, 루페시 카자르, 에릭 크니프, 파브 펄로에게도 모두 감사드린다. 그리고 눈길을 끄는 책 표지 디자인을 해준 페리쥐 출판사의 아트디렉터 리사 아모로소에게 특히 고마운 마음을 전한다.

책을 완성하기까지 모든 단계에서 늘 뒷받침해주고, 캘빈 스미스와 데이비드 드로가, 제시카 에시, 폴 레스터가 바쁜 중에도 시간을 내줄 수 있도록 도와준 리처드, 캐런, 제이미, 리사에게 감사한다. 수전 비스노, 조엘 마셀, 세사르 비타르, 케이티 할라한, 리처드 플로러스, 바이텍 고엘의 지속적인 지원 또한 매우 중요한 역할을 했다.

이제 언급하는 분들에게도 모두 감사의 말씀을 드린다. 조지프 르두, 마틴 폴러스, 샤론 윙, 저스틴 칸, 잭 보글, 아리 월러치, 베리 슈와르츠, 베스 블루멘털, 밥 멘든홀, 크리스틴 코스텔로, 잉그리드 반데벨데, 오렌 곤살레스, 아리엘라 곤살레스, 딕 볼러스, 라이나 쿰라, 맷 플로이하르, 새러스 사라스바시, 스리다르 발라수브라마니언, 조너 리엘, 루셀 드마리아, 트립 호킨스, 놀런 부슈널, 워런 스펙터, 데이먼 브라운, 윌 라이트, 에이미 가랜, 앤드루 그로첼, 브라이언 미스, 댄 나이넌, 그레그 길리스, 존 보르도, 조슈아 자비악, 린다 롬브리, 맷 그릭스비, 브라이언 파고, 레이철 오스턴, 세라 맥더모트, 앨리슨 그레이엄, 루 필립스, 켄 레빈, 스콧 거버, 브라이언 솔리스, 크리스 클라우스, 데버러 쉴리안, 짐 슐렉서, 케니 베크, 케빈 톰슨, 스콧 영, 팀 황.

이 책이 완성될 수 있도록 주저 없이 각종 편의와 새로운 시각을 제공하고 시간이 흘러도 아낌없이 따뜻한 환호를 보내준 또다른 수많은 분에게도 감사의 마음을 보낸다. 여러분 덕분에 모든 것이 더 좋아졌고 앞으로도 계속 좋아질 것이다.

옮긴이의 말

대부분의 자기계발서와 마찬가지로 이 책도 성공에 대해 이야기한다. 인생에서 성공이 무엇인지는 사람들의 가치관에 따라 다를 수 있지만, 오늘날 자본주의 사회에서의 성공은 경제적 가치를 가장 큰 잣대로 삼는다. 이 책에서 말하는 성공도 물론 그러한 기준을 크게 벗어나지 않는다. 그러나 꼭 경제적 성공이 아니더라도, 개인이나 조직이 세운 목표가 무엇이든 그것을 마침내 이룰 때 느끼는 성취감은 누구도 부인할 수 없는 기쁨이다. 따라서 대다수 사람들이 성공을 추구하는 것은 지극히 당연한 일이 아닐 수 없다.

이 책에서는 성공을 위해 가장 먼저 해야 할 일이 마음속 두려움을 이겨내는 것이라고 말한다. 누구든 변화에 직면하면, 그 변화가 초래할 미래의 불확실성 때문에 불안해하기 마련이다. 따라서 위험을 감수하고 새로운 도전에 나서기보다는 기존의 방식을 고수하거나 일부러 변화를 외면하게 되고, 그러다보면 변화에 적절히 대응할 시기를 놓쳐 결국 더이상 앞으로 나아가지 못하거나 퇴보할 수밖에 없는 것이다. 저자는 개인이든 조직이든 성공하기 위해 따라야 할 10가지 전략을 구체적으로 제시한다. 그리고 각 전략마다 최근의 실제 사례들을 다양하게 보여주며 설득력 있게 설명한다. 무엇보다 이 10가지 전략을 관통하는 가장 중요한 메시지는 변화를 두려워하지 말고 과감하게 위험을 무릅쓸 줄 아는 용기가 필요하다는 것이다. 무언가 새롭고 특별한 말이 나올 거라 기대하던 사람들에게는 무척 구태의연한 말처럼 들릴지 모른다. 하지만 이렇게 누구나 아는 것 같은 말도 실제로 우리가 살면서 행동으로 옮기기는 여간 힘든 것이 아니다. 이런 내용을 이미 알고 있더라도 막상 새로운 변화, 특히 예기치 못한 상황이 닥치면, 몸을 움츠리거나 뒷걸음치기 십상이다. 두려움 때문이다.

이 책을 번역하면서 과거 직장에서 실제로 겪었던 일이 문득 떠올랐다. 돌이켜보면 그 회사가 새로운 차원으로 급속하게 도약할 수 있는 전환점이 된 사건이 아니었나 하고 생각했다. 이 책이 던지는 메시지를 독자들이 좀더 가깝게 느낄 수 있도록 내가 경험한 일을 여기에서 간략하게 소개할까 한다.

새천년의 시작을 몇 년 앞두고 나는 당시 국내에서 가장 잘나가던 한 통신 회사에 다니고 있었다. 회사는 한창 성장가도를 달리며 주가도 최고가 돌파를 거듭하고 있었다. 회사의 성장 동력은 PC통신이었다. 당시 그 분야에서 함께 일했던 직원들은 자신이 새로운 시대를 선도하는 일에 참여하고 있다는 자부심에 모두 의기양양해했고, 기술력과 업무 능력 또한 뛰어난 인재들이었다. 하지만 그 무렵 인터넷을 이용한 무료 이메일과 검색 서비스가 개시되면서 전화망을 통해 유료로 서비스되던 PC통신 서비스 시장을 위협했다. 우리는 이미 그러한 기술과 서비스 환경의 변화를 예상하고 PC통신 서비스를 인터넷 서비스로 전환하기 위한 계획을 마련하고 별도의 개발팀을 조직해 새로운 플랫폼 개발에 착수했다. 마침내 개발이 순조롭게 완료되었고, 이제 새로운 플랫폼으로 전환할 일정을 확정하고 그 일정대로 작업을 진행하면 되었다. 그런데 문제가 하나 있었다. 개방형 인터넷으로 플랫폼을 바꿀 경우, 이용자들에게 물리던 기본료를 받지 못하고 유료로 제공되던 이메일도 무료로 전환해야 하기 때문에, 당장 매출액과 수익이 큰 폭으로 떨어지면서 회사의 주가에도 막대한 영향을 끼칠 것이라는 우려였다. 결국 회사는 단기적 수익 하락과 앞날의 불확실성, 나아가 그에 따른 두려움을 이겨내지 못하고, 사전에 기술과 사업 환경의 변화를 예측해서 몇 년에 걸쳐 새로운 환경에 맞는 플랫폼을 개발했음에도 그것을 한 번도 써먹지 못하고 폐기하고 말았다. 미래로 도약하기 위해 어차피 감수해야 할 위험을 누구도 감히 나서서 떠맡을 용기가 없었던 것이다. 그리고 얼마 안 되어 PC통신 서비스는 점차 기우는 반면에, 인터넷 플랫폼을 기반으로 한 서비스는 급속도로 성장하기 시작했다. 몇 년 뒤 회사는 재벌 기업에 인수되었고 함께 일했던 수많은 인재는 뿔뿔이 흩어지고 말았다.

끊임없이 빠르게 변화하는 세상에서 개인이든 기업이든 그 변화에 적응하지 못하면, 이처럼 성공은커녕 생존 자체도 보장받을 수 없다. 변화가 몰고 오는 불확실성과 혼란에 당당히 맞설 수 있는 용기와 자신감은 당연히 그냥 생기지 않는다. 평소에 꾸준히 주변의 변화를 주시하면서 미리미리 대비하는 가운데 그러한 두려움을 이겨낼 수 있는 용기가 나온다는 저자의 말에 충분히 공감할 수 있다. 문제는 실천이다. 그런 상황에 닥쳤을 때 실제로 그렇게 행동할 수 있는 능력 말이다. 이 책에서도 거듭

말하지만, 그러한 마음가짐과 행동은 개인이든 기업이든 성공을 바라는 모두에게 가장 중요한 요소다. 당시에 내가 다녔던 회사에는 그런 용기를 가진 사람이 없었다. 만일 그때 새로운 플랫폼으로 전환하는 결단을 내렸다면, 지금 우리나라 통신 서비스 시장의 판도는 크게 달려졌을 것이다. 역사에 가정은 없는 법. 기회는 떠나가면 끝이다.

속도와 경쟁력을 지나치게 강조하다보면, 우리의 삶이 너무 삭막해질 수도 있다. 성공이 인생의 전부냐고 말할 수도 있다. 하지만 어떤 일이든 성공이 우리의 삶에 활력과 희망을 주는 것은 틀림없는 사실이다. 성공에 대한 가치 기준이 다른 사람일지라도 경제적 성공뿐 아니라 모든 새로운 가치를 창조하기 위해서는 변화의 두려움을 이겨내고 위험을 무릅쓸 줄 아는 용기가 필요하다는 말은 마음에 새겨둘 필요가 있지 않을까. 이 책의 사례들에서 보는 것처럼 성공은 특별한 사람만의 전유물이 아니다. 그렇다고 아무나 성공하는 것도 아니다. 그러나 변화를 두려워하지 않고 기꺼이 실패의 위험을 무릅쓸 줄 아는 사람은 이미 반은 성공한 것이다. 나부터 되돌아볼 일이다.

2015년 12월

김병순

주

서문

1. http://www.houdini.org/interior-harry-houdini-attractions-pocono-poconos-scranton.html.

1장

1. 전화 인터뷰, 2013년 6월.
2. Joseph Ledoux, "Searching the Brain for the Roots of Fear," *New York Times*, January 22, 2012, opinionator.blogs.nytimes.com/2012/01/22/anatomy-of-fear/?_r=0.
3. https://www.youtube.com/watch?v=j1O2DuNS69w.
4. 전화 인터뷰, 2013년 5월.
5. 전화 인터뷰, 2013년 9월.

2장

1. *Engadget*, "Podcast 235—04.08.2011," www.engadget.com/2011/04/08/engadget-podcast-235-04-08-2011/#disqus_thread.
2. 이메일 인터뷰, 2013년 4월.
3. Design Management Institute에서 2012년 8월에 주관한 콘퍼런스, "Leading Innovation through Design". www.dmi.org/?page=Journal.http://sloanreview.mit.edu/article/the-evolution-of-the-designinspired-enterprise/와 http://onlinelibrary.wiley.com/doi/10.1111/j.1948-7169.2002.tb00294.x/abstract 참조.

4. Jake Swearingen, "Great Intrapreneurs in Business History," CBS Moneywatch, June 17, 2008, www.cbsnews.com/news/great-intrapreneurs-in-business-history.
5. 전화 인터뷰, 2013년 5월.

3장

1. David Martin, "The Truth about Happiness May Surprise You," CNN, November 20, 2006, www.cnn.com/2006/HEALTH/conditions/11/10/happiness.overview/index.html.
2. 전화 인터뷰, 2013년 5월.
3. http://www.researchgate.net/publication/232442435_The_construct_of_courage_Categorization_and_measurement
4. "Highlights: Workplace Stress & Anxiety Disorder Survey," Anxiety and Depression Association of America, www.adaa.org/workplace-stress-anxiety-disorders-survey.
5. G. Jeffrey MacDonald, "When Courage Is Encouraged on the Job," *Christian Science Monitor*, January 26, 2009, www.csmonitor.com/Business/2009/0126/p13s01-wmgn.html.
6. http://www.apa.org/helpcenter/road-resilience.aspx
7. "Resilience Training," U.S. Army, www.resilience.army.mil.
8. http://hbr.org/2011/04/building-resilience/ar/1
9. 전화 인터뷰, 2013년 4월.

4장

1. Damian Kulash Jr., "The New Rock-Star Paradigm," *Wall Street Journal*, Decemer 17, 2010, online.wsj.com/news/articles/SB10001424052748703727804576017592259031536.
2. https://www.youtube.com/user/OkGo.
3. 전화 인터뷰, 2013년 5월.
4. 전화 인터뷰, 2013년 5월.
5. Cheryl Conner, "Who's Starting America's New Businesses and Why?" *Forbes*, July 22, 2012, www.forbes.com/sites/cherylsnappconner/2012/07/22/whos-starting-americas-new-businesses-and-why.
6. Mark Harrington, "Countering the Growing Social Threat of Brandjacking," Business2Community, September 26, 2013, www.business2community.com/social-business/countering-growing-social-threat-brandjacking-0627443.
7. 전화 인터뷰, 2013년 6월.

8. Ibid., 104

5장

1. 전화 인터뷰, 2013년 6월.
2. Kate White, "How a Little Career Paranoia Can Pay Off Brilliantly for You," katewhite.com/resources/how-a-little-career-paranoia-can-pay-off-brilliantly-for-you.
3. A. G. Lafley and Roger L. Martin, "What P&G Learned from the Diaper Wars," *Fast Company*, February 8, 2013, www.fastcompany.com/3005640/what-pg-learned-diaper-wars.
4. "Huggies vs Pampers," Diffen, www.diffen.com/difference/Huggies_vs_Pampers.
5. "Don't Rest on Your Laurels; The Secrets to Keeping Your Business Relevant," Rescue a CEO, rescue.ceoblognation.com/2013/06/24/dont-rest-on-your-laurels-the-secrets-to-keeping-your-business-relevant.
6. Andrew S. Grove, *Only the Paranoid Survive* (New York: Crown Business, 1999), p. 65.
7. Jim Collins and Morten Hansen, *Great by Choice* (New York: HarperBusiness, 2011), 107.
8. Ibid., 104.
9. Michael E. Porter, "The Five Competitive Forces That Shape Strategy," *Harvard Business Review*, January 2008, hbr.org/2008/01/the-five-competitive-forces-that-shape-strategy.
10. Sean Williams, "Starbucks: Keeping Its Friends Close and Its Enemies Closer," *Motley Fool*, April 9, 2013, www.fool.com/investing/general/2013/04/09/starbucks-keeping-its-friends-close-and-its-enemie.aspx.
11. Innosight, "Creative Destruction Whips through Corporate America," *Executive* Briefing, Winter 2012, www.innosight.com/innovation-resources/strategy-innovation/upload/creative-destruction-whips-through-corporate-america_final2012.pdf.
12. Andrew S. Grove, *Only the Paranoid Survive* (New York: Crown Business, 1999), 3.

6장

1. Statistic Brain, "Startup Business Failure Rate By Industry," www.statisticbrain.com/startup-failure-by-industry.
2. Jim Collins, "The 10 Greatest CEOS of All Time," July 21, 2003, www.jimcollins.

com/article_topics/articles/10-greatest.html.
3. Bill Treasurer, *Positively M.A.D.: Making a Difference in Your Organizations, Communities, and the World*, (San Francisco: Berrett-Koehler, 2005), 8.
4. http://books.google.com/books/about/Lean_and_Green.html?id=7yfmT8BHVLcC—Page 189.
5. "Tiger Woods," Answers, www.answers.com/topic/tiger-woods.
6. http://www.encyclopedia.com/topic/Tiger_Woods.aspx.
7. "Mika Brzezinski: I almost Left 'Morning Joe'over Pay Disparity," *Huffington Post*, July 6, 2011, www.huffingtonpost.com/2011/05/06/mika-brzezinski-i-almost-_n_858495.html.
8. https://sites.sas.upenn.edu/duckworth.
9. http://www.sas.upenn.edu/~duckwort/images/publications/DuckworthPetersonMatthewsKelly_2007_PerseveranceandPassion.pdf.
10. "Our Work," The Duckworth Lab, sites.sas.upenn.edu/duckworth.
11. American Psychological Association, "The Road to Resilience," www.apa.org/helpcenter/road-resilience.aspx.
12. Ibid.
13. "About Fort Jackson," Fort Jackson, jackson.armylive.dodlive.mil/about.
14. Brendan O'Brien, "Executive Insights: If at First You Don't Succeed," *QSR*, April 2013, www.qsrmagazine.com/executive-insights/if-first-you-don-t-succeed.

7장

1. 전화 인터뷰, 2013년 6월.
2. Lydia Depillis, "Congrats, CEOs! You're making 273 time the pay of the average worker," *Washington Post*, June 26, 2013, www.washingtonpost.com/blogs/wonkblog/wp/2013/06/26/congrats-ceos-youre-making-273-times-the-pay-of-the-average-worker.
3. Seth Fiegerman, "Grooveshark CEO: 'I'm Broke,'" Mashable, April 22, 2013, mashable.com/2013/04/22/grooveshark-radio.
4. "FIELD: Global Immersion," Harvard Business School, www.hbs.edu/mba/academic-experience/FIELD/Pages/default.aspx.
5. 전화 인터뷰, 2013년 5월.
6. Charlie Collier, "How I Hire," LinkedIn, September 23, 2013, www.linkedin.com/today/post/article/20130923225654-255625200-how-i-hire-you-re-not-interviewing-for-the-job-you-think-you-are?trk=tod-home-art-list-large_0.
7. IBM, "Making Change Work," public.dhe.ibm.com/common/ssi/ecm/en/

gbe03100usen/GBE03100USEN.PDF.
8. Michael S. Dahl, "Organizational Change and Employee Stress," July 6, 2010, www.wiwi.uni-jena.de/eic/files/WS%2010%20JERS%20Dahl.pdf.
9. http://www.scientificamerican.com/author/benoit-b-mandelbrot.
10. "About," Star Alliance, www.staralliance.com/en/about/airlines/united_airlines.
11. http://www.hemispheresmagazine.com/2013/09/01/expecting-the-unexpected.
12. Pamela O'Leary, "From Dead-End to Dream Job," *Forbes*, April 27, 2011, www.forbes.com/sites/prettyyoungprofessional/2011/04/27/from-dead-end-to-dream-job-taking-control-of-your-career.
13. 전화 인터뷰, 2013년 5월.
14. "Is College Worth It?" Pew Research, www.pewsocialtrends.org/2011/05/15/is-college-worth-it.
15. 인터뷰, 2013년 4월.

8장

1. Dean Takahashi, "Is Microsoft's One-Time Star J Allard Leaving the Company?" *Venture Beat*, May 21, 2010, venturebeat.com/2010/05/21/is-microsofts-one-time-star-j-allard-leaving-the-company.
2. J. Allard, 사내 메모, www.google.com/url?sa=t&rct=j&q=&esrc=s&source=web&cd=1&cad=rja&ved=0CCwQFjAA&url=http%3A%2F%2Fwww.microsoft.com%2Fabout%2Fcompanyinformation%2Ftimeline%2Ftimeline%2Fdocs%2Fdi_killerapp_InternetMemo.rtf&ei=Y5kwUtLmJOioyAGm64DADg&usg=AFQjCNHO04HZPALsUN9Rp4v1jKDYQ8eRpQ&sig2=9phna85Ti0RZoUj4OYM-6Q&bvm=bv.51773540,d.aWc.
3. 인터뷰, 2013년 6월.
4. "Famous Names in Gaming," CBS News, June 6, 2013, wayback.archive.org/web/20111126021604/http://www.cbsnews.com/2316-100_162-1673418-8.html.
5. Jason Nazar, "16 Surprising Statistics about Small Businesses," *Forbes*, September 9, 2013, www.forbes.com/sites/jasonnazar/2013/09/09/16-surprising-statistics-about-small-businesses.
6. Deborah Gage, "The Venture Capital Secret: 3 Out of 4 Start-Ups Fail," *Wall Street Journal*, September 20, 2012, online.wsj.com/news/articles/SB10000872396390443720204578004980476429190.
7. http://www.fastcodesign.com/3016310/pepsico-indra-nooyi-and-mauro-porcini

8. Malcolm Gladwell, "The Sure Thing," *New Yorker*, January 18, 2010, www.newyorker.com/reporting/2010/01/18/100118fa_fact_gladwell.
9. Michel Villette and Catherine Vuillermot, "From Predators to Icons," Cornell University ILR School, digitalcommons.ilr.cornell.edu/cgi/viewcontent.cgi?article=1056&context=books.
10. Heidi Shierholz, Natalie Sabadish, and Nicholas Finio, "The Class of 2013," Economic Policy Institute, April 10, 2013, www.epi.org/publication/class-of-2013-graduates-job-prospects.
11. Annalyn Kurtz, "Class of 2013 Faces Grim Job Prospects," CNN Money, April 10, 2013, money.cnn.com/2013/04/10/news/economy/college-grads-jobs/index.html.
12. 전화 인터뷰, 2013년 7월.
13. 전화 인터뷰, 2013년 4월.

9장

1. 전화 인터뷰, 2013년 5월.
2. Alec Foege, "The Trouble with Tinkering Time," *Wall Street Journal*, January 18, 2013, online.wsj.com/news/articles/SB100014241278873234686045782460 70515298626.
3. Lauren Drell, "Attention Pet Owners: You Need These 3 Apps," Mashable, March 5, 2013, mashable.com/2013/03/05/pet-apps-tails-rails-hackathon.
4. Alyson Krueger, "Hackathons Aren't Just for Hacking," *Wired*, June 6, 2012, www.wired.com/business/2012/06/hackathons-arent-just-for-hacking.
5. www.hackthekitchen.com 참조.
6. 전화 인터뷰, 2013년 6월.
7. Evan Luzi, "The Steven Spielberg Three Step Guide to Rejection," *The Black and Blue*, www.theblackandblue.com/2011/04/05/the-steven-spielberg-three-step-guide-to-rejection.
8. www.thomasedison.com/quotes.html 참조.
9. "Online Extra: Fred Smith on the Birth of FedEx"[interview], *Bloomsbury Businessweek*, September 19, 2004, www.businessweek.com/stories/2004-09-19/online-extra-fred-smith-on-the-birth-of-fedex.
10. "FedEx Corporation Company Information," Hoovers, www.hoovers.com/company-information/cs/company-profile.FedEx_Corporation.e6bc953d777db293.html.
11. Alice E. Vincent, "Rejection Letters," Huffington Post UK, May 17, 2012, www.huffingtonpost.co.uk/2012/05/16/publishers-who-got-it-wrong_n_1520190.html.

12. "#82 J.K. Rowling," *Forbes*, www.forbes.com/profile/jk-rowling.
13. Alan Kuyatt, "Managing for Innovation: Reducing the Fear of Failure," *Journal of Strategic Leadership 3*, no. 2 (2011): 31.
14. James Donelan, "Do Lean Startup Principles Have a Place in the Enterprise?" The Next Web, thenextweb.com/entrepreneur/2013/08/06/do-lean-startup-principles-have-a-place-in-the-enterprise.
15. Bureau of Labor Statistics, "National Longitudinal Surveys: Frequently Asked Questions," www.bls.gov/nls/nlsfaqs.htm#anch41.
16. Jeanne Meister, "Job Hopping Is the 'New Normal'for Millennials: Three Ways to Prevent a Human Resource Nightmare," *Forbes*, August 14, 2012, www.forbes.com/sites/jeannemeister/2012/08/14/job-hopping-is-the-new-normal-for-millennials-three-ways-to-prevent-a-human-resource-nightmare.
17. 전화 인터뷰, 2013년 6월.
18. 전화 인터뷰, 2013년 5월.
19. 전화 인터뷰, 2013년 7월.
20. Austin Carr, "Most Innovative Companies 2012," *Fast Company*, February 7, 2012, www.fastcompany.com/3017358/most-innovative-companies-2012/19airbnb.
21. Reid Hoffman and Ben Casnocha, *The Start-Up of You* (New York: Crown Business, 2012), p. 22.
22. Martin LaMonica, "SolarCity IPO Tests Business Model Innovation in Energy," *MIT Technology Review*, December 11, 2012, www.technologyreview.com/view/508616/solarcity-ipo-tests-business-model-innovation-in-energy.

10장

1. 전화 인터뷰, 2013년 5월.
2. http://www.rthausler.com/wp-content/uploads/When-Marketing-is-Strategy-Harvard-Business-Review.pdf
3. 전화 인터뷰, 2013년 4월.
4. 전화 인터뷰, 2013년 5월.
5. 전화 인터뷰, 2013년 6월.
6. Frank O'Brien, "Do-Not-Call Mondays: The Perks of Being Unavailable," *Inc. Magazine*, June 2013, www.inc.com/magazine/201306/frank-obrien/the-perks-of-being-unavailable.html.
7. Conversation, "First Mondays in Inc. Magazine," www.convoagency.com/round-the-office-3.

11장

1. 인터뷰, 2013년 8월.
2. Ray Davis with Peter Economy, *Leading Through Uncertainty: How Umpqua Bank Emerged from the Great Recession Better and Stronger than Ever* (Jossey-Bass, 1st Ed., October 2013).
3. http://www.usatoday.com/story/tech/2013/11/11/amazon-sunday-delivery-usps/3479055.
4. http://www.shrm.org/hrdisciplines/employeerelations/articles/pages/newhiresfeelmisled.aspx.
5. http://mashable.com/2011/08/04/instagram-kevin-systrom.
6. 인터뷰, 2013년 4월.
7. Jake Breeden, "Make or Break," *Southwest Spirit Magazine*, March 2013.
8. Stephen Denny, "Start it Up," *Southwest Spirit Magazine*, July 2012.
9. https://www.goodreads.com/author/quotes/1792210.John_Holt.
10. http://www.thehindu.com/todays-paper/tp-features/tp-opportunities/what-makes-strategic-decisions-different/article5370404.ece.

12장

1. http://www.livescience.com/5466-friends-replaced-7-years.html.
2. http://www.goodcarbadcar.net/2011/12/saab-brand-sales-figures.html.
3. http://www.forbes.com/sites/kashmirhill/2010/11/19/names-you-need-to-know-in-2011-chief-listening-officer/.
4. http://www.bls.gov/ooh/.
5. 전화 인터뷰, 2013년 4월.
6. 인터뷰, 2013년 5월.
7. http://dra.gov/!userfiles/editor/docs/TomHarris-SmallWins2012.pdf.
8. http://www.amanet.org/training/articles/15-Ways-to-Show-Your-Value-at-Work.aspx.
9. http://www.forbes.com/sites/johnkotter/2011/07/19/can-you-handle-an-exponential-rate-of-change/.

결론

1. http://www.fastcompany.com/1327156/mari-smith-pied-piper-online-worldthe-interview.
2. 전화 인터뷰, 2013년 4월.
3. 전화 인터뷰, 2013년 6월.
4. Ibid.

파변창

내일이 두려운 사람을 위한 10가지 전략

초판 1쇄 인쇄 2015년 12월 28일
초판 1쇄 발행 2016년 1월 8일

지은이 스콧 스타인버그 | **옮긴이** 김병순
펴낸이 염현숙 | **편집인** 신정민

편집 신정민 박민 | **디자인** 이보람
저작권 한문숙 박혜연 김지영 | **마케팅** 방미연 최향모
홍보 김희숙 김상만 한수진 이천희 | **모니터링** 이희연 전혜진
제작 강신은 김동욱 임현식 | **제작처** 한영문화사

펴낸곳 (주)문학동네
출판등록 1993년 10월 22일 제406-2003-000045호
임프린트 싱긋

주소 10881 경기도 파주시 회동길 210
문의전화 031) 955-1935(마케팅) 031) 955-3583(편집)
팩스 031) 955-8855
전자우편 paper@munhak.com

ISBN 978-89-546-3922-4 03320

* 이 도서의 국립중앙도서관 출판예정도서목록(CIP)은 서지정보유통지원시스템 홈페이지(http://seoji.nl.go.kr)와 국가자료공동목록시스템(http://www.nl.go.kr/kolisnet)에서 이용하실 수 있습니다. (CIP제어번호: CIP2015035108)

www.munhak.com